ESSENER GESPRÄCHE

ZUM THEMA

STAAT UND KIRCHE

13

Herrn [illegible]

mit schönsten Empfehlungen

P. Lerche

ESSENER GESPRÄCHE
zum Thema
STAAT UND KIRCHE

Herausgegeben von Joseph Krautscheidt und Heiner Marré

13

Aschendorff Münster

Aschendorffsche Buchdruckerei, Münster Westfalen, 1978

ISBN 3-402-03863-3

INHALTSVERZEICHNIS

VORWORT

Der Rundfunk gehört nach dem Fernsehurteil des Bundesverfassungsgerichts vom 28. 2. 1961 „zu den unentbehrlichen modernen Massenkommunikationsmitteln"; er ist „ein eminenter ‚Faktor' der öffentlichen Meinungsbildung", der unter zwei Verfassungsgeboten steht. Das erste Verfassungsgebot fordert verbindliche Leitgrundsätze, „die ein Mindestmaß von inhaltlicher Ausgewogenheit, Sachlichkeit und gegenseitiger Achtung gewährleisten". Das zweite Verfassungsgebot verlangt von der organisatorischen Struktur des Rundfunks, daß „alle bedeutsamen politischen, weltanschaulichen und gesellschaftlichen Gruppen" in den Rundfunkorganen „Einfluß haben und im Gesamtprogramm zu Wort kommen können" [BVerfGE 12, S. 205 (260 ff.)].

Die Verwirklichung dieser — auch den Kirchen im Rundfunk Raum gebenden — Verfassungsgebote ist seit einiger Zeit vielfältigen Anfragen und Bedrohungen ausgesetzt. Das 13. „Essener Gespräch" am 6. und 7. März 1978 wollte aus dem für diese Gespräche charakteristischen Blickwinkel des Verhältnisses von Staat, Gesellschaft und Kirche versuchen, in einem Fachgespräch zwischen Wissenschaftlern und profilierten Persönlichkeiten der Rundfunkarbeit einem Teil dieser Anfragen und Bedrohungen nachzugehen.

Professor Karl Forster, Inhaber des Lehrstuhls für Pastoraltheologie an der Universität Augsburg, trug theologische Überlegungen zur Rolle von Religion und Kirche im Rundfunk vor. Mit einem hauptsächlich auf die bisherigen Erfahrungen gerichteten Blick untersuchte Professor Karl Holzamer, Intendant des Zweiten Deutschen Fernsehens a. D., inwieweit sich das Miteinander von Rundfunk und Kirchen in der Bundesrepublik bewährt hat. Professor Peter Lerche, ordentlicher Professor für Öffentliches Recht an der Universität München, sprach vor allem über zukunftsbezogene und für die Kirchen bedeutsame rundfunkrechtliche Grundfragen.

Der hier nur anzudeutende Gang der Aussprache begann nach den beiden ersten Vorträgen mit Überlegungen zu Eigenart, Schichten und Zielsetzungen der kirchlichen Präsenz im Rundfunk: tritt die Kirche als „gesellschaftlich relevante Gruppe", als „gesellschaftlich bedeutsame Kraft", als „Gegenüber des politischen Gemeinwesens" in Erscheinung? Bei den Schichten der kirchlichen Präsenz im Rundfunk ging es einmal um die sog. Verkündigungssendungen, die in speziellen Sendezeiten unter alleiniger Verantwortung der Kirchen ausgestrahlt werden und die vom Gebot der Ausgewogenheit ausgenommen sind. Die zweite Schicht der kirchlichen Präsenz im Rundfunk ist die unter den gesellschaftlich bedeutsamen Kräften in bestimmten Rundfunkgremien, die Einfluß nehmen auf das Gesamtprogramm, das unter Verantwortung der Rundfunkorgane dem Ausgewogenheitsgebot unterliegt. Als weitere Schicht kirchlicher Präsenz im Rundfunk wurde die Mitwirkung einzelner Christen im Gesamtprogramm des Rundfunks genannt. Zu jeder dieser Schichten kirchlicher Präsenz im Rundfunk gab es in der Diskussion schichtenspezifische Fragepunkte: umfaßt der kirchliche Verkündigungsauftrag die Hilfe zur Sinn- und Wertfindung des Menschen in einer weithin sinn- und wertleeren Gesellschaft und darüber hinaus „advokatorische Funktionen“ für die Interessen bedrängter Minderheiten und Randgruppen? Ergibt sich aus dem Grundrecht der korporativen Religionsfreiheit ein Anspruch der Kirche auf Präsenz und Zuwortkommen im Rundfunk? Bedeutet die Verschränkung der sog. inneren Rundfunkfreiheit mit der personellen Immobilität in den großen Anstalten das Ende der Kontrollfähigkeit der Rundfunkgremien?

Die Aussprache über das Referat von Professor Lerche führte zu der Überlegung, ob nicht die ungeheure Intensivierung des technischen Aspekts der Kommunikation eine Demontage des humanen Aspekts der Kommunikation mit sich bringe und ob dann nicht die Kirchen das Banner einer „non-proliferation“ solcher extremen Möglichkeiten ergreifen sollten. Dies provozierte die Gegenüberlegung, ob nicht die unter dem Motto der Überwucherung vorgenommene Sperre des Zugangs zu den neuen Medien einen Eingriff in die Grundrechte bedeute. Ob nicht vielmehr angesichts der Fragwürdigkeit des Pluralismus als Organisationsprinzips des Rundfunks zumindest für den Bereich des regionalen, lokalen (Kabel-)Rundfunks die Kirche den Mut aufbringen sollte, ein eigenes Medium in einer gewandelten Medienlandschaft zu übernehmen. Für den überregionalen Bereich — etwa des Satelliten-Fernsehens — könne allerdings auch eine Situation eintreten, wo sich ein Mangel der Kirche an Mut zur Errichtung eines eigenen (Konkurrenz-)Senders zu einem Mut zum Mangel wandeln sollte.

Essen, im Juni 1978

Joseph Krautscheidt Heiner Marré

Karl Forster

Kirchliche Präsenz in Hörfunk und Fernsehen
Orientierende Gesichtspunkte aus dem Selbstverständnis der Kirche, aus der Aufgabe gesellschaftlicher Kommunikation und aus den Verantwortungsstrukturen der Anstalten

Das Thema der kirchlichen Präsenz in Hörfunk und Fernsehen hat — zumal für einen Theologen, der seit Jahren die Verantwortung eines Kirchenvertreters in Aufsichtsgremien öffentlich-rechtlicher Rundfunk- bzw. Fernsehanstalten trägt und außerdem auch gelegentlich als Autor kirchlicher Sendungen tätig wird — viele Fragedimensionen. Es wäre beispielsweise reizvoll, Ansätze zu einer Theologie der Kommunikation zusammenzutragen oder den besonderen Chancen der Medien Hörfunk und Fernsehen für die pastorale Verkündigungsaufgabe der Kirche theologisch nachzugehen. Auch ließen sich über die Rolle von Religion und Kirche im Rundfunk angesichts der neuen Aktualität der Sinnfrage in der Gesellschaft tiefgreifende theologische Überlegungen anstellen [1]. Diese und ähnliche Fragestellungen würden aber kaum an das spezifische Interesse heranführen, das die Essener Gespräche bisher in ihren interdisziplinären Bemühungen gekennzeichnet hat. Der spezifische Aspekt, unter dem in diesem Rahmen Institutionen, Rechte, Pflichten, soziale Entwicklungen und ähnliche Wirklichkeiten behandelt werden, ist durch die jeweiligen Schnittpunkte im Zueinander von Staat, Gesellschaft und Kirche bestimmt. Gerade dieses Zueinander kann nicht ohne die besondere Berücksichtigung der vorhandenen oder anzustrebenden institutionellen Bedingungen eines solchen Verhältnisses angegangen werden. Institutionelle Bedingungen für das Verhältnis von Staat, Gesellschaft und Kirche in einem bestimmten Sachbereich werden aber nie ausschließlich oder auch nur überwiegend theologischer Natur sein. Vielmehr fordert schon die theologische Überlegung als solche die Einbeziehung rechtlicher, soziologischer, historischer, gegebenenfalls auch psychologischer und im besonderen Fall des Themas Rundfunk kommunikationstheoretischer Gesichtspunkte. Will der Theologe nicht in eine menschlich unbescheidene und wissenschaftlich fragwürdige Konkurrenz zu den genannten Wissenschaften treten, will er andererseits aber auch nicht für Theologie ausgeben, was tatsächlich zu einem erheblichen Teil durch das Zusammenspiel nichttheologischer Faktoren als gesellschaftliche Wirklichkeit oder rechtliche Ordnung konstituiert wird, so tut er gut daran, seinen Beitrag zum Beziehungsfeld Kirche und Rundfunk als einen primär kirchenpolitischen zu kennzeichnen.

[1] Vgl. dazu *K. Lehmann,* Die Funktion von Glaube und Kirche angesichts der Sinnproblematik in Gesellschaft und Staat heute, in: J. Krautscheidt — H. Marré (Hrsg.), Essener Gespräche zum Thema Staat und Kirche, Bd. 11, Münster 1977, S. 9—29; *K. Forster* (Hrsg.), Religiös ohne Kirche? Topos-Taschenbuch 66, Mainz 1977, insbes. S. 52—64.

Es soll also versucht werden, die Anwesenheit und die Wirksamkeit der Kirche als eines sozialen Systems in den Blick zu nehmen, nach den Beziehungen dieses Systems zur Gesellschaft und zur Institution Rundfunk zu fragen, die Bedingungen der spezifischen Wirksamkeit von Kirche und ihrer Kooperation mit anderen sozialen Systemen auszuleuchten. Dabei wird es unumgänglich sein, theologisch der Frage nachzugehen, wie sich das (gewissermaßen innere) theologische Selbstverständnis von Kirche zu der (gewissermaßen äußeren) soziologischen und juristischen Sicht der Kirche als „gesellschaftlich relevanter" Gruppe neben anderen gesellschaftlich relevanten Gruppen verhält[2]. Es wird weiter notwendig sein, nach dem Beitrag der Kirche zur gesellschaftlichen Kommunikation, also zum umfassenden Aufgabenfeld des Rundfunks, zu fragen. Schließlich soll erörtert werden, welche Verantwortungsstrukturen in den Anstalten die Wirksamkeit der Kirche und anderer gesellschaftlich relevanter Gruppen überhaupt erst möglich machen, welche Strukturveränderungen erschwerend oder erleichternd wirken. Im Sinne eines Annex zu diesen drei Hauptüberlegungsfeldern soll dann wenigstens knapp noch das Problem angegangen werden, ob eine grundlegende Veränderung der rechtlichen und organisatorischen Strukturen des Rundfunks zu Hoffnungen für eine Verbesserung der Bedingungen kirchlicher Präsenz berechtigen kann.

Da in allen diesen Fragen die Kirche angesprochen wird, wenn auch einmal mehr von der Kirche als Institution, das anderemal mehr von einzelnen die Rede ist, die im kirchlichen Auftrag oder eigenständig aus ihrem persönlichen Glauben und aus ihrer christlichen Verantwortung handeln, muß selbstverständlich immer wieder nach theologischen Handlungs- und Entscheidungskriterien Ausschau gehalten werden. Da es andererseits aber um organisatorische und rechtliche Ordnungsprobleme, um gesellschaftliche Kommunikation und um Verantwortungsstrukturen öffentlich-rechtlicher Institutionen in einer pluralistischen Gesellschaft geht, werden sich die Überlegungen ebenso an den verfassungsrechtlichen Normativbedingungen für die Rundfunkorganisation orientieren und die ihnen zugrundeliegenden Maximen beachten müssen. Jeder wesentliche Innovationsgedanke zum Organisatorischen und Funktionalen wird zugleich als Anfrage an die Medienexperten nach seiner Praktikabilität und als Anfrage an die Verfassungsrechtler nach seiner Zulässigkeit in der Rechtsordnung des Staates zu verstehen sein. Der so angeregte Dialog

[2] Der Terminus „gesellschaftlich relevante Gruppe" (bzw. Kraft) ist aus dem Urteil des BVerfG v. 28. 2. 1961 hergeleitet (BVerfGE 12, S. 262). Daß die Kirche in der Sicht des BVerfG den gesellschaftlichen Kräften bzw. Gruppen zuzurechnen ist, geht u. a. daraus hervor, daß im gleichen Urteil an anderer Stelle von den damals bestehenden Rundfunkanstalten gesagt wird: „... ihre kollegialen Organe sind faktisch in angemessenem Verhältnis aus Repräsentanten aller bedeutsamen politischen, weltanschaulichen und gesellschaftlichen Gruppen zusammengesetzt ..." (BVerfGE 12, S. 261 f.). Das BVerfG gebraucht also den Begriff gesellschaftlich relevante Gruppen bzw. Kräfte als Sammelbegriff für die bedeutsamen politischen, weltanschaulichen und gesellschaftlichen Gruppen.

zwischen rundfunk- oder kirchenpolitischen Überlegungen einerseits, verfassungsrechtlichen Bedingungen andererseits wird sich aber auch der Frage zuwenden müssen, wo die faktische Entwicklung eines im Ursprung verfassungskonformen Systems nicht nur zu einer Einengung in der Teilnahme gesellschaftlich relevanter Gruppen an der gesellschaftlichen Kommunikation, sondern auch zur Beeinträchtigung verfassungsrechtlicher Grundlagen führen kann.

I. Zum theologischen Selbstverständnis der Kirche und zur Sicht der Kirche als „gesellschaftlich relevante Gruppe"

1. Wenn nach der Präsenz der Kirche in Hörfunk und Fernsehen gefragt wird — und zwar in dem doppelten Sinn organisatorisch-struktureller und programmgestaltender bzw. am Programm beteiligter Präsenz — dann ist vorab nach den Konturen des Subjekts zu fragen, von dessen Präsenz in den beiden Medien die Rede sein soll. Wie versteht die Kirche sich in solchem Zusammenhang selbst? Die Beantwortung soll nicht von irgendeiner theologischen Ekklesiologie ausgehen, sondern von zwei Grundaussagen des Zweiten Vatikanischen Konzils. In der Dogmatischen Konstitution über die Kirche heißt es: „Die Kirche ist ja in Christus gleichsam das Sakrament, das heißt Zeichen und Werkzeug für die innigste Vereinigung mit Gott wie für die Einheit der ganzen Menschheit" [3]. Im Anschluß an Cyprian wird dort weiter gesagt, die ganze Kirche erscheine als „das von der Einheit des Vaters und des Sohnes und des Heiligen Geistes her geeinte Volk" [4]. In der Pastoralkonstitution über die Kirche in der Welt von heute erklärt das Konzil vor allem hinsichtlich des kirchlichen Dienstes an menschlichen Werten, es solle „klarer in Erscheinung treten, daß das Volk Gottes und die Menschheit, der es eingefügt ist, in gegenseitigem Dienst stehen, so daß die Sendung der Kirche sich als eine religiöse und gerade dadurch höchst humane erweist" [5]. Im gleichen Dokument sagt das Konzil: „So geht denn diese Kirche, zugleich sichtbare Versammlung und geistliche Gemeinschaft, den Weg mit der ganzen Menschheit gemeinsam und erfährt das gleiche irdische Geschick mit der Welt und ist gewissermaßen der Sauerteig und die Seele der in Christus zu erneuernden und in die Familie Gottes umzugestaltenden menschlichen Gesellschaft" [6].

Für eine theologische Sicht der Kirche sind ihr Heilsdienst und ihr Weltdienst nicht voneinander zu trennen, so sehr auch für die beiden Bereiche kirchlicher Wirksamkeit die Methoden und Handlungskriterien voneinander zu unterscheiden sind. Wo es um die Verkündigung des Evangeliums, um die Feier der kirchlichen Liturgie, um die ethischen und sozialen Imperative des Glaubens geht, sind für die Kirche selbst

[3] Vat. II., Dogm. Konst. Lumen Gentium, art. 1.
[4] A. a. O., art. 4.
[5] Vat. II., Pastoralkonstitution Gaudium et spes, art. 11.
[6] A. a. O., art. 40.

die in Jesus Christus geschehene Offenbarung Gottes, die der ganzen Kirche von Christus gegebene und vom Wirken des Geistes getragene Sendung, die darin begründete besondere Verantwortung des kirchlichen Amtes verpflichtende Maßstäbe. Wo es um die Solidarität mit den Fragen, Aufgaben und Sorgen aller Menschen in den verschiedenen weltlichen Kulturbereichen geht, sind die Orientierung an der Eigengesetzlichkeit solcher Sachbereiche und die Eigenständigkeit der im Gewissen verantworteten Entscheidungen der einzelnen maßgebend. Obwohl sich die Pastoralkonstitution des Konzils immer wieder zur Wahrheit, Gutheit und Ordnung der geschaffenen Dinge und zur breiten Möglichkeit einer Kooperation mit allen Menschen guten Willens bekennt, weist sie dennoch immer wieder auch auf die Wirklichkeit der Schuld in der menschlichen Geschichte, auf die Erfahrung des Kreuzes und auf die Bedeutung des Glaubens für die Klärung der inneren Gesetzmäßigkeiten des Geschaffenen hin [7]. Daß ein Konzil in einem eigenen Dokument vom Dienst an der Welt und an der Gesellschaft handelt, zeigt unmißverständlich, wie sich für das theologische Selbstverständnis von Kirche der Dienst am Heil im Weltdienst bewähren muß. Daß die Pastoralkonstitution gerade im Zusammenhang ihrer Aussagen zur Autonomie der irdischen Wirklichkeiten über das von der Sünde verderbte menschliche Schaffen und über das im Ostergeheimnis zur Vollendung geführte menschliche Schaffen handelt [8], zeigt, wie der Rückbezug auf Jesus Christus, sein Evangelium und das in der Kirche vermittelte Heil für die Identität christlichen Weltdienstes unverzichtbar ist.

2. Im Sinne des Urteils des Bundesverfassungsgerichts vom 28. 2. 1961 und der in ihm als verfassungskonform bestätigten Gesetze [9] hat die Kirche im Rundfunk sowohl hinsichtlich ihres Zuwortkommens im Programm wie hinsichtlich ihrer Beteiligung an den kollegialen Organen der für die Veranstaltung von Rundfunksendungen geschaffenen juristischen Personen die Rechte und Pflichten einer gesellschaftlich bedeutsamen Kraft bzw. einer gesellschaftlich bedeutsamen Gruppe. Kann sich Kirche von ihrem theologischen Selbstverständnis her in diese Organisationsstruktur einfügen, kann sie ihren Platz im Kreis der gesellschaftlich

[7] A. a. O., art. 36.

[8] A. a. O., art. 37 f.

[9] In allen 1961 auf der Grundlage von Gesetzen bzw. Staatsverträgen bestehenden Rundfunkanstalten sind die Kirchen in Aufsichtsgremien neben anderen gesellschaftlichen Gruppen vertreten, wenn es auch im Falle des NDR und des WDR infolge der Regelung der Wahlen zum Rundfunkrat und infolge der Kompetenzverteilung zwischen Rundfunkrat und Verwaltungsrat höchst fragwürdig ist, ob dort die Repräsentanten der gesellschaftlichen Gruppen im Sinne des BVerfG die Macht haben, „die für die Programmgestaltung maßgeblichen oder mitentscheidenden Kräfte darauf zu kontrollieren und dahin zu korrigieren, daß den im Gesetz genannten Grundsätzen für eine angemessene anteilige Heranziehung aller am Rundfunk Interessierten Genüge getan wird“ (vgl. BVerfGE 12, S. 262). In der Mehrzahl der Rundfunkgesetze bzw. Staatsverträge ist auch ein Recht der Kirchen auf angemessene Sendezeiten festgelegt. Vgl. S. 141ff.

relevanten Gruppen ausfüllen, und — wenn ja — in welcher Weise? Daß es sich bei der Kirche um eine bedeutsame Kraft oder Gruppe in der Gesellschaft handelt, steht wohl außer Zweifel. Das folgt nicht nur aus der Zahl der ihr angehörenden Mitglieder, sondern auch aus der Besonderheit ihres Dienstes an den Menschen und an der Gesellschaft insgesamt. Das Echo dieser oder jener kirchlichen Äußerung mag in der Gesellschaft und selbst bei den Mitgliedern der Kirche unterschiedlich stark sein. Es läßt sich aber nicht leugnen, daß der Kirche eine wesentliche Rolle vor allem dort zukommt, wo Fragen einer letzten Sinngebung des Lebens gestellt sind, wo religiöse Vollzüge und ethische Wertmaßstäbe gemeint sind. Gerade in diesen Lebensbereichen greift die Relevanz des kirchlich Gesagten und Gelebten weit über die tätig am gemeindlichen Leben Beteiligten hinaus — einmal durch das oft unbewußte säkularisierte Fortwirken ursprünglich christlicher Motive, zum anderen aber auch durch mannigfache Teilidentifikationen von der Kirche distanziert lebender Menschen [10]. Da viele dieser Werte und Vollzüge losgelöst vom Gesamt des christlichen Lebensvollzugs in der Gemeinschaft der Kirche erheblich an Beständigkeit einbüßen, andererseits aber zumindest ein nicht geringer Teil solcher Einstellungen auch außerhalb der tätigen Teilnahme am kirchlichen Leben erwünscht ist, kommt der Kirche auch unter diesem Gesichtspunkt eine große — wenn auch nicht immer gerne zugegebene — Bedeutung für das gesellschaftliche Zusammenleben der Menschen zu. Soweit einer Mitwirkung der Kirche im Rundfunk entgegengetreten wird, geschieht dies auch nicht durch die Leugnung vorhandener gesellschaftlicher Relevanz, sondern durch den Versuch, den spezifisch kirchlichen Beitrag aus dem Rundfunk zu verbannen [11]. Hinter

[10] Vgl. dazu *K. Forster* (Hrsg.), Religiös ohne Kirche? (s. Anm. 1), S. 16—33.

[11] So wurde in den 1973 von einem Sonderausschuß der FDP unter dem Vorsitz von Frau Lieselotte Funcke erarbeiteten Thesen zum Verhältnis von Staat und Kirchen gefordert: „Die Vertretung der Kirchen wie anderer gesellschaftlicher Gruppen in öffentlichen Gremien (z. B. Rundfunkräte, Schulausschüsse, Jugend- und Sozialausschüsse, Hearings u. a.) ist daraufhin zu überprüfen, wieweit sie der Funktion der Verbände für den jeweiligen Bereich entspricht. Sie muß innerverbandlich demokratisch legitimiert sein. — Das Darstellungsrecht der Kirchen in den öffentlich-rechtlichen Rundfunk- und Fernsehanstalten durch kircheneigene Sendungen ist dem Darstellungsrecht anderer gesellschaftlich relevanter Gruppen gleichzustellen." Die These zielt im Ergebnis darauf ab, daß nicht mehr Kirche, sondern ein auf das Maß gesellschaftlicher Interessenvertretung reduziertes Sozialgebilde im Rundfunk präsent sein soll. Hier handelt es sich nur um die folgerichtige Parallele zu der in denselben Thesen erhobenen Forderung, die theologischen Fakultäten in religionswissenschaftliche Fachbereiche umzuwandeln. Wenn es um die Thesen des Sonderausschusses der FDP auch still geworden ist, so bleibt doch zu beachten, daß in den vom 24. ordentlichen Bundesparteitag 1973 der FDP beschlossenen und bis heute gültigen Wiesbadener Leitlinien liberaler Medienpolitik die Forderung enthalten ist: „Die Vertreter der gesellschaftlich relevanten Gruppen müssen von Parteitagen vergleichbaren eigenen Versammlungen entsprechend dem im Parteiengesetz festgelegten demokratischen Verfahren gewählt werden." Es wäre sicher verfehlt,

solchen Tendenzen kann sich nur die Zielvorstellung eines völligen Abdrängens der Sinnfragen, des Ethischen und des Religiösen aus dem öffentlichen in den privaten Bereich oder der totalitäre Machtanspruch alternativer Weltanschauungen verbergen.

Die Argumente, die dafür sprechen, die Kirchen auch weiterhin als gesellschaftlich relevante Gruppen anzusehen, könnten aber nun gerade dazu angetan sein, theologische Zweifel auszulösen, ob es sich die Kirche von ihrem Selbstverständnis her zumuten darf, als gesellschaftlich relevante Gruppe unter anderen gesellschaftlich relevanten Gruppen wirksam zu werden. Angesichts einer solchen Fragestellung wird man zunächst bedenken müssen, daß die einschlägigen Formulierungen im Urteil des Bundesverfassungsgerichts [12] weder eine rechtliche Definition noch die Findung eines erschöpfenden definitorischen Gattungsbegriffes für jene Organisationen und sozialen Systeme im Auge haben, deren Funktion im Rundfunksystem angesprochen ist. Zum anderen wird zu beachten sein, daß die „sichtbare Versammlung" Kirche, die in der Gesellschaft lebt und mit dieser Gesellschaft aus der eigenen Sendung und Aufgabe heraus im Dialog und in Kooperation stehen muß, nicht ohne Verletzung der Religionsfreiheit von Menschen außerhalb der Kirche, vom Staat oder von der Gesellschaft als ganzer erwarten kann, auch als „geistliche Gemeinschaft" im eigentlichen Sinne des Wortes verstanden zu werden. Die Kirche wird freilich nicht darauf verzichten können, daß sie — ebenso wie alle anderen gesellschaftlichen Kräfte und Gruppen — die ihr eigene letzte Motivation gesellschaftlichen Handelns, in ihrem Fall den Transzendenzbezug auf Gott und Jesus Christus in das Zusammenwirken mit anderen Gruppen und in ihre Selbstdarstellung in den Kommunikationsmitteln mit einbringt. Die Kirche muß sich hier wie im Gesamt ihres Wirkens in einer pluralistischen Gesellschaft als Gruppe unter Gruppen verstehen lassen. Sie muß sich zugleich in dieser Rolle als geistliche Gemeinschaft verwirklichen. Daß dies möglich wird, ist ein unverzichtbarer Anspruch der Religionsfreiheit. Daß es Tatsache wird, stellt die in solcher Rolle von Relativismus, Pragmatismus und Utilitarismus angefochtene Kirche vor immer neue ethische und geistliche Ansprüche. Sie darf von der Umwelt nicht in die Dimension einer Lobby wirtschaftlicher oder sonstiger partikularer Interessenvertretung, auch nicht in die einer sozialen Dienstleistungsinstitution gepreßt werden. Sie darf sich aber auch selbst nicht auf den Stil oder die Methoden solcher Repräsentanz zurückziehen [13].

3. Die Kirche kann in ihrem eigenen theologischen Selbstverständnis und in ihrer Rolle als gesellschaftlich relevante Gruppe im Kommunikationsgeschehen nicht daran vorbeisehen, daß gegenwärtig Sinnantworten für das menschliche Leben und für die gesellschaftliche Kooperation, Wertkriterien für das menschliche Zusammenleben und für die staatliche

aus dieser Forderung nur eine formale Zielsetzung hinsichtlich des Modus der Entsendung von Repräsentanten zu entnehmen.

[12] BVerfGE 12, S. 262.

[13] Vgl. dazu *K. Lehmann,* Kirche und Sinnproblematik (s. Anm. 1), S. 24 ff.

Ordnung, auch religiöse Erlebnisse und Erfahrungen mit einer neuen Dringlichkeit gesucht werden [14]. Zu einem nicht geringen Teil hängt auch die Reideologisierungswelle, die eine vorausgegangene Tendenz zur weitgehenden Entideologisierung des Politischen abgelöst hat, mit diesen Entwicklungen zusammen [15]. Es ist gefährlich, solche Entwicklungen naiv und übereilt als Anzeichen für einen neu anbrechenden Kairos der Kirche zu deuten. Dennoch ist die Kirche durch diese Entwicklungen in einer doppelten Weise gefordert: Einmal erfährt der an Jesus Christus Glaubende und in der Kirche Lebende in seinem gläubigen Dasein Antwort auf die bedrängenden Sinnfragen. Er sieht verbindliche Wertkategorien und unaufhebbare ethische Ansprüche. Er überschreitet sein eigenes Dasein und die geschichtlichen Formen des kirchlichen Zusammenlebens auf die Begegnung mit Jesus Christus, auf das Leben aus Gottes Geist und auf die Geborgenheit bei Gott, dem Vater hin. Gerade dieser Vollzug der Selbstüberschreitung, des Hörens auf Gottes Offenbarung, des Sichbeschenkenlassens von dem über allem Machbaren und Manipulierbaren jenseitigen Gott gibt ihm aber auch kritische Maßstäbe gegenüber allem manipulativen Scheinsinn, aller individualistischen oder kollektivistischen Eigenmächtigkeit in Wertsetzungen, aller Pseudoreligiosität. Daß Kirche ihren Transzendenzbezug lebt und bezeugt, ist somit nicht nur für die Erfüllung ihres eigenen Auftrags unverzichtbar [16]. Daß dies innerhalb der pluralistischen Gesellschaft geschieht — ohne daß Außenstehende zum Mitvollzug gezwungen werden — sichert für alle eine letzte und unverzichtbare Dimension menschlicher Freiheit. Wo immer wahre Transzendenzbezüge in der Öffentlichkeit der Gesellschaft nicht mehr möglich sind, ist schon die Entwicklung zur Einebnung aller Sinnfragen oder zur totalitären Herrschaft einer Ideologie im Gange [17].

[14] Vgl. *K. Forster* (Hrsg.), Religiös ohne Kirche? (s. Anm. 1), S. 23—31.

[15] Vgl. *G. Schmidtchen,* Religiöse Legitimation im politischen Verhalten, in: A. Rauscher (Hrsg.), Kirche — Politik — Parteien, Köln 1974, S. 57—103; *K. Forster,* Kirche und Politik — Zur Frage der Äquidistanz zwischen Kirche und Parteien, ebd., S. 155—182; *ders.,* Gründe und Entwicklungsalternativen für eine kirchendistanzierte Religiosität, in: Internationale Zeitschrift Communio 6/1977, S. 540—555.

[16] Vgl. Vat. II., Pastoralkonstitution Gaudium et spes, art. 76: „Die Kirche, die in keiner Weise hinsichtlich ihrer Aufgabe und Zuständigkeit mit der politischen Gemeinschaft verwechselt werden darf noch auch an irgendein politisches System gebunden ist, ist zugleich Zeichen und Schutz der Transzendenz der menschlichen Person ... Indem sie nämlich die Wahrheit des Evangeliums verkündet und alle Bereiche menschlichen Handelns durch ihre Lehre und das Zeugnis der Christen erhellt, achtet und fördert sie auch die politische Freiheit der Bürger und ihre Verantwortlichkeit."

[17] Die Erfahrungen im Bereich der Herrschaft neuzeitlicher totalitärer Systeme zeigen, daß die Ermöglichung religiöser und kirchlicher Vollzüge in der Öffentlichkeit immer auch einen wenigstens minimalen Freiraum menschlicher Entfaltung bedingt, während die vollständige Eliminierung des Religiösen aus der Öffentlichkeit ein sicheres Symptom für die Beseitigung auch solcher Restzonen menschlicher Freiheit ist.

4. Die Teilnahme am kommunikativen Gespräch einer pluralistischen Gesellschaft verpflichtet die Kirche wie alle gesellschaftlichen Gruppen zur Toleranz und zum Bemühen um Ausgleich und verantwortbare Kompromisse. Eine solche Situation muß den Blick schärfen für mögliche und notwendige Unterscheidungen zwischen unabdingbaren ethischen Verpflichtungen und strafrechtlichen Sanktionen der staatlichen Gesetzgebung, auch für die möglichen Differenzen zwischen einem in der Gesellschaft insgesamt bestehenden Wertkonsens und unbedingt verpflichtenden Anrufen aus dem Evangelium, nicht zuletzt auch für die Möglichkeit, daß vor dem einen Evangelium und in der einen Kirche für unterschiedliche Situationsbeurteilungen voneinander abweichende Imperative des konkreten Handelns oder Verhaltens gesehen werden können. Alle diese Erfahrungen, die letztlich Konkretisierungen der Glaubens-, Religions- und Gewissensfreiheit sind, dürfen aber die Kirche in einer pluralistischen Gesellschaft nicht dazu verleiten, die wohl zu unterscheidenden aber niemals zu trennenden Bereiche von Glaube und Ethos völlig auseinandertreten und einen ethischen Indifferentismus Platz greifen zu lassen. Damit würde nicht nur das „Tun der Wahrheit“ (Joh. 3, 21) verweigert, es würde auch ein wesentlicher Dienst an der Meinungs- und Urteilsbildung in der Gesellschaft unterlassen. Der kognitive und psychische Stress, der im Menschen aus dem ungeordneten Nebeneinander verschiedener Bezüge, Loyalitäten und Verpflichtungen, aus der Segmentierung seines eigenen Daseins entsteht, würde weiter verstärkt [18]. Die Wahrscheinlichkeit einer vereinfachenden Reduktion auf simple ideologische Orientierungs- und Wertungssysteme würde gesteigert [19]. Die Kirche kann in ihrer Teilnahme am Gespräch einer pluralistischen Gesellschaft, in ihrer Mitverantwortung für Kommunikationssysteme nicht anders als in voller Respektierung der menschlichen Freiheit und mit angestrengtem Bemühen um sprachliche Verständigung und inhaltlichen Konsens von einer in objektiven Werten, letztlich in Gottes Ordnung, begründeten ethischen Verantwortung auszugehen und sich im Dialog mit den anderen gesellschaftlichen Kräften um eine möglichst weitgehende Erkenntnis und Anerkennung von Werten zu bemühen.

II. Gesellschaftliche Kommunikation — Aufgabe von Hörfunk und Fernsehen, kirchlicher Beitrag heute

5. Im Urteil des Bundesverfassungsgerichts vom 28. 2. 1961 heißt es: „Art. 5 GG verlangt jedenfalls, daß dieses moderne Instrument der Meinungsbildung“ (der Rundfunk) „weder dem Staat noch einer gesellschaftlichen Gruppe ausgeliefert wird. Die Veranstalter von Rundfunkdarbietungen müssen also so organisiert werden, daß alle in Betracht

[18] Vgl. dazu *G. Schmidtchen,* Katholiken im Konflikt, in: K. Forster (Hrsg.), Befragte Katholiken — Zur Zukunft von Glaube und Kirche, Freiburg—Basel—Wien 1973, S. 164—184.

[19] Vgl. *K. Forster* (Hrsg.), Religiös ohne Kirche? (s. Anm. 1), S. 27—31; *ders.,* Gründe und Entwicklungsalternativen (s. Anm. 15), S. 551 ff.

kommenden Kräfte in ihren Organen Einfluß haben und im Gesamtprogramm zu Wort kommen können, und daß für den Inhalt des Gesamtprogramms Leitgrundsätze verbindlich sind, die ein Mindestmaß von inhaltlicher Ausgewogenheit, Sachlichkeit und gegenseitiger Achtung gewährleisten" [20]. Daß sich Hörfunk und Fernsehen nicht in der Hand des Staates befinden sollen und daß es der notwendigen publizistischen und künstlerischen Freiheit unzuträglich ist, wenn die Kontrolle über diese Medien bei den Organen des Staates angesiedelt wird, heben auch kirchliche Verlautbarungen wiederholt hervor. In der Verlautbarung der Fuldaer Bischofskonferenz 1955 zur Rundfunkgesetzgebung in Deutschland wird gesagt: „Nicht der Staat ist in erster Linie berufen, kulturelle Arbeit zu leisten; er soll sie schützen, anregen und fördern, unter Anerkennung des Subsidiaritätsprinzips auch Aufgaben übernehmen, im übrigen aber ... weise Zurückhaltung üben und Freiheit lassen" [21]. Die Enzyklika Miranda prorsus aus dem Jahre 1957 warnt vor einer einseitigen politischen wie vor einer einseitigen wirtschaftlichen Nutzung der Kommunikationsmedien, wenn sie ausführt: „Der christlichen Lehre und dem hohen Zweck der genannten publizistischen Mittel widerspricht jedoch die Einstellung aller, die diese Erfindung lediglich in den Dienst der Politik und ihrer Propaganda oder des wirtschaftlichen Fortschritts stellen wollen, also diesen hochwertigen Gegenstand nur unter rein kommerziellen Gesichtspunkten betrachten" [22]. Ähnliche Gedanken finden sich im Dekret „Inter mirifica" des Zweiten Vatikanischen Konzils und in der nachkonziliaren Pastoralinstruktion „Communio et progressio".

Schon unter rechtlichen Gesichtspunkten muß heute die Frage gestellt werden, ob von der für das Urteil des Bundesverfassungsgerichts maßgebenden Gesamtkonzeption der Rundfunkorganisation her politische Parteien undifferenziert den gesellschaftlichen Kräften oder Gruppen zuzurechnen sind oder ob nicht vielmehr die starke Orientierung der politischen Parteien auf die staatliche Willens- und auf die parlamentarische Mehrheitsbildung sie im Sinne der verfassungsrechtlichen Grundkonzeption des Rundfunks nahe an die Staatsgewalt heranrücken. Das Problem verschärft sich, wenn man über formal rechtliche Gesichtspunkte hinaus die Begründung der Unabhängigkeit des Rundfunks von Staatsorganen und die Nähe der jeweiligen parteipolitischen Mehrheiten zur Regierung mit bedenkt. Sicher spielen dabei auch quantitative Relationen eine Rolle. Es kann kein Zweifel sein, daß die in einer Reihe von Anstalten sehr starke, in den Verwaltungsräten der auf Staatsverträgen beruhenden Anstalten sogar überwiegende Mitgliedschaft von Politikern aus Regierungen und Parlamenten in den Aufsichtsorganen der dem Gebot der Staatsfreiheit zugrundeliegenden Abwehr einer einseitigen Politisierung

[20] BVerfGE 12, S. 262 f.

[21] Verlautbarung der Fuldaer Bischofskonferenz 1955 zur Rundfunkgesetzgebung in Deutschland, in: K. Becker — K. A. Siegel (Hrsg.), 2. Beiheft zum Werkbuch Rundfunk und Fernsehen im Blick der Kirche, Frankfurt 1958, S. 58.

[22] Pius XII., Enz. Miranda prorsus v. 8. 9. 1957 (AAS XLIX, 765—805), I, 4.

des Rundfunks widerspricht. Noch schwerwiegender ist die Abhängigkeit der Vertreter gesellschaftlich relevanter Gruppen, wenn diese nicht von den Gruppen selbst, sondern von den Parlamentsfraktionen bestimmt werden [23]. Die Kirchen haben sich wiederholt — bisher ohne Erfolg — gegen eine solche Praxis gewandt. Unter kirchlichen Gesichtspunkten ist in diesem Zusammenhang auch der Umstand hervorzuheben, daß die Dominanz der politischen Parteien in den Aufsichtsgremien nicht nur eine für den Rundfunk unzuträgliche Nähe zu parlamentarischen Mehrheiten oder Regierungen, sondern auch eine sachliche Einseitigkeit der Kriterien für die kontrollierende und korrigierende Funktion der Gremien herbeiführt. Auch dort, wo der Anteil von Parlamentariern nicht überwiegend aber beträchtlich ist, werden ungleich öfter politische als etwa publizistische, ethische, pädagogische, psychologische oder gar künstlerische Maßstäbe an das Programm angelegt. Der Sorgfalt bei der Kontrolle einer gerechten Berücksichtigung der politischen Parteien im Programm steht in der Regel keine auch nur annähernd vergleichbare Sorgfalt hinsichtlich der Berücksichtigung sonstiger gesellschaftlicher Kräfte gegenüber.

6. Im Urteil des Bundesverfassungsgerichts vom 28. 2. 1961 ist die Mitwirkung des Rundfunks an der öffentlichen Meinungsbildung, um derentwillen die Staatsfreiheit und die Offenheit für die gesellschaftlichen Gruppen und Kräfte gefordert wird, sehr weit gefaßt: „Diese Mitwirkung an der öffentlichen Meinungsbildung beschränkt sich keineswegs auf die Nachrichtensendungen, politischen Kommentare, Sendereihen über politische Probleme der Gegenwart, Vergangenheit oder Zukunft; Meinungsbildung geschieht ebenso in Hörspielen, musikalischen Darbietungen, Übertragungen kabarettistischer Programme bis hinein in die szenische Gestaltung einer Darbietung“ [24]. Berücksichtigt man die seither ausgebauten Programmbestandteile, die der Bildung oder der Vermittlung wissenschaftlicher Erkenntnisse dienen, so kommt im Sinne dieser Interpretation unter dem Stichwort der Berichterstattung in Art. 5 GG auch das ganze Spektrum der von der Verfassung garantierten Freiheit der Meinungsäußerung, der Religionsausübung, der Wissenschaft und Kunst ins Spiel. Die Offenheit, auf die der Rundfunk wegen der beson-

[23] Der Staatsvertrag über den NDR v. 16. 2. 1955 bestimmt in § 8 Abs. 2: „Die gesetzgebenden Körperschaften der Länder wählen nach den Grundsätzen der Verhältniswahl die Mitglieder des Rundfunkrats, und zwar die gesetzgebende Körperschaft des Landes Niedersachsen 12 Mitglieder, des Landes Schleswig-Holstein 6 Mitglieder und der Freien und Hansestadt Hamburg 6 Mitglieder auf die Dauer von 5 Jahren.“ Das Gesetz über den WDR v. 25. 2. 1954 bestimmt in § 8 Abs. 2: „Der Landtag wählt nach den Grundsätzen der Verhältniswahl die Mitglieder des Rundfunkrats und je einen Stellvertreter auf die Dauer von fünf Jahren.“ In der Praxis führen diese gesetzlichen Regelungen dazu, daß Repräsentanten gesellschaftlich relevanter Gruppen nur dann im Rundfunkrat mitwirken können, wenn sie von einer der Parlamentsfraktionen für die Wahl vorgeschlagen und in der Wahl durchgesetzt werden.

[24] BVerfGE 12, S. 260.

deren Voraussetzungen auf technischem und wirtschaftlichem Gebiet für die Veranstaltung und Ausstrahlung von Sendungen verpflichtet wird, sichert nicht nur sein Freisein von über die gesetzlichen Richtlinien hinausgehenden Beschränkungen. Sie fordert auch die positive Öffnung des Rundfunks für die verschiedenen in der Gesellschaft wirksamen Kräfte. Das Postulat der Ausgewogenheit, das der Offenheit korrespondiert, kann mithin nicht nur in einem parteipolitischen Sinn verstanden werden. Es kann sich im übrigen sinnvollerweise nicht auf den einzelnen Beitrag zur gesellschaftlichen Diskussion, sondern nur auf das Gesamt der Programmgestaltung beziehen.

Schon in der Verlautbarung der Fuldaer Bischofskonferenz 1955 wird besonderer Wert darauf gelegt, daß es nicht nur darum gehe, das Recht der Kirchen und der anderen Religionsgemeinschaften des öffentlichen Rechts auf Sendezeiten für die Übertragung gottesdienstlicher Handlungen oder Feierlichkeiten und zur Behandlung von Anliegen von allgemeinem Interesse zu gewährleisten, sondern um die ständige Teilnahme der Kirche am öffentlichen Leben insgesamt, vor allem im kulturellen Bereich[25]. Die Pastoralinstruktion Communio et progressio greift nicht von ungefähr die Aussagen des Zweiten Vatikanischen Konzils über die Zusammenarbeit des eigenständigen Weltdienstes der Glieder der Kirche mit allen Menschen guten Willens auf, um sie in den Zusammenhang des Dienstes an den Kommunikationsmitteln zu stellen[26]. Das Dekret Inter mirifica des Zweiten Vatikanischen Konzils macht mit Nachdruck darauf aufmerksam, daß die Wahrnehmung des Rechtes auf Information die Sorge um deren Wahrheit und Vollständigkeit sowie die Beachtung der durch Recht und menschliche Rücksichtnahme gezogenen Grenzen einschließt und daß auch das Verhältnis zwischen Freiheit der Kunst und sittlichen Normen sowie die Frage der Darstellung des Bösen einer verantwortungsbewußten ethischen Reflexion bedürfen[27]. In einer Phase der deutlicher hervortretenden Pluralität der Wertsysteme, erst recht in einer Phase zunehmender ideologischer Konfrontationen stellen sich neue, jede parteipolitische Polarisierung und jeden Pluralismus kultureller Ausdrucksformen übersteigende Probleme der Ausgewogenheit. Diese Problemverschärfung hat im Bereich von Hörfunk und Fernsehen einen doppelten Effekt: Die Kontrolle der dem Prinzip der Ausgewogenheit entsprechenden Berücksichtigung christlicher Wertorientierungen wird dringlicher. Die Forderung der Ausgewogenheit kann zwar nach wie vor nicht an den einzelnen Beitrag oder die einzelne Sendung gestellt werden. An ihr müssen sich aber auch die verschiedenen Programmtypen (z. B. Magazine) und etwa im Gemeinschaftsprogramm der

[25] A. a. O. (s. Anm. 21), S. 60 f.

[26] Pastoralinstruktion Communio et progressio der Päpstlichen Kommission für die Instrumente der sozialen Kommunikation v. 23. 5. 1971, Nr. 96—100 (von den deutschen Bischöfen approbierte Übersetzung, kommentiert v. *H. Wagner,* Nachkonziliare Dokumentation 11, Trier 1971, S. 228—231).

[27] Vat. II., Dekret Inter mirifica, art. 5—10.

ARD auch die verschiedenen Rundfunkanstalten messen lassen. Ein System, bei dem stillschweigend vorausgesetzt wird, die Ausgewogenheit werde in einer bestimmten Richtung überwiegend durch Beiträge anderer Anstalten hergestellt, vermag der Ausgewogenheit nicht zu genügen.

7. Im sog. Mehrwertsteuerurteil des Bundesverfassungsgerichts vom 27. 7. 1971 wird die Aufgabe der staatsfreien, für die Allgemeinheit bestimmten Verbreitung von Nachrichten und Darstellungen durch den Rundfunk unter Beteiligung der relevanten gesellschaftlichen Kräfte als Aufgabe der öffentlichen Verwaltung bezeichnet. „Die Tätigkeit der Rundfunkanstalten vollzieht sich daher im öffentlich-rechtlichen Bereich. Die Rundfunkanstalten stehen in öffentlicher Verantwortung und erfüllen, indem sie Aufgaben öffentlicher Verwaltung wahrnehmen, zugleich integrierende Funktionen für das Staatsganze“ [28]. In diesen Sätzen wird unterstellt, daß die Offenheit für die verschiedenen Gruppen und Kräfte, die Sorge um die Ausgewogenheit ihres Zuwortkommens nicht auf eine bloße Vermittlung des Nebeneinander und Gegeneinander, sondern auch auf die Vermittlung vorhandener Gemeinsamkeiten und auf die Förderung eines die Verständigung suchenden Dialogs zielt. In einer Zeit wachsender Polarisierungen und Ideologisierungen wäre denn auch der Verzicht auf die integrierende Funktion ein Weg zur Auflösung und Zerstörung des Ganzen der Gesellschaft wie der Freiheit der einzelnen. Die Ausübung einer integrierenden Funktion setzt die gegenseitige Achtung der im Gesamtprogramm zur Darstellung kommenden Kräfte und die Einhaltung der Regeln journalistischer Sorgfalt und Fairness voraus. Erst recht kann eine integrierende Funktion nicht ohne die Achtung der Grundrechte der Verfassung und der in den Rundfunkgesetzen oder Staatsverträgen als zu respektieren genannten Werte ausgeübt werden. Daß die Aufgaben des Rundfunks und die in den Gesetzen oder Staatsverträgen genannten Rechte und Werte in wenig konkreten Begriffen formuliert sind, daß sich ethische Einstellungen in der Gesellschaft insgesamt oder in einzelnen Gruppen verändern können, daß es auch in den Auffassungen über journalistische Spielregeln Schwankungen gibt, darf nicht mit dem Ziel der Behauptung einer Beliebigkeit von Rechten und Werten oder einer Maßstablosigkeit journalistischer Methoden ausgespielt werden. Hier handelt es sich vielmehr um Grenzmarkierungen, ohne deren wirksame Konkretisierung und Aktualisierung der für das Zusammenleben in der Gesellschaft erforderliche Konsens ernstlich gefährdet wird. Die Gemeinwohlverpflichtung, die in kirchlichen Äußerungen zu den Kommunikationsmitteln häufig unterstrichen wird, begründet von der Sache her gleichfalls die Sorge um die integrierende Funktion. Sie verpflichtet die kirchliche Präsenz in Hörfunk und Fernsehen in besonderer Weise zum Engagement für die Voraussetzungen einer solchen Funktion.

8. Im Programm von Hörfunk und Fernsehen wird Kirche in doppelter Weise präsent. Sie kann nicht darauf verzichten, die technischen Mög-

[28] BVerfGE 31, S. 329.

lichkeiten dieser Medien für die Erfüllung ihres Auftrags, insbesondere für die aktuelle Verkündigung des Evangeliums, für die Vermittlung der sich dem Wort Gottes öffnenden Glaubens- und Lebenshaltungen, auch für die Verbreitung liturgischer Vollzüge und gottesdienstlicher Handlungen zu nutzen. Das Konzilsdekret Inter mirifica und die Pastoralinstruktion Communio et progressio gehen von dem Recht der Kirche aus, selbst über entsprechende Instrumente der sozialen Kommunikation zu verfügen [29]. Hier stellt sich Kirche als strukturiertes und organisiertes soziales System mit den ihm eigenen Ausdrucksformen, Motiven und Normen dar. Im öffentlich-rechtlichen Rundfunksystem handelt es sich — ähnlich wie beim Religionsunterricht in vom Staat unterhaltenen Schulen — um eine Präsenz, die sich im Rahmen der Gesetze und Regeln der öffentlich-rechtlichen Institution in der Verantwortung der Kirche und ihres zur Leitung bevollmächtigten Amtes vollzieht. Hier wie dort leistet Kirche einen Beitrag, den weder der weltanschaulich neutrale Staat noch die Gesamtheit einer weltanschaulich pluralistischen Gesellschaft aus eigener Legitimation leisten können, der aber gleichwohl für die Gesellschaft wie für den Staat bedeutsam ist, solange nicht Religionsfreiheit in eine öffentlich verordnete Religionslosigkeit oder Religionsindifferenz verkehrt werden soll [30]. Zum anderen wird Kirche im Programm von Hörfunk und Fernsehen in der Form der Teilnahme ihrer Mitglieder an der gesellschaftlichen Kommunikation präsent. Sie tragen je für sich oder in sachbereichsorientierten Gruppen organisiert nach ihrem Gewissen und aus ihrem persönlichen Glauben zum Gespräch der Gesellschaft über gemeinsam interessierende und zu bewältigende Aufgaben bei [31]. Hier kann es sich um verschiedene Theologien, um konkrete Handlungs- oder Verhaltensimperative handeln, bei denen es aus dem einen Glauben und in der einen Kirche durchaus auch unterschiedliche Akzente und Sichtweisen geben kann. Mitglieder der Kirche werden in diesem Bereich wie Mitglieder anderer Gruppen in die Programmgestaltung einbezogen. Es liegt im wesentlichen an ihnen, das christliche Proprium in ihren Beiträgen zur Darstellung zu bringen. Um der sachgerechten Information der Hörer und Zuschauer willen sollte es im Programm erkennbar sein, ob bei der einzelnen Sendung Kirche als Kirche, oder ob persönliche Haltungen oder Auffassungen einzelner Mitglieder der Kirche zur Darstellung kommen. Der Grundsatz der Ausgewogenheit muß selbstverständlich auch dort in Anspruch genommen werden, wo innerhalb der Kirche kontroverse Einstellungen über Hörfunk und Fernsehen vermittelt werden.

[29] Vat. II., Dekret Inter mirifica, art. 14.

[30] Zum Problem der positiven Religionsfreiheit vgl. insbesondere *A. v. Campenhausen,* Erziehungsauftrag und staatliche Schulträgerschaft, Göttingen 1967; *U. Scheuner,* Die Religionsfreiheit im Grundgesetz, in: J. Listl (Hrsg.), Ulrich Scheuner, Schriften zum Staatskirchenrecht, Berlin 1973; *H. Maier,* Religionsfreiheit in den staatlichen Verfassungen, in: *ders.* (Hrsg.), Kirche und Gesellschaft, München 1972, S. 58—81.

[31] Vgl. Pastoralinstruktion Communio et progressio Nr. 19 ff. (s. Anm. 26), S. 169 ff.

III. Zu den Verantwortungsstrukturen in öffentlich-rechtlichen Rundfunkanstalten

9. Die Teilnahme der gesellschaftlich relevanten Kräfte und Gruppen an den Programmen von Hörfunk und Fernsehen, erst recht die Kontrolle ihrer ausgewogenen Beteiligung und der Einhaltung der gesetzlichen Bestimmungen sind nur dann wirksam möglich, wenn es klare Adressaten für Beanstandungen und gegebenenfalls auch für Sanktionen gibt. Die geltenden Rundfunkgesetze und Staatsverträge gehen davon aus, daß die Letztverantwortung für die gesamten Programme bei den Intendanten der Anstalten liegt [32]. Unter rechtlichen Gesichtspunkten ist die Frage in die Diskussion gekommen, ob die ausschließliche Verantwortung des Intendanten angesichts der Fülle der Programme und des faktischen Einflusses der fest angestellten wie der freien Mitarbeiter auf die Programmgestaltung und auf Programmentscheidungen noch realisierbar ist [33]. Es wird weiter zur Diskussion gestellt, ob eine sich im wesentlichen auf Rechtsaufsicht, Programmberatung und Programmkritik beschränkende Kontrolle durch die Aufsichtsgremien noch ausreichen kann [34]. Da es sich dabei primär um rechtliche Fragen handelt, ist es vorläufig schwierig, einen kirchenpolitischen oder gar einen theologischen Beitrag zu ihrer Klärung zu leisten. Ich darf mich daher auf die Anmerkung beschränken, daß das den beiden Fragen zugrundeliegende Unbehagen über die faktische Entwicklung aus der Erfahrung einer langjährigen Tätigkeit in Aufsichtsgremien nur bestätigt werden kann, daß aber bei der Ermöglichung von verpflichtenden Eingriffen in die Gestaltung geplanter Programme seitens der Aufsichtsgremien die Trennmauer zur Zensur sehr geschwächt, wenn nicht gar durchbrochen wird. Dagegen scheint mir die strukturelle Aushöhlung der Verantwortung der Intendanten, wie sie durch die faktische Verlagerung der Programmverantwortung auf Organe anderer Anstalten etwa beim Gemeinschaftsprogramm der ARD geschieht, mit Sicherheit der Gesamtkonzeption des öffentlich-rechtlichen Rundfunksystems zu widersprechen. Wenn — wie es zuletzt vor wenigen Monaten bei der Frage der Ausstrahlung des Fernsehfilms „Die Konsequenz" im Gemeinschaftsprogramm der ARD geschehen ist — Intendanten von ausstrahlenden Anstalten auf eine vorherige Prüfung des kontroversen Films ausdrücklich

[32] So bestimmt beispielsweise das Bayerische Rundfunkgesetz v. 10. 8. 1948 i. d. F. der Bekanntmachung v. 26. 9. 1973 in Art. 12 Abs. 2: „Der Intendant führt die Geschäfte des Bayerischen Rundfunks. Er trägt die Verantwortung für den gesamten Betrieb und die Programmgestaltung." Der Staatsvertrag über das ZDF v. 6. 6. 1961 bestimmt in § 20 Abs. 1: „Der Intendant vertritt die Anstalt gerichtlich und außergerichtlich. Er ist für die gesamten Geschäfte der Anstalt einschließlich der Gestaltung des Programms verantwortlich."

[33] Zuletzt hat diese Frage *U. Scheuner* in einem stark beachteten Referat „Gesellschaftliche Relevanz im Medienrecht" aufgeworfen, das am 13. 1. 1978 im Rahmen eines rundfunkrechtlichen Forums in München stattfand.

[34] *U. Scheuner* hat diese Frage ebenfalls in seinem Münchener Referat v. 13. 1. 1978 (s. Anm. 33) deutlich artikuliert.

verzichten, wenn die Erwägung von künstlerisch unbedenklichen Schnitten zur Überwindung der Einwände einer Anstalt von vorneherein als unvertretbares Nachgeben qualifiziert wird, wenn schließlich eine nicht durch eigene Prüfung informierte Mehrheit die Ausstrahlung im Gemeinschaftsprogramm beschließt und den unterlegenen Intendanten in die Alternative des Abschaltens oder der Ausstrahlung gegen sein, auf vorheriger Prüfung beruhendes Urteil zwingt, beginnt das Kontrollrecht der Vertreter der gesellschaftlich relevanten Kräfte zumindest in der betroffenen Anstalt zur Farce zu werden[35]. Für die Kirche — und nicht nur für sie — stellt sich bei einer zunehmenden Anonymität der Programmverantwortung die Frage der Glaubwürdigkeit ihrer Mitwirkung in Aufsichtsgremien. Für ein Gemeinschaftsprogramm mehrerer Anstalten müssen die Kontrollrechte der Gremien aller an der Ausstrahlung beteiligten Anstalten gesichert werden.

10. Eine strukturelle Aushöhlung der gesetzlich festgelegten Programmverantwortung droht heute auch durch Tendenzen, die unter dem Stichwort der „inneren Rundfunkfreiheit“ auf kollektive Programmentscheidungen von Programmgestaltern nach dem Modell der Mitbestimmung zielen. Hier wird die Möglichkeit wirksamer Konsequenzen selbst bei fortgesetzten Programmbeanstandungen oder Gesetzesverletzungen in Frage gestellt. Die Wirksamkeit einer Kritik gesendeter Programme auf die künftige Programmgestaltung würde so immer schwächer. Das Aufsichtsgremium käme vor die ausweglose Alternative, einem über die Sendungen nicht mehr entscheidungsfähigen oder entscheidungsberechtigten Intendanten gegenüber Konsequenzen zu ziehen oder auf jede rechtlich greifbare Einwirkungsmöglichkeit zu verzichten. Rundfunkpolitisch verdienen dabei auch Überlagerungen zwischen einer zunehmenden parteipolitischen Polarisierung, der Personalpolitik der Anstalten und der Forderung der „inneren Rundfunkfreiheit“ Beachtung. Sie beschränken sich keineswegs auf die jeweils mit dem dominierenden Einfluß ausgestattete parteipolitische Richtung. Auch Freunde einer parteipolitischen Minderheit unter den Mitarbeitern können sich eines parteipolitischen Schutzes gegen Kritik erfreuen. Ergebnisse solcher Zusammenhänge könnten ein parteipolitischer Opportunismus unter den Programmgestaltern oder eine benachteiligende Ungleichheit der Arbeitsbedingungen für nicht parteipolitisch verrechenbare Mitarbeiter sein.

[35] Der Film „Die Konsequenz“ wurde vom WDR am 8. 11. 1977 um 21.15 Uhr im Gemeinschaftsprogramm der ARD ausgestrahlt. Nachdem der Intendant des Bayerischen Rundfunks rechtzeitig schwerwiegende rechtliche Bedenken gegen die Übernahme geltend gemacht hatte, der Intendant des WDR aber nicht einmal zur Vornahme künstlerisch vertretbarer Schnitte zu bewegen war, schaltete sich der Bayerische Rundfunk für die Sendezeit des Films aus dem Gemeinschaftsprogramm aus. Der Intendant des Bayerischen Rundfunks erklärte unwidersprochen in der öffentlichen Sitzung des Rundfunkrats des Bayerischen Rundfunks v. 8. 12. 1977, er sei der einzige Intendant gewesen, der den strittigen Film vor der für die Aufnahme in das Gemeinschaftsprogramm entscheidenden Schaltkonferenz der Intendanten angesehen habe.

Den sich mit dem Stichwort „innere Rundfunkfreiheit" artikulierenden Bestrebungen muß entgegengehalten werden, daß der Zweck des Rundfunks nicht die Verbreitung der persönlichen Meinungen seiner Mitarbeiter, sondern nur die kommunikative, integrierenden Zielen dienende Vermittlung der Vielfalt in der Gesellschaft sein kann. Persönliche Meinungen von Rundfunkmitarbeitern tragen, solange das Gebot der Ausgewogenheit und die journalistischen Spielregeln beachtet werden, entscheidend zur kommunikativen Vermittlung der Meinungsvielfalt bei. Sobald jedoch ausschließlich auf die persönliche Freiheit der Meinungsäußerung der Mitarbeiter abgestellt wird, geht ein wesentliches Element des öffentlich-rechtlichen Rundfunksystems verloren. Es könnte auch in einem sinnlos konsequenten personalpolitischen Proporzstreben versanden. In dem eben genannten Problembereich stehen heute sowohl hinsichtlich der rechtlichen Ausgestaltung der Verantwortungsstrukturen wie auch hinsichtlich der Mitwirkungs- und Kontrollrechte der gesellschaftlich relevanten Gruppen ernste Fragen an, von denen die weitere Existenzberechtigung des bestehenden öffentlich-rechtlichen Systems abhängt. Abgesehen von der rechtlichen Problematik fordern diese Fragen von den gesellschaftlich relevanten Gruppen und von ihren Vertretern in den Aufsichtsgremien ein hohes Maß an Unabhängigkeit (auch gegenüber den Mitarbeitern in den Anstalten), die Stützung der gesetzlich festgelegten Verantwortungsstrukturen und eine nachhaltige, sachlich möglichst umfassend informierte Wahrnehmung der eigenen Rechte und Pflichten.

11. Die öffentlich-rechtliche Rundfunkstruktur zeigt keineswegs unbedeutende Einbruchzonen dort, wo eine Konkurrenz von Anstalten um die Einschaltziffern Platz greift. Das gilt vor allem für das Fernsehen in jenen Sendezeiten, in die Werbeblöcke eingebaut sind. Unter dem Druck der wirtschaftlichen Erfordernisse der Werbegesellschaften wird hier die in den beiden Urteilen des Bundesverfassungsgerichts vorausgesetzte besondere Situation des Rundfunkwesens[36] gegenüber der Presse nicht unerheblich verändert. Die Folge ist eine weitgehende Ohnmacht der Aufsichtsgremien gegenüber den unter dem Gesichtspunkt von Einschaltziffern konzipierten Programmstrukturen und Programmveränderungen für diese Sendezeiten. Es versteht sich von selbst, daß das Postulat einer ausgewogenen Berücksichtigung der verschiedenen relevanten Gruppen — mindestens dort, wo es sich um vermeintliche oder tatsächliche Minderheiten, wenn auch um durchaus zahlenmäßig wie in ihren Erwartungen respektable Gruppen handelt — bei einem auf Hörer- und Zuschauerquantitäten abgestellten Maßstab verletzt werden muß. Darüber hinaus müßte wohl noch sorgfältig untersucht werden, inwieweit bei solchen Programmen einem vermeintlich überwiegenden Publikumsgeschmack gefolgt und inwieweit dieser zugleich unbemerkt ständig in dieselbe Richtung manipuliert wird. Solange die Einbruchzonen des Kommerziellen in das öffentlich-rechtliche System nicht entbehrlich wer-

[36] Vgl. BVerfGE 12, S. 261; BVerfGE 31, S. 326.

den, muß die skizzierte Situation von den gesellschaftlich relevanten Gruppen als Auftrag verstanden werden, über die Grenzen von Rundfunkanstalten hinweg ihre Rechte und Pflichten hinsichtlich der Programmgestaltung gerade für diese Bereiche zur Geltung zu bringen. Den Kirchen — selbstverständlich nicht ihnen allein — kommt hier aus dem eigenen Selbstverständnis und aus den Kriterien ihres Auftrags im Bereich von Hörfunk und Fernsehen sicher eine bisher zu wenig wahrgenommene Verantwortung zu.

12. Die kirchlichen Beiträge zum Programm von Hörfunk und Fernsehen stellen eigene Anforderungen an die Verantwortungsstrukturen in den Anstalten. Wo sich Kirche als Kirche darstellen soll, muß sie auf der Vermittlung der ihr eigenen Orientierungen und Vollzüge bestehen. Sie muß in eigener — selbstverständlich in die Gesamtverantwortung für das Programm der Rundfunkanstalt einzuordnender — Verantwortung gestalten können. Dies fordern die weltanschauliche Neutralität der öffentlich-rechtlichen Anstalten auf der einen, das Selbstverständnis des pastoralen Wirkens der Kirche auf der anderen Seite [37]. Wo kirchliche Vorgänge ein Stück gesellschaftlichen Geschehens, kirchliche Gesichtspunkte ein Beitrag zur Diskussion in der Gesellschaft sind, unterschiedliche Positionen in der Kirche öffentliches Interesse finden, erfordert die sachgerechte Berichterstattung und Kommentierung ein hohes Maß an Einfühlungsvermögen in die Beweggründe solcher Vorgänge oder Einstellungen. Die Kirche muß — wie jede andere gesellschaftliche Gruppe — zudem Gewicht darauf legen, daß sich Hörfunk und Fernsehen nicht als Instrumente der internen Opposition einer vielleicht verschwindenden Minderheit betätigen. Von den mit der Betreuung kirchlicher Sendungen und mit dem Aufgreifen kirchlicher Themen befaßten Abteilungen der Rundfunkanstalten muß daher eine vertrauensvolle Zusammenarbeit mit kirchlichen Beauftragten erwartet werden. Dies begründet keinen Sonderstatus der Mitarbeiter solcher Abteilungen im Kreis der Rundfunkjournalisten, fordert aber beispielsweise eine Fühlungnahme bei entsprechenden Personalbesetzungen. Eine mit anti-institutionellen Affekten besetzte Abteilung für kirchliche Sendungen und Themen ist sicher das Gegenteil des in diesem Bereich von der Sache her Geforderten. Bei der Bearbeitung kirchlicher oder theologischer Themen im Gesamtprogramm der Rundfunkanstalten muß und kann die Kirche nicht mehr aber auch nicht weniger sachliche Vertrautheit mit dem Gegenstand erwarten als andere gesellschaftliche Gruppen. Daß mit allen diesen Postulaten nicht nur Forderungen an die Rundfunkanstalten, sondern auch kirchliche Aufgaben angesprochen sind, versteht sich hoffentlich von selbst.

[37] Wenn die öffentlich-rechtlichen Anstalten spezifisch kirchliche Sendungen im Ernst in die ausschließlich eigene inhaltliche Verantwortung übernehmen wollten, würden sie zwangsläufig entweder zur kirchlichen Einrichtung oder neben den Kirchen zu einer Religion stiftenden Institution.

IV. Annex: Zu den Möglichkeiten in anderen rechtlichen und organisatorischen Strukturen

Das Urteil des Bundesverfassungsgerichts vom 28. 2. 1961 begründet bekanntlich keine Festlegung auf das gegenwärtige öffentlich-rechtliche Rundfunksystem. Unter der Voraussetzung einer angemessenen Beteiligung der gesellschaftlich relevanten Gruppen läßt es auch privatrechtliche Formen ausdrücklich zu [38]. Neue technische Möglichkeiten eines Kabelhörfunks oder -fernsehens, die Satellitentechnik und eine eventuelle anderweitige Erschließung zusätzlicher Ausstrahlungsmöglichkeiten haben lebhafte Diskussionen um ein mögliches Nebeneinander öffentlichrechtlicher und privater Trägerschaften und vor allem um eine Erweiterung der Zahl der Programme ausgelöst und zu konkreten Schritten in der Vorbereitung von Pilotprojekten im Kabelbereich geführt. Viele Erwartungen gehen dahin, es könne auf diesem Weg gelingen, manche auch hier genannte Schwierigkeiten und Fehlentwicklungen hinsichtlich der Verantwortungsstrukturen und der parteipolitischen Unterwanderung der Staatsfreiheit des Rundfunks zu überwinden. Dieses Referat hat seine Aufgabe darin gesehen, überwiegend von den gegenwärtig gegebenen Daten, nicht von möglichen Zukunftsentwicklungen auszugehen. Es sieht sich dazu um so mehr berechtigt, als von den neuen Entwicklungen im Rundfunkbereich in einem anderen Referat ausdrücklich gehandelt werden soll. Für die Diskussion, die an neuen Entwicklungsmöglichkeiten sicher nicht vorbeigehen wird, seien in Kürze nur drei Thesen zu diesen Zukunftsperspektiven angeboten:

13. Eine Erweiterung der Zahl der Programme und eine Pluralisierung der Trägerschaften *können* manche Schwierigkeiten erleichtern und manche Fehlentwicklungen korrigieren. Deshalb werden die Pilotprojekte und die sonstigen Planungen kirchlicherseits mit einem wachen und engagierten Interesse und orientiert an den hier dargelegten, keineswegs auf das gegenwärtige System allein fixierten Grundsätzen begleitet.

14. Die folgenden Gesichtspunkte dürfen aber bei der Diskussion der kirchlichen Möglichkeiten in neuen Strukturen nicht unberücksichtigt bleiben:

a. eine Vermehrung der Zahl und der Ausstrahlungszeiten hat sich im Bereich der Medien bisher insgesamt kaum qualitätssteigernd ausgewirkt; das gilt vor allem dort, wo wirtschaftliche Konkurrenzinteressen verstärkt ins Spiel kommen; in diesem Zusammenhang sind auch die Rückwirkungen zusätzlicher Programme auf die bestehenden zu bedenken;

b. ein eigenes kirchlich getragenes Vollprogramm wäre wohl weder rechtlich noch von den vorhandenen Ressourcen her möglich noch auch von der Beteiligung der Kirche an der Kommunikation der Gesellschaft

[38] BVerfGE 12, S. 262.

her wünschenswert [39]; es könnte auch leicht entweder zu einem freiwilligen Rückzug ins Getto oder zur Preisgabe des kirchlichen Proprium um den Preis publizistischer Effektivität führen;

c. gerade die Kirchen haben in ihre rundfunkpolitischen Stellungnahmen bisher immer die Interessen und Rechte aller gesellschaftlichen Gruppen einzubeziehen versucht; die ihnen eigene Aufgabe und Verantwortung sollte sie diesen Aspekt auch bei der Diskussion neuer Möglichkeiten und bei der eventuellen Kooperation mit anderen an einer Trägerschaft interessierten Gruppen nicht vernachlässigen lassen.

15. Damit soll selbstverständlich die Möglichkeit nicht ausgeschlossen werden, daß das Rundfunkkonzept, das zur Gründung der öffentlichrechtlichen Rundfunkanstalten führte und das sowohl durch die beiden Urteile des Bundesverfassungsgerichts als verfassungskonform bestätigt wurde wie auch den kirchlichen Grundsätzen zu entsprechen vermag, wegen der tatsächlichen Entwicklung in den öffentlich-rechtlichen Anstalten dort allein nicht mehr zu verwirklichen ist. Wenn dies der Fall ist, müßte das Konzept auch aus kirchlicher Sicht auf dem Weg und mit allen Risiken konkurrierender Systeme weiterverfolgt werden. Damit wäre allerdings eine Chance verspielt. Die Bedeutung der freien gesellschaftlichen Kommunikation und die Aufgaben der Kirche wären aber sicher Grund genug, an neuen Möglichkeiten für ein richtiges Konzept nicht vorbeizugehen. Selbst eine solche Situation könnte freilich die Kirche nicht von ihrer weiteren Mitverantwortung für das gegenwärtige Rundfunksystem entpflichten.

[39] Vgl. dazu Pastoralinstruktion Communio et progressio Nr. 19 ff. (s. Anm. 26), S. 169 ff., wo unbeschadet des grundsätzlichen Rechts der Kirche auf eigene Sendeanstalten und Programme die Beteiligung an der allgemeinen sozialen Kommunikation der Gesellschaft sehr stark hervorgehoben wird.

Leitsätze zum Vortrag von Prof. Karl Forster

Kirchliche Präsenz in Hörfunk und Fernsehen
Orientierende Gesichtspunkte aus dem Selbstverständnis der Kirche, aus der Aufgabe gesellschaftlicher Kommunikation und aus den Verantwortungsstrukturen der Anstalten

I. Zum theologischen Selbstverständnis der Kirche und zur Sicht der Kirche als „gesellschaftlich relevante Gruppe“

1. Das theologische Selbstverständnis der Kirche ist unteilbar. Es gibt keine legitime Trennung — wenn auch eine höchst notwendige Unterscheidung — zwischen Heilsdienst und Weltdienst der Kirche. Der Heilsdienst der Kirche muß sich im Weltdienst bewähren. Ohne Bezug zum Evangelium und zu Jesus Christus verliert christlicher Weltdienst seine Identität.

2. Ohne Verletzung der Religionsfreiheit ist es nicht möglich, dem Staat oder der Gesellschaft als ganzer den Nachvollzug des Selbstverständnisses der Kirche zuzumuten, da dies die Identifikation mit dem Glauben der Kirche zur Voraussetzung hätte. Insofern ist es legitim, wenn das soziale System Kirche vom Staat und vom Ganzen der Gesellschaft her als „gesellschaftlich relevante Gruppe“ bezeichnet wird. Auch eine soziologische oder juristische Sicht von Kirche wird aber nicht davon absehen können, daß sich Kirche von anderen gesellschaftlich relevanten Kräften durch ihren Transzendenzbezug unterscheidet. Erst recht kann die Kirche selbst — auch dort wo sie als „gesellschaftlich relevante Gruppe“ handelt — nicht darauf verzichten, ihr Offensein auf Jesus Christus hin zu bezeugen.

3. Daß Kirche ihren Transzendenzbezug lebt und bezeugt, ist nicht nur für die Erfüllung des ihr zuinnerst eigenen Auftrags unverzichtbar. Indem Kirche als „Zeichen der Transzendenz“ wirksam wird, sichert sie in der Gesellschaft für alle eine wesentliche Dimension der Freiheit. Sie darf auch um der Gesellschaft willen nicht darauf verzichten, das ihr in besonderer Weise Eigene öffentlich zu bekunden.

4. Da sich Kirche zur Glaubensfreiheit und zur Religionsfreiheit bekennt, weiß sie um die Notwendigkeit von Toleranz und Ausgleich in einer Gesellschaft, in der es verschiedene Sinn- und Wertorientierungen gibt. Die Kirche kann sich aber ohne Verlust ihrer eigenen Identität nicht damit abfinden, wenn für die staatliche Gesetzgebung oder für die öffentliche Meinung eine totale Wertneutralität oder Wertbeliebigkeit gefordert werden sollten. Vielmehr sieht die Kirche in ihrer Beteiligung am gemeinsamen Ringen der verschiedenen gesellschaftlichen Kräfte um die Begründung und Geltung von Wertmaßstäben für das Ganze ein wesentliches Element der eigenen gesellschaftlichen Relevanz.

II. Gesellschaftliche Kommunikation — Aufgabe von Hörfunk und Fernsehen, kirchlicher Beitrag heute

5. Die Freiheit der Berichterstattung, Information und Meinungsbildung verbietet die Auslieferung des Rundfunks an den Staat oder an

eine einzelne gesellschaftliche Gruppe. Überall dort, wo der Anteil der Vertreter der politischen Parteien, insbesondere der Mitglieder von Parlamenten und Regierungen in den Aufsichtsgremien öffentlich-rechtlicher Rundfunkanstalten so stark wird, daß sich die Entscheidungsfindung in solchen Gremien faktisch über parteipolitisch ausgerichtete Fraktionen vollzieht, ist die Staatsfreiheit des Rundfunks gefährdet. Dies gilt erst recht für die Fälle, in denen auch die von nicht parteipolitisch ausgerichteten Gruppen zu entsendenden Mitglieder von Aufsichtsgremien parlamentarisch bestimmt werden. Bei der Forderung der Staatsfreiheit des Rundfunks geht es nicht nur um das Vermeiden politisch einseitiger Manipulation der öffentlichen Meinungsbildung, sondern auch um die sachgerechte Gewichtung der verschiedenen für eine freie Meinungs- und Urteilsbildung in der Gesellschaft bedeutsamen Daten und Kriterien.

6. Die Offenheit von Hörfunk und Fernsehen für die Pluralität der Meinungen, Wertsysteme, kulturellen und künstlerischen Ausdrucksformen in der Gesellschaft verpflichtet nicht nur zur Unterlassung von Freiheitsbeschränkungen, sondern auch zur Öffnung des Rundfunks für die verschiedenen in der Gesellschaft wirksamen Kräfte. Das Postulat der Ausgewogenheit, das sich davon herleitet, kann sich sinnvollerweise nicht auf den einzelnen Beitrag zur gesellschaftlichen Diskussion beziehen. Es betrifft vielmehr das Gesamt der Programmgestaltung — unter gerechter Berücksichtigung der verschiedenen Sendeplätze und Programmtypen.

7. Das Beziehungsfeld von Staatsfreiheit, Offenheit und Pluralität setzt voraus, daß die Rundfunkanstalten und die an der gesellschaftlichen Kommunikation teilnehmenden Gruppen die Chance einer integrierenden Funktion für das Ganze der Gesellschaft wahrnehmen. Die dem Rundfunk zugeschriebene integrierende Funktion muß vor allem durch zwei Faktoren gewährleistet werden: durch die in den Rundfunkgesetzen bzw. Staatsverträgen festgehaltenen Grundsätze bzw. Richtlinien für die Sendungen und durch die Regeln journalistischer Sorgfalt und Fairness.

8. Der Beitrag der Kirche zur gesellschaftlichen Kommunikation ist sowohl in formaler wie in inhaltlicher Hinsicht ein je zweifacher: Die Kirche muß sich in der Öffentlichkeit als strukturiertes und organisiertes soziales System (als Institution) artikulieren. Kirche nimmt darüber hinaus auch dadurch an der gesellschaftlichen Kommunikation teil, daß ihre Mitglieder nach ihrem Gewissen, aus ihrem persönlichen Glauben zum Gespräch der Gesellschaft über gemeinsam interessierende und zu bewältigende Aufgaben beitragen. Inhaltlich geht es zum einen um kirchliche Verkündigung der Glaubensbotschaft und ihrer ethischen Konsequenzen, zum anderen um konkrete Lösungsvorschläge, Handlungs- oder Verhaltensimperative, die von persönlicher Glaubensverantwortung getragen werden, aber keineswegs der ebenfalls im Glauben zu verantwortenden Handlungs- oder Verhaltensalternativen entbehren müssen. Sowohl die formalen wie die materialen Unterscheidungen müssen für die Teilnehmer am Kommunikationsprozeß erkennbar sein.

III. Zu den Verantwortungsstrukturen in öffentlich-rechtlichen Rundfunkanstalten

9. Sowohl die Berücksichtigung der gesellschaftlichen Kräfte in den Programmen von Hörfunk und Fernsehen wie auch die wirksame Kontrolle der öffentlich-rechtlichen Rundfunkanstalten durch die gesellschaftlich relevanten Gruppen setzen durchschaubare Verantwortungsstrukturen in den Anstalten und wirksame Sanktionsmöglichkeiten bei groben Verstößen gegen die Offenheit und Ausgewogenheit der Programme voraus. Eine Verlagerung der Programmverantwortung auf Organe anderer Anstalten höhlt die rechtliche Gesamtkonzeption des öffentlich-rechtlichen Rundfunksystems aus. Für die Kirche stellt sich bei einer zunehmenden Anonymität der Entscheidungsverantwortung die Frage der Glaubwürdigkeit ihrer Mitwirkung.

10. Dieselbe Frage wird durch Tendenzen aufgeworfen, die unter dem Stichwort der „inneren Rundfunkfreiheit" auf kollektive Programmentscheidungen der Programmgestalter nach dem Modell der Mitbestimmung zielen. Die persönlichen Meinungen von Rundfunkjournalisten können, solange das Gebot der Ausgewogenheit und die journalistischen Spielregeln beachtet werden, entscheidend zur kommunikativen Vermittlung der Meinungsvielfalt beitragen. Der Zweck des Rundfunks ist aber nicht die Verbreitung der persönlichen Meinungen seiner Mitarbeiter, sondern die kommunikative, integrierenden Zielen dienende Vermittlung der Vielfalt in der Gesellschaft.

11. Die Wahrnehmung von Verantwortung und die Erfüllung gestellter Aufgaben wird zu einem nicht geringen Teil auch durch die Konkurrenz um Einschaltziffern beeinflußt. Für die gesellschaftlich relevanten Kräfte und insbesondere für die Kirchen muß sich die Frage stellen, wo die Grenze zu einer unerträglichen Gewichtsverschiebung innerhalb der kommunikativen Aufgaben des Rundfunks, zu einer Unterdrückung der berechtigten Erwartungen keineswegs unbedeutender Minderheiten und auch zu einer gefährlichen Manipulation der Interessen bei der Mehrheit der Hörer und Zuschauer überschritten wird.

12. Weil nicht nur das theologische Selbstverständnis, sondern auch die gesellschaftliche Sicht von Kirche diese nicht allein auf soziologisch oder politisch registrierbare Daten und Abläufe einengen kann, muß überall dort, wo sich Kirche als Kirche darstellen soll, auf der Vermittlung der ihr eigenen Orientierungen und Vollzüge bestanden werden. Dies ist angesichts der weltanschaulichen Neutralität der öffentlich-rechtlichen Rundfunkanstalten nur dann möglich, wenn eine solche Vermittlung im Rahmen der allgemein verpflichtenden Gesetze und Richtlinien aus kirchlicher Verantwortung geschieht. Wo kirchliche Vorgänge ein Stück gesellschaftlichen Geschehens, kirchliche Gesichtspunkte ein Beitrag zur Diskussion in der Gesellschaft sind, muß die Kirche — wie jede gesellschaftliche Gruppe — Gewicht darauf legen, daß sich Hörfunk und Fernsehen der Tendenz nach nicht als Instrumente einer internen Opposition betätigen und daß im übrigen für unterschiedliche Positionen soweit wie möglich der Grundsatz der Ausgewogenheit beachtet wird.

IV. Annex: Zu den Möglichkeiten in nicht-öffentlich-rechtlichen Strukturen

13. Eine Erweiterung der Zahl der Rundfunkanstalten und Programme sowie das Nebeneinander öffentlich-rechtlicher und privater Trägerschaften *kann* manche Schwierigkeiten, die sich in den letzten Jahren zunehmend hinsichtlich der Verantwortungsstrukturen und der parteipolitischen Unterwanderung der Staatsfreiheit von Hörfunk und Fernsehen abgezeichnet haben, relativieren. Unter diesem Gesichtspunkt sind die Möglichkeiten des Kabelhörfunks und -fernsehens, der Satellitentechnik und einer eventuellen anderweitigen Erschließung zusätzlicher Frequenzen auch für die kirchliche Präsenz in Hörfunk und Fernsehen von großem Interesse.

14. Folgende Gesichtspunkte dürfen aber auch bei der Diskussion der kirchlichen Möglichkeiten in neuen rechtlichen und organisatorischen Strukturen nicht unberücksichtigt bleiben:

a. eine Vermehrung der Zahl und der Ausstrahlungszeiten hat sich im Bereich der Medien bisher kaum qualitätssteigernd ausgewirkt; das gilt vor allem dort, wo wirtschaftliche Konkurrenzinteressen verstärkt ins Spiel kommen;

b. ein eigenes kirchlich getragenes Vollprogramm wäre wohl weder rechtlich noch von den vorhandenen Ressourcen her möglich noch auch von der Beteiligung der Kirche an der Kommunikation der Gesellschaft her wünschenswert;

c. gerade die Kirchen haben in ihre rundfunkpolitischen Stellungnahmen immer die Interessen und Rechte aller gesellschaftlichen Gruppen einzubeziehen versucht; die ihnen eigene Aufgabe und Verantwortung sollte sie diesen Aspekt auch angesichts neuer technischer Möglichkeiten nicht vernachlässigen lassen.

15. Damit soll die Möglichkeit nicht ausgeschlossen werden, daß das Rundfunkkonzept, das zur Gründung der öffentlich-rechtlichen Rundfunkanstalten führte, wegen der tatsächlichen Entwicklung dieser Anstalten auch aus kirchlicher Sicht nur mehr auf dem Weg und mit den Risiken konkurrierender Systeme weiterverfolgt werden kann.

Diskussion über den Vortrag von Prof. Forster, Augsburg

Diskussionsleiter: Prof. Scheuner, Bonn

Prof. Scheuner, Bonn:

Die Tagung, die wir in diesem Jahre abhalten, gilt einem sicherlich oft behandelten, aber immer wieder aktuellen Gegenstand, nämlich dem Verhältnis der Kirche zu den Medien — ein Problem, das um so dringlicher geworden ist, als die Fragen neuer technischer Entwicklungen heranreifen, über die uns vor allen Dingen Herr Professor Lerche dann berichten wird; ein Problem, das auf der anderen Seite auch eine sorgfältige Erhebung des Tatbestandes notwendig macht, für die wir sicherlich Herrn Professor Holzamer sehr dankbar sein werden; und ein Problem, das doch auch sehr starke grundsätzliche, theologische Erwägungen erfordert gerade deswegen, weil — wie in den einleitenden Worten gesagt wurde — die Medien auch an das Ganze sich wenden und ihr starker Einfluß auf das Ganze ihnen eine besondere Stellung im gesellschaftlichen Leben gibt. Mehr oder weniger ist heute das, was wir unter der Freiheit der Meinungsäußerung verstehen, in den Medien konzentriert. Denn so sehr der Einzelne frei ist, seine Stimme hörbar zu machen, er wird sie für die heutige Massengesellschaft nur über die Medien wirksam machen können, so daß in der Tat das, was wir als Öffentlichkeit bezeichnen, in einem sehr hohen Maße — wir Professoren neigen vielleicht dazu, auch dicke Bücher hier als Teile der öffentlichen Meinung anzusehen, — doch wesentlich über die Medien erreicht wird und von den Medien daher ein entscheidender Einfluß auf die gesellschaftlichen Auseinandersetzungen ausgeht.

Ich darf zur Einleitung der Diskussion über den Vortrag von Herrn Professor Forster einige Bemerkungen hinzufügen: Der Vortrag hat uns die Probleme der theologischen und kirchlichen Sicht des Rundfunks in einer vorzüglichen Weise ausgebreitet. Er hat uns im Reichtum seiner Gesichtspunkte ganz wesentliche Fragen gestellt. Ich will nur auf einiges hinweisen.

Einmal ist die besondere theologische Stellung und der besondere Auftrag der Kirche deutlich geworden, den sie im Unterschied zu allen anderen Gruppen im Rundfunkbereich wahrzunehmen hat. Der Vortragende ist für die Eingliederung der Kirche in die gesellschaftlichen Gruppen eingetreten, hat aber doch nachdrücklich ihre besondere Eigenart und ihren besonderen Auftrag festgehalten. Das ist ein erster und sehr wichtiger Gegenstand, den wir zu besprechen haben werden, wobei vielleicht eine Nebenbemerkung besonders interessant war, daß nämlich der Vortragende ein Fragezeichen gesetzt hat hinter die bisher eigentlich weniger bestrittene Problematik, daß man ohne weiteres die Parteien unter die gesellschaftlichen Gruppen aufnimmt und sie nicht dem Staate zurechnet. Ein Problem, das sicherlich große Beachtung verdient.

Mit besonderem Nachdruck hat der Vortrag sodann den Gesichtspunkt der Ausgewogenheit, der sich auch eng mit dem kirchlichen Auftrag berührt, in den Vordergrund gestellt; und ich darf vielleicht zu diesem Punkte auf zwei neuere Entwürfe hinweisen. In dem Entwurf, den Ende Februar 1978 die hiermit beauftragte Expertenkommission für eine neue eidgenössische Verfassung vorgelegt hat, heißt es im Artikel 12 Absatz 2: „Der Staat sorgt dafür, daß die Meinungen in ihrer Vielfalt Ausdruck finden können, vor allem in Presse, Radio und Fernsehen.“ Hier ist also in die Verfassungsbestimmung der Gedanke der Pluralität und Ausgewogenheit aufgenommen. Eine ganz ähnliche Bestimmung finden wir in dem Entwurf zu der neuen spanischen Verfassung, der im Januar ds. Js. vorgelegt worden ist. Hier finden wir im Artikel 20 Absatz 5 eine Ermahnung, daß die öffentlichen Anstalten und die vom Staat kontrollierten Anstalten den verschiedenen sozialen und politischen Gruppen offenstehen sollen, respetando el pluralismo della sociedà, d. h. unter Respektierung der Pluralität der Gesellschaft.

Mit besonderer Freude habe ich es begrüßt, daß der Vortragende in seinem Vortrag den Gedanken der Toleranz so stark herausgehoben hat. Ich glaube, daß hier ein Gesichtspunkt vorliegt, der für die Entwicklung sowohl in diesem Bereiche wie in anderen Bereichen von immer größerer Bedeutung in unserem Staatswesen sein wird.

Ein Wort nur möchte ich sagen zu den inneren Problemen der Anstalten, auf die wir sicherlich am Nachmittag noch zurückkommen werden. Hier ist deutlich geworden, daß der Vortragende mit Behutsamkeit den Standpunkt eingenommen hat, daß private Sendeeinrichtungen nicht ohne weiteres eine Änderung bedeuten würden, die alle Hoffnungen erfüllen könnte. Das Gewicht der bestehenden öffentlichen Anstalten ist nicht nur faktisch groß, sondern hier liegen auch Probleme der Qualität der Sendungen und natürlich auch finanzielle und organisatorische Probleme vor.

Von besonderer Bedeutung scheint mir eine Frage, die wir vielleicht heute nachmittag noch zu vertiefen haben werden, nämlich die, wer eigentlich die Verantwortung für die Sendungen noch tragen kann, wer die Sendungen umgekehrt steuern könnte. Sie haben, Herr Prälat Forster, mit Recht darauf hingewiesen, daß Grenzen zwischen Kontrolle und Zensur hier zerfließen könnten. Das ist ein sehr ernstes Wort, dem man vielleicht noch ein wenig nachzugehen haben würde.

Ich würde für die Diskussion keine besondere Gliederung vorschlagen, würde aber meinen, wir könnten sie vielleicht in zwei Abschnitten führen, indem der erste Abschnitt sich etwas stärker auf die theologisch-kirchliche Sinngebung und Aufgabe der Kirche im Rundfunk, der zweite dann auf die organisatorischen und inhaltlichen Fragen erstreckte. Ich darf damit die Diskussion eröffnen und um Wortmeldungen bitten.

Prof. Mörsdorf, München:

Es sei mir gestattet, einleitend auf ein rechtssprachliches Phänomen hinzuweisen, nämlich auf die Einreihung der Kirchen in den Begriff der „gesellschaftlich relevanten Gruppen“. Der Referent hat sich — unter voller Wahrung des theologischen Selbstverständnisses der Kirche — dieser im deutschen Verfassungsrecht eingebürgerten und durch die höchstrichterliche Rechtsprechung sanktionierten Sprechweise bedient. Es wurde dabei auch der Ausdruck „für die Gesellschaft bedeutsame Kraft" gebraucht, der sich gleichfalls in der höchstrichterlichen Rechtsprechung vorfindet. Dieser Ausdruck würde mir schon besser gefallen als das Wort „Gruppe". „Gruppe" ist sprachlich falsch, und das sollte man den Juristen einmal sagen dürfen; denn „Gruppe" bedeutet immer „Teil eines Ganzen". Hier, bei der Kirche — nehmen wir das Wort „Kirche" einmal zusammen für alles das, was sich im deutschen Raum als Kirche versteht — sind es immerhin mehr oder weniger alle Angehörigen unseres Staatswesens (etwa 95% Kirchensteuer zahlende Christen!); man kann daher bei der Kirche nicht von „Gruppe" sprechen. Ich darf daran erinnern, daß wir im Bereich des Staatskirchenrechtes der Weimarer Zeit und davor in der Zeit des Preußischen Allgemeinen Landrechtes den Begriff „Religionsgesellschaften" hatten, um alle Kirchen und diesen ähnliche religiöse Gemeinschaften mit einem Begriff zu erfassen. Der Begriff „Religionsgesellschaft" hat dem Kirchenrechtler immer schon Sorge bereitet. Nach dem Zweiten Weltkrieg, als es darum ging, das Verhältnis von Kirche und Staat neu zu ordnen, ist es gelungen, sich auf das partnerschaftliche Verhältnis von Kirche und Staat neu zu besinnen, womit der Begriff „Kirche" auch im Bereich des deutschen Verfassungsrechtes seine eigenständige Bedeutung wiedergewann. Einige Länderverfassungen legen dafür ausdrückliches Zeugnis ab. Mit der Einreihung der Kirchen in den Begriff der „gesellschaftlich relevanten Gruppen" vollzieht sich nach meiner Überzeugung eine begriffliche Einebnung, welche die Einzigartigkeit der Kirche, also das, was aus ihrer Wesensart fließt und für sie unverzichtbar ist, nicht mehr zum Ausdruck bringt.

Intendant a. D. Dr. Mai, Saarbrücken:

Ich bin froh, daß ich einem Mißverständnis entronnen bin, Herr Professor Forster. In der Kurzfassung Ihres Vortrags scheinen Sie nämlich die Frage der Zusammensetzung der Rundfunkräte und das Zustandekommen ihrer Zusammensetzung außerhalb religiöser Beurteilung gelassen zu haben. Dabei taucht natürlich die Frage auf, ob die Kirchen relevante Gruppen wie andere relevante Gruppen sind, oder ob ihnen eine spezifische Relevanz zukommt. Dies würde ich bejahen. Und damit taucht die Frage auf, die ja rundfunkpolitisch bedeutsam ist: ist auch der kirchliche Vertreter in Gremien zu wählen, oder ist er zu benennen. Dies scheint mir ein diskutierbares Investiturproblem zwischen Gesellschaft und Kirche zu sein.

Was mir bei der Erörterung der kirchlichen Relevanz im Rundfunk zu kurz gekommen zu sein scheint, ist folgende Frage: Sie haben aufgeteilt in Heilsdienst und Weltdienst. Das Konfliktsfeld zwischen der Verkündigungsfreiheit und der Programmverantwortung des Intendanten vollzieht sich im allgemeinen auf dem Felde, das Sie etwas sehr vage „Weltdienst" genannt haben. Ich habe in dieser Frage ja einen Streit ausgefochten, bei dem ich persönlich der Meinung war, daß die Verkündigungsfreiheit, die jeder Intendant respektieren wird, sich eigentlich nur auf jenen religiösen Bereich beziehen kann, der — wenn er von dem jeweiligen Angehörigen der Konfession nicht mehr akzeptiert wird — ihn außerhalb dieser Konfessionsgemeinschaft stellt, d. h., der Bereich des ausgesprochenen konfessionellen Konsensus ist das Feld der Verkündigungsfreiheit. Wenn sich aber die Verkündigungsfreiheit in den Bereich des Weltdienstes, wie sie sagen, ausdehnt, d. h. auf die Frage, ob Vietnam, ob Namibia oder Rhodesien mit moralischen christlichen Wertmaßstäben zu beurteilen sind, dann begeben wir uns hier auf ein Feld, in dem sehr kontroverse Auffassungen in derselben Konfessionsgemeinschaft zur Debatte stehen. Und die Frage ist, ob hier nicht die Programmverantwortung des Intendanten unter dem Begriff „Ausgewogenheit" und „Pluralität" die Priorität gegenüber der Verkündigungsfreiheit hat. Dies scheint mir der eigentliche Konfliktsherd in den kirchlichen Sendungen zu sein. Und da, auf diesen Konfliktsherd ein wenig klärend einzuwirken, wäre vielleicht eine lohnende Aufgabe dieser Tagung.

Prof. Böckenförde, Freiburg:

Ich möchte an die Bemerkung von Herrn Mörsdorf anknüpfen und in die gleiche Richtung argumentieren. Ihre Einräumung, Herr Forster, daß es legitim sei, das soziale System Kirche vom Ganzen der Gesellschaft her als gesellschaftlich relevante *Gruppe* zu bezeichnen, impliziert doch ungeheure Folgen. Ich bin zwar kein Theologe, aber für die Religionsfreiheit glaube ich mich etwas kompetent. Und gerade das Prinzip der Religionsfreiheit fordert mitnichten, daß der Staat die Kirche als eine gesellschaftliche Gruppe unter anderen ansieht, sondern sie ermöglicht es gerade, daß vom politischen Gemeinwesen her die Kirche als ein Gegenüber angesehen wird, und zwar deswegen, weil der moderne Staat sich auf weltliche Zwecke begrenzt, von daher auch die religiös-weltanschauliche Neutralität akzeptiert und praktiziert und den Bereich der geistlichen Angelegenheiten außerhalb seines Befugniskreises läßt. Das schließt nicht aus, daß es viele res mixtae gibt — darüber brauchen wir uns im Augenblick nicht zu verständigen — die dann Regelungen, Abgrenzungen usw. erforderlich machen. Aber gerade die Regelung, die wir im Grundgesetz haben, daß die Kirchen und Religionsgesellschaften in der *staatlichen* Rechtsordnung als Körperschaften des öffentlichen Rechts angesehen werden, obwohl sie das ihrer Natur nach nicht sind, zeigt, daß unser Staat gerade dieses Gegenüberstehen der Kirchen, ihren Status auf einer anderen Ebene als der einer gesellschaftlichen Gruppe akzeptiert. Ich bin auch der Meinung, daß die Kirche großes Gewicht darauf legen sollte, sich selbst immer als ein solches *Gegenüber* zu dem politischen Gemeinwesen zu verstehen und entsprechend zu handeln, denn daran hängt ihre Glaubwürdigkeit. Wenn sie — was unter den Gegebenheiten einer pluralistischen Gesellschaft, ich möchte sagen, ein versucherisches Angebot ist — darauf eingeht, sich als gesellschaftliche Gruppe wie die anderen auch zu sehen, muß sie sich — will sie nicht ihre Glaubwürdigkeit verlieren — dann auch den Spielregeln der pluralistischen Gesellschaft unterstellen und sich gegebenenfalls auch überstimmen lassen; in der pluralistischen Gesellschaft ist man so stark, wie man Einfluß hat, mit allem, was dazu gehört. Die Kirche sollte deshalb von den Möglichkeiten, die ihr im Rahmen der pluralistischen Gesellschaft geboten werden, nur sehr sparsam Gebrauch machen und nicht, ohne sich immer selbst zu fragen, ob sie damit nicht Gefahr läuft, ihre Stellung als ein Gegenüber zum politischen Gemeinwesen auf gleicher Ebene zu beeinträchtigen. Denn wenn es für die Kirche ernst wird, wird sie immer sagen: „Da mag in Euren Gesetzen stehen, was will, da mag selbst in der Verfassung stehen, was will, wir haben einen eigenen Auftrag und eine eigene Legitimation und müssen von daher dies und jenes geltend machen." Es darf nicht der Eindruck entstehen: auf der einen Seite möchte die Kirche in dem Spielfeld der pluralistischen Gesellschaft gerne dabei sein und mitspielen, aber zugleich möchte sie auch noch die Rolle des Schiedsrichters haben. Ich würde deshalb meinen — in Ihrem Referat war das auch nicht gesagt —, daß es eine theologische Begründung dafür, daß die Kirche Sitze in den Rundfunk- und Fernsehgremien hat, nicht gibt. Das ist ein gegebener Rechtszustand, der gut sein mag; man sollte aber nicht versuchen, ihn irgendwie theologisch zu begründen. Eine theologische Begründung könnte allenfalls da ansetzen, daß der Kirche aus ihrem Wesen wie auf der Grundlage der staatlichen Verfassung Religionsfreiheit, Verkündigungsfreiheit zukommt, und daß sich daraus dann in einer Situation, in der die Wirksamkeit in die Gesellschaft hinein sehr stark von Kommunikationssystemen mitgestaltet wird, die Konsequenz ergibt, daß die Kirche die Möglichkeit haben muß, sich *überhaupt* in Rundfunk und Fernsehen zu verlautbaren. Das wäre auch ein Ansatz, der die Kirche nicht als eine Gruppe in die pluralistische Gesellschaft hineinstellt, sondern der von dem Gegenüber der Kirche zum Staat oder politischen Gemeinwesen her argumentiert.

Prof. Mikat, Bonn:

Aus der von Herrn Böckenförde mit Recht betonten Position des „Gegenüber" von Kirche und Staat ist für eine staatssoziologische und verfassungsrechtliche Beurteilung der rechtlichen Stellung der Kirche im Bereich von Rundfunk und Fernsehen allein noch nicht viel gewonnen. Die Selbstaussagen der Kirche, ihr theologisch-dogmatisches wie ihr theologisch-kanonistisches Selbstverständnis, können keine tragfähige Grundlage für die rechtswissenschaftliche Behandlung des Problemfeldes Kirche und Staat sein. Was die Kirche von sich selbst aussagt, ob sie sich als „Volk Gottes", als „Corpus Christi mysticum" oder als „societas perfecta" versteht, all das ist als theologisch fundierte Aussage für den Staat und die staatliche Rechtsordnung zunächst einmal weitgehend irrelevant, wiewohl nicht völlig unbeachtlich; denn es kann im Rahmen der negativen religiösen Ordnungsproblematik, also bei Konfliktlagen zwischen Kirche und Staat, durchaus beachtlich sein. Aber die theologischen Selbstaussagen haben nicht die Qualität von verfassungsrechtlich relevanten Kriterien. Und es sollte auch nicht verkannt werden, daß die Kirche — zumindest in soziologischer Sicht — in unserem gesamtpolitischen System auch Gruppe unter Gruppen ist, und insofern halte ich es mit Herrn Prälaten Forster für durchaus legitim, wenn das „soziale System Kirche" vom Staat und vom Ganzen der Gesellschaft her als gesellschaftlich relevante Gruppe bezeichnet wird. Aber, und das ist entscheidend, dennoch ist die Kirche nicht nur Gruppe unter Gruppen, sondern sie verfügt über einen Status, der auch verfassungsrechtlich besonders markiert und legitimiert ist. Dieser Status beruht nicht zuletzt auf der historischen Fundierung, die in der Bundesrepublik das Verhältnis von Kirche und Staat hat, und die nach 1945 durch die Länderverfassungen und das Grundgesetz beibehalten wurde. Das Grundgesetz schuf ja kein völlig neues Verhältnis von Kirche und Staat, es beließ dieses Verhältnis im Kontext seiner geschichtlich gewachsenen Strukturen und eröffnete besonders durch die gegenüber früheren Zeiten gesteigerte Bedeutung des Grundrechts der Religionsfreiheit als eines sowohl individuellen als auch korporativen Grundrechts zugleich neue Wege für ein dem freiheitlichen Staats- und Gesellschaftsverständnis korrespondierendes Miteinander von Kirche und Staat, in dem die Position des „Gegenüber" nicht aufgehoben, sondern gefestigt wurde.

Welche konkreten Rechtspflichten für die Ausgestaltung des Bereiches von Rundfunk und Fernsehen daraus erwachsen, ist immer noch sehr kontrovers. So steht ja weder im Bonner Grundgesetz noch in einer Länderverfassung, daß die Kirchen in den Rundfunkräten vertreten sein müssen, und wenn auch nach Ansicht des Bundesverfassungsgerichts Art. 5 GG gebietet, daß alle gesellschaftlich relevanten Kräfte in den Rundfunkorganen Einfluß haben und im Gesamtprogramm zu Wort kommen müssen, so ist doch damit noch nicht gesagt, daß eine unmittelbare Entsendung von Kirchenvertretern in die Organe als verfassungsrechtlich zwingend geboten angesehen werden muß. Auch hier wird zu unterscheiden sein, was verfassungsrechtlich zwingend geboten ist und was sich als verfassungspolitisch angemessen erweist. So halte ich z. B. die Entsendung der kirchlichen Vertreter über die Parteien in die Gremien nicht für dem von mir eingangs skizzierten Status der Kirchen angemessen. Die beim WDR oder NDR gefundene Regelung mag zulässig sein — jedenfalls aber ist sie nicht angemessen. Vielmehr halte ich die Lösung, die seinerzeit bei der Satzung des Zweiten Deutschen Fernsehens und beim Bayerischen Rundfunk gefunden wurde, für die bessere Lösung, weil sie die angemessene Lösung ist.

Tröder, Mülheim/Ruhr:

Ich möchte an das anknüpfen, was Herr Professor Mikat ausgeführt hat. Die Schwierigkeiten hinsichtlich einer rechtlichen Einordnung der

Gruppen beginnen bereits mit ihrem Gegenstand, den Gruppen selbst, deren begriffliche Erfassung durch ihren schillernden Terminus eher belastet als erhellt wird. Bei der Erörterung dieser die Verbandssoziologie im besonderen Maße beschäftigenden sozialen Erscheinungsform wäre es zunächst einmal erforderlich abzugrenzen, welche Organisationen verbandstypologisch überhaupt als mit den Kirchen vergleichbar in Betracht kämen.

Eine derartige soziologische Untersuchung ist jedoch nicht Gegenstand unserer Erörterung. Die Wahl des Gruppenbegriffs, bei dem es sich um keinen Rechtsbegriff im technischen Sinne handelt, beinhaltet hier lediglich eine formale Zuordnung der Kirchen zu den anderen öffentlichen Potenzen im Staate und zum Staate selber. Damit ist eine materielle Aussage noch nicht getroffen. Insbesondere ist damit noch nicht dargetan, welche Rechtsfolgen man an diese formale Zuordnung knüpft. Auf diese Frage geben uns die Weimarer Kirchenartikel, die über Artikel 140 Grundgesetz inkorporierter Bestandteil des Grundgesetzes sind, eine Antwort. Danach haben die Kirchen, die der Staat als öffentlich wirksame Mächte auf seinem Territorium vorfindet und die, wie er selbst, die gleichen Menschen für sich in Anspruch nehmen, einen besonderen Status, der sich rechtlich in der Anerkennung ihrer normativen Öffentlichkeit manifestiert.

Diese Rechtsfragen sind aber keine Ableitung aus dem Begriff der Gruppe, mit dessen Verwendung für unsere Diskussion — wie ich meine — zunächst weder etwas gewonnen noch verloren ist, sondern der lediglich eine wirklichkeitswissenschaftliche Kategorie rein formalen Charakters darstellt.

Prof. Lerche, München:

Die Vorredner haben so viel schon dargelegt, daß mir nur eine kurze ergänzende Bemerkung bleibt.

Das Wort „gesellschaftlich relevante Gruppe" ist vor allem durch das Fernsehurteil ins Spiel gebracht worden. Und von hierher richten sich alle Blicke magisch auf diese Ausdrucksweise. Dabei ist etwas untergegangen, daß das Fernsehurteil an einer anderen Stelle sich in etwas anderer und vorsichtigerer Weise ausdrückt. Ich habe damals in den bayerischen Auseinandersetzungen darauf gedrungen, daß gerade diese andere Formulierung in die Bayerische Verfassung hereingekommen ist. Vielleicht darf ich sie Ihnen vorlesen. In diesem Zusatzartikel der Bayerischen Verfassung heißt es: „An der Kontrolle des Rundfunks sind die in Betracht kommenden bedeutsamen politischen, weltanschaulichen und gesellschaftlichen Gruppen angemessen zu beteiligen." Hier bekommt also das Wort „Gruppe" eine ganz andere Funktion. Es ist nicht bezogen auf Teilstücke der Gesellschaft, sondern soll offenbar besagen, daß es eben verschiedene „Religionsgesellschaften" gibt. Zugleich ist eine deutliche Abhebung von den anderen Kräften, von den politischen Kräften und den gesellschaftlichen Kräften, vorgenommen. Auch diese

Formulierung stammt aus dem Fernsehurteil des Bundesverfassungsgerichtes. Man konnte sie ja auch auf diese Weise weiterer verfassungsrechtlicher Diskussionen in Bayern entziehen, auf diese Weise hart machen. Und es ist außerdem gelungen, in diesen Artikel der Bayerischen Verfassung den Satz hereinzubringen: „Die weltanschaulichen und gesellschaftlichen Gruppen wählen oder berufen ihre Vertreter selbst.“ Also immerhin ein Fortschritt gegenüber der Rechtssituation in anderen Ländern.

Im übrigen bin ich nicht ganz überzeugt, ob der Verfassungstext der Position der Kirchen wirklich so wenig bietet, wie Herr Mikat meint, ob also auf dem Gebiet des Rundfunks so wenig Munition zur Verfügung steht. Denn immerhin wird die gebotene einheitliche Betrachtung von Artikel 140 in Verbindung mit Artikel 4 Grundgesetz vor diesem Sonderbereich wohl nicht Halt machen können. Also ist es fraglich, ob man hier den Verfassungstext mit einer solchen Rigidität lesen muß. Aber vielleicht habe ich Sie, Herr Mikat, nicht ganz verstanden; denn sonst folge ich Ihnen ja immer blindlings (Heiterkeit!).

Prof. Scheuner, Bonn:

Es scheint, daß das Problem der Absicherung der Kirche durch den Artikel 4 in ihrer Einwirkungsmöglichkeit auf den Rundfunk ein vielleicht noch zu vertiefendes Problem wäre. Es liegt darin einmal der Anspruch, diejenigen Werkzeuge der Kommunikation, die heute unentbehrlich sind, offen zu haben für die eigene Kommunikation. Wie weit man darüber hinaus daraus bestimmte organisatorische Konsequenzen ableiten kann, das war wohl das, was Herr Mikat in Frage zog. Auch hier ist natürlich die Frage, wie weit sich heute in den Medien Offenhaltungsansprüche ohne organisatorische Verankerung realisieren lassen.

Prof. Forster, Augsburg:

Ich bin für die verfassungsrechtliche Verankerung der organisatorischen Präsenz fachlich unzuständig. Nur würde ich meinen, daß doch in den Urteilen des Bundesverfassungsgerichtes ein sehr enges Junktim zwischen dem Zuwortkommen der verschiedenen Kräfte und der Repräsentanz der verschiedenen Gruppen in bestimmten Gremien gegeben ist. Und in diesem Junktim, nach dem diese beiden Aspekte fast immer in einem Atemzug auftauchen, würde ich doch einen gewissen Hinweis auf das sehen, was in die bayerische Verfassungsergänzung ausdrücklich eingegangen ist, wo von politischen, weltanschaulichen und gesellschaftlichen Gruppen die Rede ist. Was sollen eigentlich weltanschauliche Gruppen in dieser soziologischen Sichtweise, die hier offenbar in die Juristensprache aufgenommen wird, anderes sein als — mindestens auch — Kirchen? Das Konzept, das hier seinen Niederschlag gefunden hat und das vom Bundesverfassungsgericht nicht als das einzig mögliche, aber auf jeden Fall als ein verfassungskonformes gesehen wird, scheint doch im Blick auf die Kirchen nicht nur Gottesdienst- und Verkündigungsübertragungen, sondern auch die Beteiligung der Kirchen am gesellschaftlichen Geschehen und an dieser organisatorisch-institutionellen Seite des Rundfunkwesens zu sehen. Daß man dann die Kirchen in solchem Kontext als gesellschaftlich relevante Gruppen sieht, bedeutet meines Erachtens nicht eine Einebnung des kirchlichen Selbstverständnisses, das selbstverständlich entscheidend über das einer Gruppe in der Gesellschaft hinausgeht.

Darf ich vielleicht auf die Frage von Herrn Intendanten Mai eingehen, die damit unmittelbar nichts zu tun hat, die aber in der bisherigen Diskussion untergegangen ist. Er hat ja vor allem zwei Punkte angesprochen, nämlich einmal die in meinem Referat ja auch geforderte Verkündigungsfreiheit der Kirche als Kirche und die Programmverantwortung des Intendanten. Er sprach besonders den Bereich an, der im Sinne der in meinem Referat vorkommenden Unterscheidung von Heilsdienst und Weltdienst mehr dem Weltdienst zuzurechnen wäre. Ich hätte große Bedenken, die Verkündigungsfreiheit der Kirche, zumal katholisch-theologisch verstanden, nur auf dogmatische Wahrheiten, also auf definierte Glaubenswahrheiten der Kirche einzuschränken. Ich meine, wer eine lebendige Verkündigung, und um die muß es sich handeln, kennt, weiß, daß sie nicht nur darin bestehen kann, dogmatische, d. h. für das ganze Gottesvolk verbindliche Glaubenswahrheiten zu wiederholen. Ein wesentliches Element der Verkündigung ist die Anknüpfung an gewisse menschliche, gesellschaftliche Situationen; ein wesentliches Element der Verkündigung ist das Hineinsprechen des Wortes Gottes in solche Situationen und ihre Fragestellungen. Insofern wird keine Verkündigung auskommen ohne Elemente der Konkretisierung, die in der Gemeinschaft der Kirche von einem Theologen zum anderen Theologen, von einem Christen zum anderen Christen umstritten sein können. Ich würde andererseits aber auch sagen: Wenn die Verkündigungsfreiheit etwas ist, was nicht primär ein persönliches Recht des tätig werdenden Verkündigers, sondern eine Freiheit der Glaubensgemeinschaft Kirche ist, wie die Freiheit der Berichterstattung ein Recht der Gesellschaft und nicht primär ein auf seine Individualität eingeengtes Recht des Mitarbeiters in der Rundfunkanstalt ist, dann wird die Kirche darauf achten müssen, daß die Verkündiger in dem Augenblick, in dem sie im Medium Fernsehen oder Hörfunk auftreten, nicht gerade in die strittigsten kontroversen Konkretisierungen gehen. Das meine ich, müßte eine Aufgabe sein, die der Einzelne anerkennen muß, der hier in diesem Medium tätig wird, und die auch die Institution Kirche sehen muß, die bestimmt, wer und zu welcher Thematik und mit welchen Akzenten in den ausgesprochen kirchlichen Sendungen innerhalb des Rundfunks tätig wird. Bei Diskussionen, in denen sich Katholiken oder auch Theologen an einer allgemein interessierenden Frage mit ihrer persönlichen Meinung beteiligen, ist die Gesetzmäßigkeit eine andere.

Sicher werden auch kirchliche Verkündigungssendungen im Medium Rundfunk und Fernsehen den gesetzlichen Bestimmungen, die für diese Medien gelten, unterliegen. Deshalb würde ich meinen, daß der Intendant dort, wo er gesetzliche Bestimmungen bedroht sieht, im Grenzfall auch eine solche Sendung unterbinden könnte, und daß das nicht der Verkündigungsfreiheit der Kirche widersprechen würde. Das fordert freilich von beiden Seiten Behutsamkeit, wird im konkreten Fall nicht ohne Streit abgehen, muß aber in der Grundlinie möglich sein.

Prof. Scheuner, Bonn:

Wenn ich Sie recht verstehe, Herr Prälat, so kommt es hier wohl sehr wesentlich auf den Unterschied an, welchen Gebrauch die Kirche von den ihr als Verkündigungsorgan geöffneten Möglichkeiten macht; also etwa, ob sie im „Wort zum Sonntag" oder in einer Predigt auf hochkontroverse Streitigkeiten eingeht, während es natürlich anders aussieht bei Programmsendungen, die kirchliche Interessen und Probleme zur Diskussion stellen.

Das, glaube ich, war wohl auch der Unterschied, den Herr Intendant Mai etwas im Auge hatte, oder wollten Sie nur von dem zweiten sprechen?

Intendant a. D. Dr. Mai, Saarbrücken:

Es ging nicht um Sendungen, wo Katholiken, Protestanten oder andere Leute diskutieren. Es geht um Sendungen, die der Kirche eingeräumt sind als Verkündigungssendungen. Und in diesen Verkündigungssendungen gibt es einmal den unstreitigen Bereich, den Sie, Herr Forster, als zu eng definiert haben, und es gibt den weiten Bereich, wo sich Intendanten-Programmverantwortung und Verkündigungsfreiheit eben in einem Konfliktsfeld befinden.

Prof. Mikat, Bonn:

Eine Frage: Wer ist Träger von „Wort zum Sonntag" oder der „Morgenandacht"? Doch der Rundfunk oder die Fernsehanstalt?

Intendant a. D. Dr. Mai, Saarbrücken:

Das ist sehr kompliziert und von Anstalt zu Anstalt ein wenig verschieden. Bei uns ist es so, daß der kirchliche Beauftragte, der zur Zeit nicht identisch ist mit dem Repräsentanten der Kirche im Gremium nur die Betreuung der Sendung hat, aber nicht die Repräsentanz der Kirche im Gremium. Der kirchliche Beauftragte nimmt mit dem Redakteur — der katholisch oder evangelisch ist — die Auswahl des Autors und die Produktion vor.

Prof. Mikat, Bonn:

Aber es ist doch eine Sendung des Saarländischen Rundfunks?

Intendant a. D. Dr. Mai, Saarbrücken:

Es ist eine Sendung des Saarländischen Rundfunks. Aber da kommt jetzt das Problem Verkündigungsfreiheit / Heilsdienst / Weltdienst.

Prof. Mikat, Bonn:

Sind das nicht doch — wenn ich Sie richtig verstanden habe, Herr Prälat — die kirchlichen Sendungen im engeren Sinne, z. B. das „Wort zum Sonntag"?

Prof. Forster, Augsburg:

Das bayerische Rundfunkgesetz hat beispielsweise nicht nur den Kirchen, sondern z. B. auch den Gewerkschaften und den Arbeitgeberverbänden eingeräumt, daß sie angemessene Sendezeiten — die Kirche für Verkündigung — wahrnehmen können. Das ist z. B. für die Kirche im Hörfunk die katholische „Morgenfeier".

Prof. Mikat, Bonn:

Obliegt das nicht wesentlich dem kirchlichen Beauftragten? Die Rundfunkanstalt könnte sicherlich nicht gegen den kirchlichen Beauftragten entscheiden, es sei denn der kirchliche Beauftragte würde Mißbrauch treiben, indem er jemanden für die „Morgenfeier" vorschlägt, der taubstumm ist (Heiterkeit!).

Intendant a. D. Dr. Mai, Saarbrücken:

Das ist beim Saarländischen Rundfunk gewohnheitsrechtlich so. Dafür gibt es allerdings keine konkrete gesetzliche Grundlage.

Prof. Mikat, Bonn:

Ich gehe einmal davon aus, daß die Praxis so aussieht, daß der Beauftragte der katholischen Kirche in Zusammenarbeit mit dem Beauftragten der evangelischen Kirche und mit dem verantwortlichen Redakteur der jeweiligen Rundfunkanstalt einen entsprechenden Plan aufstellt. Den hat der Beauftragte wiederum auch gegenüber seiner Kirche zu vertreten; denn der Adressat dieser Sendungen merkt ja mitunter gar nicht, (— es sei denn, er hat die Programmankündigung gelesen —) daß es kirchliche Sendungen sind. Er könnte bisweilen auch den Eindruck gewinnen, die Humanistische Union habe Pate gestanden. Aber die Kirchen haben selbst zu vertreten, wen sie da sprechen lassen und wie sie ihn sprechen lassen. Die Toleranzbreite, die sie selbst eröffnen, ist ziemlich groß.

Nun meine ich allerdings, das eigentliche Kernproblem liegt im übrigen Sendeteil, im Gesamtprogramm. Nach meiner Meinung ist generell ein Schutz für die Kirchen, wie auch für andere, dadurch gegeben, daß das Gebot der Ausgewogenheit ein umfassendes Gebot ist und es zwingend erforderlich macht, daß die Kirchen im Gesamtprogramm zu Worte kommen müssen und nicht auf spezielle „kirchliche Sendungen" reduziert werden dürfen.

Intendant a. D. Dr. Mai, Saarbrücken:

Sie gehen zu weit in der Grenzziehung! Die gesetzliche Programmverantwortung der Intendanten umfaßt das Gesamtprogramm. Und die Frage der Verkündigungsfreiheit als vom Intendanten mit höchster Vorsicht zu behandelndes Gebiet ist mehr usance als rechtlich fundamentiert.

Prof. Mikat, Bonn:

Wo liegt jetzt der Gegensatz, Herr Mai?

Intendant a. D. Dr. Mai, Saarbrücken:

Ja, die Kirche behauptet: Ich bringe im Rahmen meiner Verkündigungsfreiheit eben nicht nur dogmatische Wahrheit, sondern auch Fragen wie etwa: Wer ist am Vietnamkrieg schuldig? Ein sehr konkretes Beispiel.

Prof. Mikat, Bonn:

Herr Mai, falls das Zwiegespräch erlaubt ist: Wenn der Intendant sein Amt richtig wahrnimmt, woher nimmt er die Kriterien dafür, was Verkündigungsinhalt ist. Daß er zusätzlich fromm ist, das ist begrüßenswert, aber rundfunkrechtlich doch völlig irrelevant (Heiterkeit!).

Prof. Forster, Augsburg:

Herr Mikat, erinnern Sie sich doch an die Schule! Hier ist es doch auch so, daß von den Inhalten des Religionsunterrichtes der Minister zwar durch die Zugehörigkeit zu einer Kirche vielleicht mehr verstehen kann als manche Theologen, aber kraft Amtes darüber ja nicht befinden kann. Das Curriculum für den Religionsunterricht wird doch wesentlich von kirchlicher Verantwortung her bestimmt. Trotzdem kann aber der Fall eintreten, daß ein konkreter Religionslehrer mit diesem kirchlich-institutionell verordneten Curriculum Religionsunterricht konkret in der vom Staat getragenen Schule einen Religionsunterricht veranstaltet, in dem er eindeutig verfassungsfeindliche Ziele verfolgt. Der Minister hat selbstverständlich doch das Recht nicht nur, sondern die Pflicht, diese verfassungsfeindliche Zielverfolgung durch den Religionslehrer in der staatlich veranstalteten und getragenen Schule zu unterbinden.

Prof. Mikat, Bonn:

Ich bestreite das ja gar nicht, Herr Prälat.

Prof. Forster, Augsburg:

Sie haben gerade gesagt: das verantworteten die Kirchen, und es gälte das Problem einer eventuellen Programmverantwortung des Intendanten — nur für's übrige Programm. So habe ich Sie verstanden.

Prof. Mikat, Bonn:

Nein! Davon kann doch gar nicht die Rede sein!

Prof. Scheuner, Bonn:

Jetzt wollen wir Herrn Holzamer hören.

Intendant a. D. Prof. Holzamer, Mainz:

Das Thema, das jetzt in diesem Gespräch mit Herrn Mai aufkommt, wird natürlich heute nachmittag noch einmal von mir an Hand der tatsächlichen rechtlichen Bestimmungen dargelegt werden. Ich darf nur kurz auf folgenden Umstand hinweisen.

Die Gesetzgebung, der Staatsvertrag für das ZDF hat eine sehr klare und sehr eindeutige Bestimmung, die diesen Konfliktsfall wenigstens in der Regel löst. Denn es heißt dort: „Den Kirchen wird Sendezeit eingeräumt". Und in zwei weiteren Paragraphen wird dann über die Verantwortung für die eingeräumten Sendezeiten gesprochen. Und zwar gibt es hier zwei Ausnahmen: nämlich die Einräumung von Sendezeiten für die Parteien in den Wahlzeiten und die den Kirchen eingeräumte Sendezeit. Hier heißt es:

„Diejenigen, denen die Sendezeit eingeräumt ist, tragen die Verantwortung für den Inhalt der Sendung." Das müßte an sich, soweit es die Kirche betrifft, zu der Folgerung führen, daß man — wie bei den Parteiensendungen — ein Skript anbringt: „Dies in der Verantwortung der Parteien". Wir haben uns, um die Integration des kirchlichen Beitrags in das Gesamtprogramm zu gewährleisten, zu dieser Form in Übereinstimmung mit der Kirche nicht entschlossen. Aber es muß klar sein, daß es eine Sendung ist, die in der kirchlichen Verantwortung steht. Insoweit kann also der Intendant zu dem eigentlich dem Religionsunterricht etwa vergleichbaren Inhalt der Sendung nicht Stellung nehmen. Wenn aber Strafgesetze, Grundgesetz und anderes darin offensichtlich verletzt werden, hat der Intendant auch nach den positiven Bestimmungen des Staatsvertrages natürlich das Recht, genau wie bei der Parteiensendung, sie nicht zu akzeptieren. Wir hatten ja diesen Fall schon und haben Sendungen dieser Art abgesetzt. Das ist die Lage beim ZDF und nicht diejenige bei den anderen Rundfunkanstalten, in denen das, wie ich meinen möchte, leider nicht in einer so klaren und eindeutigen Weise gelöst ist. Das ist der Konfliktsfall, auf den Herr Mai rekurriert.

Weihbischof Kampe, Limburg:

Ich würde trotzdem meinen, daß die Beantwortung dieser Frage nicht nur von der gesetzlichen Situation, die ja von Anstalt zu Anstalt verschieden ist, abhängt. Selbstverständlich, wo bestimmte gesetzliche Regelungen sind, ist die Sache einfacher. Aber auch selbst im Saarländischen Rundfunk, wo diese Übertragung nur auf Gewohnheitsrecht beruht, ist doch die Situation so: Wenn der Sender der Kirche Sendezeit faktisch zur Verfügung stellt, wozu er nicht verpflichtet ist nach seinem Gesetz, was er aber von Anfang an gemacht hat, und was deshalb ein gewisses Gewohnheitsrecht zur Folge hat, dann ist zwar unbestritten, daß der Intendant dann, wenn irgendwelche gesetzlichen Vorschriften verletzt sind, eingreifen kann. Er hat jedoch nicht das Recht, inhaltlich zu beurteilen, ob diese Sendung dem Verkündigungsauftrag der Kirche noch oder schon nicht mehr entspricht. Ich halte es für sehr gut, daß Professor Forster ausdrücklich diese Unterscheidung gemacht hat zwischen den Fällen, in denen die Kirche als Kirche spricht und den Fällen, in denen der einzelne Katholik oder Protestant als Christ auftritt. Wo die Kirche als Kirche spricht, ist natürlich dem, der verkündet, eine gewisse Grenze gezogen. Man kann im einzelnen sehr streiten, wo diese Grenze überschritten ist, und wo sich etwas noch innerhalb der Grenzen abspielt. Das muß man von Fall zu Fall entscheiden. Da gibt's natürlich auch „Grauzonen". Aber wenn diese Grenze eindeutig überschritten ist, wo der Einzelne zwar seine persönliche Meinung durchaus haben kann, aber diese nicht aus dem Glauben heraus irgendwie begründen kann, da muß er sich zurückhalten. Dadurch kommt natürlich eine gewisse Blässe der Verkündigung. An anderer Stelle kann er das ohne weiteres sagen. Bei Grenzüberschreitungen muß die Kirchenleitung eingreifen. Sie ist dafür zuständig. Und erst dann, wenn die Kirchenleitung schläft, was sicherlich auch mal vorkommen kann, oder wenn sie ihre Pflichten gröblich vernachlässigt, dann kann der Intendant sagen: Hier verletzt ihr das Recht. Und dann ist natürlich der Konfliktsfall da. Und den muß man halt auskämpfen. Aber ich möchte wiederholen: Zunächst ist hier die Kirchenleitung verantwortlich. Ich würde allerdings auch — wir haben gestern abend, Herr Dr. Mai, ja schon darüber gesprochen — dem Intendanten ein gewisses Notrecht zusprechen, wenn er rasch handeln muß, wo er sagen können muß: Ich kann nicht mehr in Düsseldorf oder in Trier anrufen und mich da erst verständigen; das geht nicht mehr. Ich muß sofort eingreifen. Das würde ich dem Intendanten zugestehen; aber dann nur im Einzelfall und nicht aus grundsätzlichen Erwägungen.

Prof. Frost, Köln:

Es geht mir um eine Frage der Grenzziehung, wenn die Verkündigung tatsächlich im Rundfunk wahrgenommen wird und keine gesetzliche Regelung wie beim Zweiten Deutschen Fernsehen vorhanden ist. Wo liegt die Funktion des Intendanten in dieser Grenzzone?

Angesichts des faktischen öffentlich-rechtlichen Rundfunkmonopols müssen wir wohl davon ausgehen, daß hier die verfassungsrechtliche Ordnung bestimmend ist. Das Grundrecht der Religionsfreiheit, das ja auch die Verkündigungsfreiheit schützt, ist eines der stärksten Grundrechte im Rahmen unserer Grundrechtsordnung. Es ist nur begrenzt durch die ihm selbst immanenten Schranken, d. h. durch die Wertordnungen unseres Grundgesetzes selbst. Es müßte ein ausgesprochener Ausnahmefall sein, wenn der Intendant eingreifen darf, eben wegen Verletzung dieser Wertordnung, nicht wegen Verletzung eines im Ermessen stehenden Aussagefaktors. Die Verkündigung als solche müßte in diesem Fall das stärkere Moment sein und letztlich nur eingeschränkt werden können dort, wo die Wertordnung unseres Grundgesetzes auf dem Spiel steht.

Ich würde also die Grenze sehr, sehr eng setzen, da hier mit der Religionsfreiheit eine der erheblichsten Wertaussagen unseres Grundgesetzes selbst angerührt wird.

Prof. Scheuner, Bonn:

Hier würde wohl die Frage bestehen, Herr Frost, ob eine nicht aus zwingender Verfassungsbestimmung eingeräumte Sendung Wahrnehmung der Religionsfreiheit in diesem Sinne ist.

Prof. Frost, Köln:

Eben, wenn es Verkündigung ist, also eine Sendung, die Verkündigung zum Inhalt hat, handelt es sich doch um Ausübung der Religionsfreiheit.

Prof. Scheuner, Bonn:

Ich stimme Ihnen völlig zu. Nur wird man hier wieder fragen können, ob es nicht Grenzen der Verkündigung gibt. Es ist sicher, daß der Intendant nicht eine bestimmte Form der Liturgie, der Predigt oder das Weglassen bestimmter Gebete oder dergleichen vorschreiben kann. Darüber besteht kein Zweifel. Dagegen dort, wo die Verkündigung in die Welt hinaus sich richtet, wo sie bestimmte Fragen aufnimmt, können Grenzprobleme auftreten, die natürlich auch jedem Prediger bekannt sind. Ich kann weltliche Fragen in einer Form aufgreifen, daß sie tief in der Verkündigung verwurzelt sind. Dagegen wird sehr schwer etwas einzuwenden sein, weil hier dann ethische Fragen angeschnitten werden. Ich kann sie aber auch, und wir wissen alle, daß es auch eine politische Predigt gibt, in einer Form ansprechen, in der der Abstand von weltlichen Stellungnahmen gering erscheint. Das ist wahrscheinlich das Problem.

Roepke, Oberkirchenrat, Medien- und Publizistikreferent der Kirchenkanzlei der EKD, Hannover:

Es ist vielleicht gut, wenn in dem Gespräch, das der Herr Intendant Mai initiiert hat und das nun die katholischen Brüder so eifrig für uns führen, auch ein Evangelischer das Wort ergreift. Denn die Probleme haben dem Herrn Intendanten ja — wieder einmal — die Protestanten eingebrockt. Dabei bin ich sehr dankbar, daß Herr Intendant Holzamer uns die Regelung der Verantwortlichkeit, wie sie im ZDF besteht, in Erinnerung gerufen hat.

Das Problem in den angesprochenen Fällen liegt gerade darin, daß der Einspruch des Intendanten nicht damit begründet wurde, hier seien die Verfassung oder die geltende Rundfunkgesetzgebung verletzt worden. Gegen eine derartige Begründung würde — wenn sie berechtigt ist — niemand etwas einwenden, — weder in diesem Kreis noch im Kreis der evangelischen Rundfunkbeauftragten. Aber die Begründung für den Widerspruch des Intendanten, die auch heute hier wieder vorgetragen worden ist, lautet ja anders. Herr Intendant Mai hat sich an die Definition des Verkündigungsbegriffes herangemacht und gemeint, der Inhalt des angesprochenen „Wort zum Sonntag" widerspreche dem, was Verkündigung der Kirche sei.

Ich bin sehr froh, feststellen zu können, daß sich die Definition von Verkündigung, die Herr Professor Forster hier vorgetragen hat, eigentlich ganz und gar mit dem deckt, was gegenwärtig in der evangelischen Theologie vertreten wird. Zur lebendigen Verkündigung gehört — offenbar also nach gemeinchristlichem Verständnis — neben der handfesten Dogmatik die ebenso handfeste Situation. Der Heilsdienst der Kirche hat sich im Weltdienst zu bewähren. Das heißt aber: Die Verkündigung des Evangeliums hat sich in bestimmten psychologischen, gesellschaftlichen und dann eben auch politischen Situationen zu konkretisieren. An diesem Verkündigungsbegriff werden wir festhalten müssen. Es kann schwerlich die Aufgabe des Intendanten sein festzulegen, was Verkündigung der Kirche ist und was nicht.

Prof. Isensee, Bonn:

Die Verantwortung des Intendanten erschöpft sich nicht darin, darauf zu achten, daß die Sendungen nicht gegen Gesetz und Verfassung verstoßen. Die Wahrung der Legalität ist kein Sonderproblem des Rundfunks. Man darf es daher in diesem Rahmen vernachlässigen. Das Rundfunkspezifische der Programmverantwortung liegt darin, die Balance der „relevanten" gesellschaftlichen Kräfte sicherzustellen.

Das Gewicht der politischen, gesellschaftlichen und weltanschaulichen Kräfte muß gegeneinander ausgewogen werden. Das ist die externe Seite des Auftrags zur Balancierung. Darüber hinaus bedarf es der internen Balance zwischen gleichartigen, konkurrierenden Kräften.

Interne Balance ist zwischen den Religionsgemeinschaften zu wahren. Dieser Forderung wird genügt, wenn die katholische wie die evangelische Kirche nach dem Prinzip der Parität in den Massenmedien zu Wort kommen. Die Interdependenz zwischen den Religionsgemeinschaften dürfte den Rundfunkintendanten selten auf den Plan rufen. Stellungnahmen zu religiösen Kontroversthemen (etwa zum Primat des Papstes oder zur Rechtfertigung aus dem Glauben — allerdings kaum fernsehrelevanten Themen —) könnten theoretisch das Problem aufwerfen, ob eine Gegenäußerung der jeweils provozierten Kirche angemessen ist. — Das eigentlich heikle Problem, auf das Herr Intendant Mai hingewiesen hat, stellt sich, wenn eine kirchliche Sendung in außerkirchliche Kontroversen eingreift: etwa im Streit um die wirtschaftliche Mitbestimmung Partei nimmt oder sich im Wahlkampf zugunsten einer politischen Richtung engagiert. Die Kirchen definieren von sich aus Gegenstand und Reichweite ihrer Verkündigung. Daher kann eine Kirche mit außerkirchlichen rundfunkrelevanten Gruppen der Wirtschaft oder der Politik in Konflikt geraten. Aus der Sicht des Intendanten, der für die Ausgewogenheit des Programms zu sorgen hat, stellt sich die Frage, ob die gesellschaftliche oder politische Balance gestört wird, wenn eine Kirche ihr ganzes Gewicht einseitig in eine profane Waagschale wirft, und ob Gegenäußerungen der provozierten außerkirchlichen Organisation notwendig werden, oder ob alle kirchlichen Äußerungen als „religiös", mithin für die übrigen Kräftefelder der Gesellschaft unerheblich qualifiziert werden dürfen.

Prof. Mörsdorf, München:

Mir geht es darum, einmal kurz als Anwalt des Volkes aufzutreten. Wenn ich mir den normalen Fernsehzuschauer und Rundfunkhörer vorstelle, der im Programm liest: Kirchliche Sendung, so oder so betitelt, dann hat ein gläubiger Christ Vertrauen zu dieser Sendung. Er will eben auch hier das Wort der Kirche, das von der Kirche verantwortete Wort, hören. Wenn er das nicht kann, wenn das in einer mit „kirchlich" bezeichneten Sendung nicht zutrifft, dann wird er angeschmiert, dann ist die Etikettierung falsch. Im Bereich des Lebensmittelrechtes hätten wir strafrechtliche Möglichkeiten, hiergegen vorzugehen. Hier in der Diskussion scheint mir der Gedanke zu fehlen, daß eine Sendung, die die Bezeichnung „kirchlich" trägt, einerlei ob evangelisch oder katholisch, primär von der jeweils zuständigen kirchlichen Autorität verantwortet werden muß, wobei auch immer eine Verantwortung des Intendanten und der Funktionäre im staatlichen Bereich bleibt. Daß die Kirche bei kirchlichen Sendungen voll ihrer Aufgabe entsprochen hätte, kann ich aufgrund meiner bisherigen Erfahrungen nicht sagen.

Prof. Mikat, Bonn:

Herr Prälat Forster, ich möchte davor warnen, hier die Parallele Schulunterricht und Religionsunterricht einerseits und Stellung der Kirche in Rundfunk und Fernsehen andererseits zu ziehen, das müßte die Position der Kirche in Rundfunk und Fernsehen schwächen. Es darf nicht übersehen werden, daß es sich beim Religionsunterricht an den öffentlichen Schulen um eine staatliche Veranstaltung handelt, gerade das aber ist bei Rundfunk und Fernsehen nicht der Fall. Doch wie immer dem auch sei, die spezifischen kirchlichen Sendungen, von denen bisher hier gesprochen wurde, sind der Kirche (— jedenfalls faktisch —) überlassene Sendungen, auch wenn sie von der Rundfunkanstalt getragen werden. Die Verantwortung für diese Sendungen liegt entscheidend bei der Kirche.

Was Verkündigung ist, das kann überhaupt nur die Kirche bestimmen. Ob es „verfassungsfeindliche" Verkündigung gibt, das hängt davon ab, was religiös geglaubt wird. Daß die Kirchen heute keine Verfassungsfeinde sind, hängt ja auch mit der historischen Entwicklung von Kirche und Staat bei uns zusammen. An sich kann es ja durchaus sein, daß eine Kirche oder eine Religionsgemeinschaft aufgrund ihres Glaubens in einen Gegensatz zu einer konkreten Staatsverfassung gerät. Dann müßte die Kirche den damit zwangsläufig verbundenen Konflikt um ihres Glaubens willen austragen.

Gilt, Herr Isensee, das Gebot der Ausgewogenheit auch für die spezifisch der Kirche überlassenen Sendungen? Sicherlich wohl nicht; denn würde man auch hier „Ausgewogenheit" verlangen, dann würde das bedeuten, daß über den Grundsatz der Ausgewogenheit Einfluß auf den Inhalt der Verkündigung genommen werden könnte.

Besondere Probleme in Rundfunk und Fernsehen ergeben sich für die Kirche dann, wenn andere gesellschaftliche Kräfte, die eine ausgesprochen antikirchliche Tendenz aufweisen, diese Tendenz in den Programmen stark zur Geltung bringen können. Hier wird die Rundfunkanstalt den Kirchen nicht entgegenhalten dürfen, sie hätten zum Ausgleich ihre spezifisch „kirchlichen Sendungen", z. B. „Morgenfeier" oder „Wort zum Sonntag" oder auch die Übertragung eines Hochamtes am Sonntag. Diese Sendungen sichern nicht die Balance, die notwendig ist, um ein Mindestmaß von inhaltlicher Ausgewogenheit und Sachlichkeit zu gewährleisten.

Und schließlich, Herr Lerche, will ich Ihren Hinweis auf die gebotene einheitliche Betrachtung von Art. 140 GG mit Art. 4 GG gern noch einmal im Hinblick auf einen verfassungsrechtlichen Anspruch der Kirchen, im Organisationsgefüge von Rundfunk und Fernsehen vertreten zu sein, überdenken. Es bleibt dann natürlich die Frage, ob nicht und welchen anderen gesellschaftlichen Kräften dann ebenfalls ein solcher Rechtsanspruch zuzubilligen wäre. Meine Frage, die ich eingangs stellte, berührte ja lediglich das Problem, ob die Kirchen einen verfassungsrechtlich gesicherten Anspruch geltend machen können, in einer ganz bestimmten Art und Weise in den Gremien vertreten zu sein. Das vermag ich noch nicht ganz einzusehen; da ich Ihren Vortrag leider nicht anhören, sondern nur nachlesen kann, schlage ich zuguterletzt vor, wir beide schließen jeweils ein Auge und folgen uns „halb blindlings" (Heiterkeit!).

Prof. Scheuner, Bonn:

Vielen Dank, Herr Mikat, Sie haben in einem Teil Ihres Beitrags bereits die weitere Frage angeschnitten, ob das Gebot der Ausgewogenheit in dem gesamten Programm des Rundfunks gegenüber der Kirche gilt, ein Problem, das ein anderes Diskussionsthema schon anschneidet als das, auf dem wir uns in diesen letzten zwanzig Minuten bewegt haben, wo es um die speziell der Kirche eingeräumten Räume der Verkündigung ging.

Intendant a. D. Dr. Mai, Saarbrücken:

Darüber läßt sich natürlich streiten, wie weit die Verkündigungsfreiheit zu respektieren ist. Das ist ein weites Gebiet. Nur, ich wäre auch bereit gewesen, in den drei konkreten Konfliktsfällen zu sagen, dies sei Verkündigungsfreiheit der Kirche, wenn man es mir gestattet hätte. Aber die Kirchenvertreter wie auch das Gremium haben mir das untersagt. Ich wollte unter die kirchlichen Sendungen oder vor die kirchlichen Sendungen als Indikativ setzen: Diese Sendung fällt unter die Verkündigungsfreiheit der Kirchen. Dies ist mir aber ganz ausdrücklich untersagt worden in der Diskussion im Rundfunkrat. Und dies halte ich nun für eine Perfidie, denn hier wird mir ein uneheliches Kind unterschoben, das ich gar nicht geboren habe, das gar nicht aus meiner Programmverantwortung stammt. Ich bin der Meinung, hier muß auch die Kirche ein Interesse haben an Redlichkeit. Und sie sollte in Zukunft fordern, daß bei kirchlichen Verkündigungssendungen, wie es im Gesetz des ZDF, aber leider nicht in den Gesetzen der Landesrundfunkanstalten steht, deutlich als Indikativ im Hörfunk gesagt und im Fernsehen gezeigt wird: Dies ist innerhalb der Programmverantwortung der jeweiligen Kirche.

Prof. Scheuner, Bonn:

Es ist wohl sicherlich so, daß hier bei der Kirche ein Problem besteht, das bei anderen Verbänden nicht existiert. Niemand wird, wenn ein Gewerkschaftsvertreter zu Wort kommt, über die Richtung seiner Ausführungen im Zweifel sein; bei den Arbeitgebern dürfte das ähnlich sein. Bei der Kirche ist eben gerade dieser von Ihnen, Herr Prälat, beschriebene allgemeine Auftrag der Kirche schwieriger zu definieren als bei anderen Verbänden. Die weltlichen Interessenverbände sind ihrer Natur nach erkennbar, da brauchen sie die Überschrift nicht. Wenn der Vertreter des Bauernverbandes spricht, wird man nicht annehmen, daß er gegen die Erhöhung der Schweinepreise ist (Heiterkeit!).

Dr. Schneider, Fernsehbeauftragter der EKD, Frankfurt:

Die Debatte über dieses saarländische Problem suggeriert, daß es sich um einen Tatbestand handelt, der größere Aufmerksamkeit beansprucht. Es ist ja ein sehr interessanter Fall, aber nach meiner Beobachtung und Kenntnis der zurückliegenden etwa zehn Jahre Programmgeschichte eben ein exotischer Fall. Mir ist außer diesem Fall eigentlich kein anderer Fall bekannt, in dem es zu einem offenen und öffentlichen Konflikt gekommen wäre. Hier verschieben sich für mich im Moment etwas die Proportionen. Man kann darüber streiten und Juristen zumal werden hier noch manchen Funken aus diesem für mich etwas toten Stein schlagen können. Aber ich sehe darin eigentlich keinen sehr großen prognostischen und perspektivischen Wert. Die Praxis zeigt, daß es eben doch nur ganz wenige Fälle gibt.

Was nun dieses schwierige Problem zwischen zwei Verantwortungen angeht, so glaube ich, sollte man nicht sehr viel darüber diskutieren, ob hier rechtliche Definitionen und Festschreibungen vielleicht ein Ausweg wären. Wir haben in der Vergangenheit an dieser Stelle, glaube ich, dadurch eine sehr gute Kooperation zwischen Kirche und Rundfunk gehabt, daß wir auf diese Versuchung nicht eingegangen sind, etwa die Frage, wer letzten Endes das „Wort zum Sonntag“ zu verantworten hat. Das hat uns in einer Melange aus Beratung und Verantwortung, wie sie bisher zwischen den Beauftragten und den Häusern stattgefunden hat, eigentlich weiter geholfen, als wenn wir uns hier ans Definieren gemacht hätten. Ich glaube, daß die Trennung, die jetzt hier auch sehr scharf vollzogen ist, zwischen Verkündigungssendungen und zwischen redaktionellen Sendungen eine allenfalls pragmatisch begründbare, sicher nicht theologisch legitimierte und — ich meine — auch nicht publizistisch sonderlich niveauvolle Trennung ist. Man muß das wohl so organisieren. Aber es ist nicht sonderlich günstig, wie ich finde, diese Trennung vorzunehmen.

Was das letzte angeht, die Etikettierung von Programmen, in wessen Verantwortung sie tatsächlich nun ausgestrahlt werden, das halte ich für ein weites Feld deshalb — und auch ein problematisches —, weil ich dann eigentlich sehr viel mehr solcher Etiketten im Programm sehen möchte. Denn es gibt ja nicht nur den Duktus der kirchlichen Verkündigungssendungen, der so etwas wie eine „Verantwortung außer Haus“ realisiert. Das möchte ich gern bei anderen Sendungen auch sehen. Ich bin nicht dafür, dies rechtlich zuende zu diskutieren. Im ZDF ist das geregelt; das finde ich gut, obwohl wir da eigentlich nach meiner Meinung auch noch keine Konflikte hatten, obwohl es rechtlich definiert worden ist.

Prof. Starck, Göttingen:

Wir haben uns in der Diskussion hauptsächlich mit den eigentlichen Verkündigungssendungen beschäftigt. Damit ist nur ein sehr geringer Teil dessen behandelt worden, was das vorzügliche Referat angeschnitten hat. Wenn man die Verkündigungsfreiheit der Kirche darauf beschränkt, daß sie im Rundfunk in den eigentlichen Verkündigungssendungen geltend gemacht wird, wäre das etwas zu wenig. Ich glaube, hier in dem Kreis sitzen nur wenige, die den Einfluß der Kirche darauf beschränken wollen. Es geht um mehr! Welchen Einfluß hat die Kirche oder haben die Kirchen auf die Rundfunksendungen überhaupt?

Und damit komme ich jetzt zurück zu dem Problem der Ausgewogenheit, das schon in einigen Diskussionsbeiträgen angeschnitten worden ist. Es könnte die Situation eintreten, daß die Kirche verkündigen darf, jeden Tag fünf Minuten etwa, und im übrigen werden Unterhaltungssendungen und politische Sendungen gemacht, die ausgesprochen areligiös sind. Frage: Hat die Kirche eine Möglichkeit, hierauf Einfluß zu nehmen? Wir müssen diesen Einfluß sehen als Kompensation dafür, daß die Kirche als gesellschaftliche Kraft nicht selbst Rundfunk betreiben kann. — Damit kommen wir zu dem Problem der Rundfunkgremien.

Hilft es der Kirche weiter, wenn sie in den Rundfunkgremien vertreten ist? Sie wissen, daß die Kirche in diesen Gremien nur eine Stimme oder zwei Stimmen unter 66 oder 40 oder 32 Stimmen hat. Die Frage ist: Kann die Kirche hier eigentlich einen Einfluß nehmen, oder kann sie ihn nur nehmen, wenn sie sich mit anderen Kräften verbindet? Welche weiteren Einflüsse kann die Kirche auf die Ausgewogenheit des Programms nehmen? Ich meine, während dieser wichtigen Tagung sollte aus berufenem Mund über diese Dinge noch einmal etwas gesagt werden.

Im Zusammenhang mit der Kontrolle des Rundfunks durch die Rundfunkgremien steht das im Vortrag angeschnittene Stichwort „Zensur". Wenn ein Rundfunk-Kontrollgremium, idealiter besetzt, irgendeinen Kontrolleinfluß auf die Anstalt ausübt, liegt überhaupt keine Zensur vor. Das ist eine anstaltsinterne Angelegenheit, eine Konsequenz aus der „Vergesellschaftung" des Rundfunks. Der verfassungsrechtliche Zensurbegriff hat eine ganz andere Bedeutung. Das verfassungsrechtliche Zensurverbot verbietet die Vorzensur, und zwar als einen Eingriff des Staates. — Wenn freilich, und das ist offenbar im Vortrag unterschwellig zum Ausdruck gekommen, die Rundfunkgremien so zusammengesetzt sind, daß sie Ableger des Staates sind qua Regierungsmitglieder, Parlamentsabgeordnete, ja aber auch qua Parteien, die diese verdächtige Nähe zum Staat haben, dann wird man dem Vorwurf, daß von solchen Gremien Zensur ausgeübt wird, die vom Staat wie von den Parteien in so entscheidender Weise getragen werden, eigentlich kaum noch begegnen können. Das wollte ich nur der Klarheit wegen sagen, weil der Zensurvorwurf immer wieder erhoben wird, ohne daß die organisatorischen Besonderheiten des Rundfunks dabei berücksichtigt werden.

Prof. Böckenförde, Freiburg:

Ich möchte an die Bemerkung von Herrn Isensee anknüpfen. Man muß klar daran festhalten, daß Verkündigungssendungen im alleinigen Verantwortungsbereich der Kirche liegen und auch die Selbstdefinition des Trägers dieser Sendung, was zur Verkündigung gehört und was nicht mehr, voraussetzen. Und diese Sendungen müssen auch, wenn diese pluralistische Ausgewogenheit nicht ein circulus vitiosus werden soll, ausgenommen werden von der sog. Ausgewogenheit.

Das Problem kommt daher, daß die Kirche mit Recht sagen kann: Mein Verkündigungsauftrag bezieht sich auf den ganzen Bereich menschlichen Lebens bzw. gesellschaftlichen Zusammenlebens; genau so, wie sich das Politische auf den Gesamtbereich gesellschaftlichen Lebens beziehen kann. Auch bei Sendungen, die politische Parteien in eigener Verantwortung ausführen, und in denen sie ja durchaus bestimmten gesellschaftlichen Gruppen auf die Füße treten können, kann man nicht sagen, jetzt müssen diese das Recht zur Gegendarstellung haben. Denn diese Sendungen stehen in alleiniger und eigener Verantwortung der Parteien und können, mit welchem inhaltlichen Ausgriff auch immer — natürlich im Rahmen der Strafgesetze — vorgetragen werden. Die Bekanntgabe des Trägers der Sendung ist allerdings ein Gebot der Fairness und auch überhaupt der Firmenwahrheit, daß nämlich der, der die Sendung verantwortet, auch dafür einsteht. Bei den „Worten zum Sonntag" gibt es solche und solche; es wäre notwendig und interessant zu wissen: diese Sendung steht allein in der Verantwortung der Kirchen und nicht in der Verantwortung irgendeines Intendanten oder Hauptabteilungsleiters.

Bei den Sendungen, die unter der Verantwortung des Rundfunks stehen, darauf hat Herr Starck eben hingewiesen, besteht natürlich eine Verantwortung für die Ausgewogenheit. Sie besteht für den Intendanten oder die sonst zuständigen Organe dahingehend, daß nicht einseitig und ohne Möglichkeit des Ausgleichs oder der Korrektur etwa areligiöse Propaganda oder auch umgekehrt nur religiös getönte Sendungen in Überzahl veranstaltet werden. Aber diese Verantwortung spielt sich nur innerhalb der Sendungen ab, die von der Anstalt zu verantworten sind; die anderen muß man herausnehmen. Hier zeigt sich die praktische Bedeutung dessen, was ich vorhin über die Stellung der Kirche gegenüber der pluralistischen Gesellschaft sagte. Es sollte der Kirche daran liegen, daß sie Sendungen in eigener Verantwortung — als solche gekennzeichnet — hat, und daß diese Sendungen nicht der Ausgewogenheitsverpflichtung des Rundfunk-/Fernsehprogramms unterliegen.

Prof. Forster, Augsburg:

Ja, ich glaube, ich kann mir ein Schlußwort im eigentlichen Sinne schenken und brauche Sie dabei nicht aufzuhalten.

Ein Grundproblem, das doch wohl die Diskussion heute vormittag angegangen hat, war das zunächst durch Herrn Kollegen Mörsdorf eingeleitete mit der Frage nach der Gruppe und dem Selbstverständnis der Kirche. Da scheint mir, es hat sich durch verschiedene Wortmeldungen geklärt. Ich in meinem Referat habe jedenfalls den Gruppenbegriff zunächst einmal aus dem Urteil des Bundesverfassungsgerichts übernommen, habe ihn als einen Begriff soziologischer Beschreibung, nicht institutioneller Definition verstanden. Daß er gleichwohl theologische Probleme vom Selbstverständnis der Kirche in theologischer Sicht her aufwirft, wie ich es versucht habe zu skizzieren, bleibt natürlich als Frage im Raum stehen.

Ein zweiter Komplex war das Problem der Verkündigungssendungen. Hier darf ich vielleicht doch noch einmal auf die These aus meinem Referat verweisen, daß ich es schon für richtig hielte — nachdem ich der Meinung bin, daß die Kirche das Recht und die Verpflichtung hat, sowohl als Kirche verkündigend, liturgiefeiernd in den Medien aufzutreten wie als gesellschaftliche Kraft an der gesellschaftlichen Kommunikation teilzunehmen mit ihren Mitgliedern, mit den spezifischen Aspekten, die sich ja aus einem gläubigen Dasein ergeben — daß diese beiden Formen, die doch nicht ohne weiteres, auch theologisch nicht ohne weiteres dasselbe sind, in einer geeigneten Weise auch dem Zuschauer und dem Zuhörer bewußt werden. Ich bin nicht unbedingt für ein Etikettenschild. Das könnte das Ganze in die Nähe des Werbespots rücken und hätte von da aus sicher Zweckmäßigkeitsprobleme. Aber daß es dem Veranstalter und dem Zuschauer und Zuhörer bewußt sein soll: im einen Fall greift die Anstalt nach ihren allgemeinen journalistischen Gesetzmäßigkeiten ein Thema auf von kirchlicher, von theologischer Relevanz, stellt es zur Diskussion; im anderen Fall bedient sich Kirche dieses Mediums, um in eine Kommunikation als Kirche mit ihren Mitgliedern und mit Interessierten innerhalb der Gesellschaft zu treten, — das sollte doch deutlich sein.

Was den Einfluß in den Rundfunkgremien angeht: Natürlich ist ein Sitz unter 50 oder zwei Sitze unter 60 kein sehr erheblicher Einfluß, wenn es um diese Balance, die Ausgewogenheit, die Berücksichtigung des Christlichen im allgemeinen Programm geht. Meine persönliche Erfahrung geht dahin, der Einfluß — jetzt nicht im Sinne einer Klerikalisierung des Rundfunkprogramms, die ja nicht der Zweck dieser Präsenz ist, sondern im Sinne der Ausgewogenheit — ist dann am stärksten, wenn sich Kirche möglichst stark als Kirche auch in den Gremien geriert.

Was meine Bemerkung zur Zensur angeht, bin ich für die Ergänzungen oder Differenzierungen von Herrn Starck sehr dankbar. Ich habe ja auch nicht behauptet, daß das mit Zensur identisch sei. Ich habe nur gesagt, die Wand zur Zensur hin wird dann sehr dünn. Und die wandverdünnenden Elemente würde ich in zwei Dingen sehen, nämlich erstens darin, daß ja manchmal gefordert wird, es sollte eine Kontrolle *vor* der Sendung ausgeübt werden. Die Kontrolle vorher ist etwas ganz wesentlich anderes als die konsequenzenreiche Kritik nachher. Zweitens würde ich befürchten, daß sich, ob man nun die parteipolitischen Vertreter in die Nähe des Staates rückt oder nicht, durch das Gewicht der parteipolitischen Gruppenbildungen in den Aufsichtsgremien doch dieser zensurähnliche Vorgang — Sie haben recht, zum strengen Begriff der Zensur gehören noch ein paar andere Elemente, die nicht ohne weiteres gegeben wären —, sehr auf parteipolitische Maßstäbe einpendeln würde. Das aber, meine ich, wäre ein Nachteil für alle anderen; denken Sie an pädagogische, publizistische, künstlerische, ethische Kriterien, die doch im Wege der Kontrolle als Maßstäbe für das Programm herangezogen werden sollen.

Karl Holzamer

Positionen, Erfahrungen und Erwartungen im Verhältnis der Kirchen zu den öffentlich-rechtlichen Rundfunkanstalten in der Nachkriegsentwicklung

Das in der Formulierung reichlich umständliche Thema ist auch in der Tat „kompliziert". Es handelt sich einerseits um rechtliche Positionen, die entweder in unterschiedlicher Form in den Rundfunkgesetzen oder Staatsverträgen festgeschrieben sind oder die z. T. nicht ausdrücklich gemacht sind, aber von der Kirche als societas eigener Art in Anspruch genommen werden könnten. Gehört hierher z. B. der Rechtsanspruch, der in Deutschland z. Z. nur de facto ruht, eine eigene Rundfunkorganisation zu besitzen und zu betreiben? (Ich gehe darauf näher ein in Zusammenhang mit dem Begriff „Religionsfreiheit"). Die Rechtsposition tritt meist hinter die tatsächliche Beziehung zwischen Kirche und öffentlich-rechtlicher Rundfunkanstalt zurück und macht sich im alltäglichen Sendungsgeschäft erst bemerkbar, wenn Rechtspositionen angetastet zu werden scheinen oder faktisch aufgegeben oder aufgehoben werden, wie das in dieser letzten Weise im Dritten Reich geschehen ist.

Wenn ich daher, von Erfahrungen im Verhältnis Kirche/Rundfunk ausgehend, zur Klärung der Positionen in der Erwartung auf die Zukunft etwas beitragen soll, dann muß auch die Erfahrung unter der Herrschaft des Nationalsozialismus herangezogen werden. Da ich in den Dreißiger Jahren mit Unterstützung der katholischen wie der evangelischen Kirche (nicht des sog. „Reichsbischofs") die religiösen Morgenfeiern beim Westdeutschen Rundfunk bzw. dem Reichssender Köln — als einziger deutscher Sendeanstalt — bis kurz vor dem Kriege durchhalten konnte, könnte diese Erfahrung für das gestellte Thema besonders nützlich sein; das Konkordat war in Rechtskraft, war aber für die NS-Machthaber in allen Bereichen nur ein papiernes Alibi für ihr tatsächliches kirchenfeindliches Verhalten.

I. Die rechtliche Position der Kirche(n) (bzw. der israelitischen Kultusgemeinde) in den Rundfunkgesetzen bzw. Staatsverträgen und Satzungen[1]

Die rechtliche Position der Kirchen ist bei allen Rundfunkanstalten (des öffentlichen Rechts) mehr oder minder stark verankert. Am klarsten und auch in den daraus zu ziehenden Folgen am weitestgehenden bei den jüngeren Rundfunkanstalten: dem Zweiten Deutschen Fernsehen (Staatsvertrag der Länder und Richtlinien) und den beiden auf Bundesrecht basierenden: Deutsche Welle und Deutschlandfunk (Gesetz). Bei diesen dreien wie auch beim Bayerischen Rundfunk, Hessischen Rundfunk, Norddeutschen Rundfunk, Radio Bremen, Saarländischen Rundfunk,

[1] Vgl. die im Anhang auf S. 141ff. abgedruckten „Rechtsgrundlagen der öffentlich-rechtlichen Rundfunkanstalten, die sich auf die Religionsgemeinschaften beziehen".

Sender Freies Berlin, Süddeutschen Rundfunk, Südwestfunk, Westdeutschen Rundfunk sind grundsätzlich *drei* Rechtspositionen zu unterscheiden:

1. Die Vertretung der Kirchen in den Organen der Anstalt (Rundfunkrat, Fernsehrat, Programmbeirat).

2. Der Anspruch auf Sendezeit und auf die Darstellung der kirchlichen und religiösen Haltung zu Lebens- und Gesellschaftsfragen.

3. Die Berücksichtigung kirchlicher, religiöser und sittlicher Aspekte im Gesamtprogramm (Integration).

1. *Die Vertretung der Kirchen in den Organen der Anstalt (Rundfunkrat, Fernsehrat, Programmbeirat)*

Die größte gesetzliche Übereinstimmung besteht bei den Rundfunkanstalten darin, daß von insgesamt 12 Institutionen (11 ARD plus 1 ZDF) 10 öffentlich-rechtliche Anstalten die *Direktentsendung* von mindestens 2 oder 3 bis 5 oder 6 Vertretern der beiden christlichen Kirchen und meist auch eines Repräsentanten der jüdischen Kultusgemeinden oder des Zentralrates der Juden in den Rundfunkrat bzw. den Fernsehrat (beim ZDF) vorsehen und daß damit die Kirchen bei der Programmüberwachung und Programmberatung wie auch bei den grundsätzlichen Fragen ihren Beitrag über das *Primärorgan* dieser Rundfunkanstalten leisten können. Bei den beiden aus dem ehemaligen NWDR hervorgegangenen Sendern WDR und NDR sieht das Gesetz überhaupt keine kirchlichen Repräsentanten vor. Lediglich für den Programmbeirat eröffnet die Satzung des Westdeutschen Rundfunks und wohl auch die des NDR die „Berechtigung" für die „evangelische Kirche, die katholische Kirche und jüdische Kultusgemeinden", „Mitglieder vorzuschlagen".

Da der Programmbeirat sowohl beim WDR wie auch beim NDR im übrigen außer seiner Beratungsmöglichkeit gegenüber dem Intendanten über keinerlei wirksame Rechte verfügt und die Mitglieder des mit Rechten ausgestatteten Organs Rundfunkrat von den Parlamenten gewählt werden, kann sich z. B. der Landesbischof von Hamburg oder der Kardinal in Köln allenfalls durch ein „freundlichst" von der Bürgerschaft Hamburgs oder dem Landtag in Düsseldorf gewähltes Mitglied repräsentiert wissen, wenn die betreffende Persönlichkeit auch dem jeweiligen kirchlichen Bereich entstammt. Bei der Verabschiedung des Gesetzes hatte ich bereits auf diesen Umstand bei der Landesregierung in Nordrhein-Westfalen aufmerksam gemacht.

Im Unterschied also zu der überragenden Mehrheit von Sendern im Bundesgebiet werden diese beiden Anstalten m. E. von ihren Gesetzen bzw. Staatsverträgen her dem Anspruch und der Erwartung der Kirchen, aber auch ihrer Stellung in der Gesellschaft und nach dem Grundgesetz nicht gerecht, wie auch nach meiner Meinung schon die ausschließliche Wahl der Rundfunkräte durch die Parlamente für nicht mit der Forderung der Kontrolle des Rundfunks durch die „relevanten Kräfte der Gesellschaft" vereinbar zu halten ist und letztlich auch einen Keim zur politischen Polarisierung des Instruments Rundfunk in sich trägt.

Ich erwähnte schon, daß bei den übrigen 10 Rundfunksendern auch die jüdischen Kultusgemeinden meist berücksichtigt sind. (Wo es, wie beim Südwestfunk, nicht der Fall war, gelang es aber, einen Vertreter aus diesem Bereich in den Programmausschuß des Rundfunkrates zu wählen, der als Teil des Rundfunkrates wiederum ein effizienteres Gremium ist als der Programmbeirat des WDR.) Einmalig ist die in der Satzung des Süddeutschen Rundfunks vorgesehene Vertreterschaft der „Freikirchen und der sonstigen Weltanschauungsgemeinschaften". — Auch das zahlenmäßige Gewicht könnte man in manchen Fällen im Verhältnis zu der jeweilig unterschiedlichen Größe des Rundfunk- oder Fernsehrates als einigermaßen ausgeglichen betrachten; auch bei den großen Rundfunk- bzw. Fernsehräten (ZDF 5 von 66; SWF 6 von 49).

Diese, wie mir scheint, bis auf die zwei Ausnahmen positive rechtliche Ausgangssituation ist bei 8 Anstalten auch fester Bestandteil des jeweiligen Rundfunkgesetzes bzw. Staatsvertrages; nur beim Sender Freies Berlin und beim Süddeutschen Rundfunk ist sie lediglich in der Satzung verankert.

2. *Der Anspruch auf Sendezeit und auf die Darstellung der kirchlichen und religiösen Haltung zu Lebens- und Gesellschaftsfragen*

Auch wenn im gesamten Hörfunk- und Fernsehprogramm aller Anstalten den Kirchen Sendezeiten de facto eingeräumt werden, so steht es um deren rechtliche Sicherung sehr unterschiedlich und z. T. objektiv schlecht. So heißt es im Gesetz und im Staatsvertrag von WDR und NDR übereinstimmend und, wie ich meine, „lakonisch" — wenn vielleicht auch einmal betonter verstanden —: „Er" (der Sender) „hat die weltanschaulichen, wissenschaftlichen und künstlerischen Richtungen zu berücksichtigen. Die sittlichen und religiösen Überzeugungen der Bevölkerung sind zu achten". Und beim Saarländischen Rundfunk heißt es in § 10 Abs. 1 GVRS: „Die Sendungen ... haben den religiösen, sittlichen und kulturellen Belangen der Bevölkerung des Saarlandes Rechnung zu tragen." Im Grunde gehören solche Bestimmungen mehr in die Rubrik einer Integration des religiösen und kirchlichen Lebens in das Gesamtprogramm [2], also unter den Gesichtspunkt des Gesamteinflusses, als daß daraus auch Rechte auf bestimmte Sendezeiten für religiös oder kirchlich durchstrukturierte Programme herausgelesen werden könnten. Einen *Anspruch* auf Sendungen und Sendezeiten finden wir wieder, eindeutig und für die Kirche absolut ausreichend umschrieben, in den gesetzlichen Bestimmungen der beiden Sender auf Bundesrecht (Deutschlandfunk und Deutsche Welle) und beim Zweiten Deutschen Fernsehen, der überregionalen Fernseh-Institution auf gesetzlicher Länderbasis. Bevor ich die dort umrissenen Rechte kurz darlege, möchte ich erst die

[2] Siehe S. 59.

Rechtslage in diesem Punkte bei den übrigen, also Radio Bremen, Bayerischer Rundfunk, Hessischer Rundfunk, Süddeutscher Rundfunk und Südwestfunk aufzeigen.

„Angemessene Sendezeiten" sind „auf Wunsch" den „Vertretern der anerkannten Religionsgemeinschaften" beim Bayerischen Rundfunk und den „Vertretern der hauptsächlichsten religiösen Bekenntnisse" beim Süddeutschen Rundfunk „einzuräumen". Die noch sozusagen in dieser „Mittelgruppe" verbleibenden Radio Bremen, Hessischer Rundfunk und Südwestfunk gewähren den Religionsgemeinschaften ähnlich wie den Parteien und den Arbeitnehmer- und Arbeitgeberorganisationen mit *Rechtsanspruch* „Gelegenheit zur Darlegung ihrer Auffassungen", zur „Aussprache" usw. in „angemessenen" oder „zweckentsprechenden" Sendezeiten, bei Radio Bremen präzisiert und damit u. U. eingeengt: „Bei strittigen Fragen von öffentlicher Bedeutung" und „auf Wunsch".

Der weitestgehende Anspruch auf Sendezeiten ist bei den beiden „Bundesanstalten" und dem ZDF fast wortgleich fixiert. Im ZDF-Staatsvertrag heißt es in § 6 Abs. 3: „Den Kirchen und den andern über das ganze Bundesgebiet verbreiteten Religionsgesellschaften des öffentlichen Rechts sind auf Wunsch angemessene Sendezeiten für die Übertragung gottesdienstlicher Handlungen und Feierlichkeiten sowie sonstige religiöse Sendungen, auch solche über Fragen ihrer öffentlichen Verantwortung, zu gewähren. Mit den israelitischen Kultusgemeinden sind entsprechende Vereinbarungen zu treffen." Hier ist nicht nur der Rechtsanspruch einwandfrei ausgedrückt, sondern auch die doppelte Dimension umschrieben, nämlich a) gottesdienstliche Übertragung einschließlich der Verkündigung und b) gesellschaftlich-moralische Stellungnahme zu allen Fragen öffentlicher Verantwortung; letzteres ist in dem vorausgehenden Referat von Herrn Prälaten Professor Forster als „Weltdienst" bezeichnet worden.

Im ZDF-Staatsvertrag folgt in § 8 nun noch eine Bestimmung, die ein „Unikat" in der deutschen Rundfunkgesetzgebung ist, die aber zur Klarheit hinsichtlich der Verantwortung des Intendanten für alle Sendungen und der besonderen Verantwortung der Kirche für „ihre" Sendung beitragen kann. Es heißt dort: „Für Inhalt und Gestaltung der Sendungen nach §§ 5 und 6 dieses Staatsvertrages ist derjenige verantwortlich, dem die Sendezeit zugebilligt ist." — Die §§ 5 und 6 beziehen sich auf die politischen Parteien in Wahlzeiten und die Kirchen. In den „eingeräumten" Sendezeiten tragen also die, denen die Sendung zugebilligt wurde, für den Inhalt und die formale Aufmachung der Sendung die Verantwortung. Der Intendant ist soweit von seiner Verantwortung entbunden, als nicht etwa das Grundgesetz verletzt oder strafrechtliche Bestimmungen mißachtet sind. Oder anders ausgedrückt: Die politische Programmaussage und der theologische Gehalt mit den daraus gezogenen Folgerungen sind der ausschließlichen Verantwortung der werbenden Partei oder der jeweiligen Kirche anheimgestellt. Wie wir mit dieser, wie ich nicht nur glaube, sondern konkret erfahren habe, *nützlichen* Bestimmung praktisch verfuhren, werde ich später erläutern.

3. *Die Berücksichtigung kirchlicher, religiöser und sittlicher Aspekte im Gesamtprogramm (Integration)*

Es klang schon an, daß mit der Frage des Repräsentanten der Kirche in den Organen des Rundfunks und mit der Gewährung *von* und dem Anspruch *auf* Sendezeiten nicht die rechtlich fixierten Positionen erschöpft sind. Ja, in einem Teil der bereits genannten Bestimmungen offenbarte sich schon die Tendenz einer Integration dessen, was Kirche an religiöser, sittlicher und gesellschaftspolitischer Substanz einzubringen vermag, in das *Gesamtprogramm.* Vielleicht am deutlichsten wird es noch einmal ausgesagt in der Satzung des Südwestfunks und in den vom Fernsehrat des ZDF nach Staatsvertrag zu erlassenden und erlassenen Richtlinien für das Programm: SWF-Satzung Art. 5 Abs. 2: „Die Sendungen dürfen gegen die Gesetze nicht verstoßen, das sittliche oder religiöse Gefühl nicht verletzen und keine Vorurteile gegen Einzelne oder Gruppen wegen ihrer Rasse, ihres Volkstums, ihrer Religion oder Weltanschauung zum Ausdruck bringen." ZDF-Richtlinien V 1): „Das Programm hat das gegenseitige Verstehen zwischen den Kirchen und Religionsgemeinschaften zu fördern. Gemeinsames in ihrer gesellschaftlichen, kulturellen und sozialen Wirksamkeit ist im *allgemeinen* Programm besonders zu berücksichtigen" (Sendungen in FS-Spiel-Form und zur Lebenshilfe). V 2): „Es ist darauf zu achten, daß Sendungen den religiösen Glauben nicht verächtlich machen oder herabwürdigen."

Trotz der aufgezeigten Fehlstellen in einigen gesetzlichen Grundlagen im Verhältnis der Kirchen zu den Rundfunkanstalten eröffnet die *Rechtslage* im Ganzen ein befriedigendes bis erfreuliches Bild. Mancher mag sich gerade bei der Darstellung besonders der Rechtsbestimmungen des ZDF, die ich sicher nicht aus subjektiver Einstellung, sondern objektiv an die Spitze stellen darf, gesagt haben: Wie unkompliziert wäre es und wie fast überflüssig könnte unser Gespräch hier sein, wenn das *Seinsollende* auch überall das *Faktisch-Seiende* wäre! (philosophisch ausgedrückt).

II. Erfahrungen

Es ist eine uralte Erfahrung, daß das beste Gesetz in der Praxis nichts oder wenig hilft, wenn nicht die Menschen, d. h. die, die ein Gesetz auszuführen haben, sich redlich verhalten, und daß man mit einem schlechten oder unzureichenden Gesetz zu Rande kommen kann, wenn die Menschen da sind, die mit gutem Willen und Verstand auch noch aus einer verfahrenen Situation einen passablen Ausweg finden. Dieser zweite Fall mußte ab 1933 im Rundfunk durchgespielt werden, da schließlich nichts anderes als NS-Propaganda volle Wirkung erzielen sollte. Dabei war, ohne daß man das kirchenfeindliche Ziel aus den Augen verlor, eine zwischen strammer Parteiideologie und einer „christlichen" (Schein)-Haltung oszillierende Taktik für den aufmerksamen Betrachter zu registrieren. (Ein Vorgang, der auch heute gegenüber anderen „Ideologien" — die „nützliche Idioten" brauchen und verbrauchen — bemerkenswert ist.) So konnte ich die erste öffentliche Predigt des Münsteraner Bischofs und späteren Kardinals Graf Galen — ich glaube in Telgte — zwar auf Platte nehmen, die Ausstrahlung wurde aber in letzter Minute von Berlin her verboten. 1936 oder 1937 (sicher erst nach den für das NS-Reich werbenden Olympischen Spielen) wurden von der Reichssendeleitung sämtliche religiösen Morgenfeiern verboten. Da man aber unseren internen Widerstand (wir hatten in Köln als Sendeleiter einen „alten Kämpfer“, der aber ein tiefgläubiger evangelischer Christ war und selber einmal nach diesem Verbot von oben eine bibelstarke religiöse Morgenfeier abhielt) und die Wirkung in der Bevölkerung am Rhein und in Westfalen ahnte, nahm man dieses Verbot dem Reichssender Köln gegenüber wieder zurück. Ich wurde dann aber angewiesen, in diesen sonntäglichen Morgenfeiern oder in der Glockensendung am Heiligen Abend keine alttestamentlichen Texte zur Sendung zu bringen. Ein Lied wie „Es ist ein Ros' entsprungen“ durfte also nicht gesungen werden, weil darin die „Wurzel Jesse“ vorkam. Man greift sich heute — wie damals — an den Kopf ob solcher Bosheit oder Dummheit oder beidem zusammen. Andererseits konnte selbst bei den ärgsten Verbalangriffen auf Bischof Galen, den Verhaftungen von Priestern und Nonnen, der Bedrängung der Bekennenden Kirche und der Auseinandersetzung um Rosenbergs „Mythos des 20. Jahrhunderts“ — ausgelöst durch eine großartige Anti-Mythos-Schrift wohl der Bonner kath.-theol. Fakultät — die Sendung durchgehalten werden, ohne den religiösen Kern preiszugeben. So wurden an den Eintopf-Winterhilfswerk-Sonntagen statt Predigten Reportagen aus kirchlich geführten Krankenhäusern von uns durchgeführt, die wirksam christliche Caritas verkündeten. (Der Kuriosität halber sei aber erwähnt — und das ist recht bezeichnend —, daß uns auch manche Schwierigkeit erspart blieb, weil die vorgesetzten Parteigenossen faul waren und gerne einen hoben.)

Aus der Vornazizeit ist noch eine bedeutsame Erfahrung nachzutragen, die in das Thema der Integration religiösen und kirchlichen Gedankenguts in das Gesamtprogramm eines Senders gehört und Vergleiche mit dem „Wort zum Sonntag“ nahelegt. Ich meine die ausgezeichnete Hörfunk-Sendung „Besuch am Krankenbett“ mit Pater Dionysius Ortsiefer O. F. M. aus Köln, die als einzige Sendung ohne ein vorgelegtes Manuskript in freier Improvisation über die Ätherwellen ging. Man könnte heute auch Pfarrer Sommerauers Sendung in Parallele dazu bringen. Die persönliche Eindringlichkeit der meist über Kopfhörer aufgenommenen Sendung war aber vielleicht noch stärker. Das Bemerkenswerteste war jedoch in diesen Jahren 1930—33, daß Ernst Hardt, der Intendant des Westdeutschen Rundfunks, von der sonst im gesamten sogenannten „Vortragswesen“ geforderten vorherigen Manuskript-Prüfung ausdrücklich absah. Die Eindringlichkeit und die sehr persönliche, diskret intime Form, über die der rhetorisch sonst gewaltige Domprediger auch verfügte, war nach meiner Erinnerung ein Gipfel in der verinnerlichten Wirkung des Hörfunks, in der trotz der hunderttausendfachen Zuhörerschaft jeder und jede sich ganz allein angesprochen fühlte.

Sie gestatten mir vielleicht eine thematische Abweichung, die trotzdem in das Gesamtproblem Kirche und Medien hineingehört: mir scheint, daß wir im Fernsehbereich eine ähnliche auf das Bild gestellte individuelle Eindringlichkeit — vielleicht auch in Verbindung mit dem Wort im *„Kammerton"* und nicht in Lautsprecherdimension sehr selten erreichen; hier bietet sich noch ein weites Feld.

Es war nur zu verständlich, daß mit dem Zusammenbruch des Deutschen Reiches und nach den eben kurz geschilderten Erfahrungen die offiziellen Überlegungen mindestens in der Katholischen Kirche Deutschlands, im Zentralkomitee der deutschen Katholiken und auch im Zusammenhang mit dem ersten deutschen Katholikentag 1948 in Mainz in die Richtung eines *eigenen katholischen Rundfunksenders* — man nannte schon als möglichen Sitz Bamberg — gingen. (Etwa nach dem Beispiel Hollands.) Hier ist auch der Platz, mindestens die Frage zu stellen, ob der im Grundgesetz verbindlich gemachte Anspruch der Religionsfreiheit auch die eigene Inanspruchnahme der Rundfunkwellen als publizistisches Mittel kirchlicher Verkündigung impliziert. Schließlich obsiegte — vielleicht im Zuge des einheitlichen Zusammengehens auch auf anderen Gebieten wie in der Frage der Einheitsgewerkschaft — die Tendenz (auch wegen der kargen Ausstattung des zerrissenen Deutschland mit Mittelwellen), sich in die bestehenden oder entstehenden Regionalsender zu integrieren, dort auf einer klaren Rechtsposition, herzuleiten aus dem Anspruch, auch selbst einen Sender betreiben zu können, und dem tatsächlichen Einfluß aus der Verantwortung der Kirche für die Gesellschaft zu bestehen, ohne daß das Grundpostulat, als Kirche selber einen Lizenzanspruch zu besitzen, aufgegeben wurde.

Ab 1948 folgten dann in einem zunächst raschen Rhythmus die bereits zitierten Gesetze und Staatsverträge und schließlich die schon aus über einem Jahrzehnt Erfahrung erfüllten Bestimmungen bei ZDF, DW und DLF in den ersten Sechzigerjahren [3]. Ganz allgemein läßt sich für diese Zeit bis zum heutigen Tage festhalten, daß der faktische *eigene* Gestaltungsanteil der Kirche am Programm — zum Teil unabhängig von den gesetzlichen Bestimmungen —, sozusagen in Noten ausgedrückt, befriedigend bis gut ist. Dabei ist keine Qualifikation des übrigen Einflusses im Sinne der Abwehr und des Ausschlusses von antireligiösen Tendenzen mitbewertet. Meines Erachtens hat das seinen Grund darin, daß mit dem Aufbau der Rundfunkanstalten sich gleich kenntnisreiche und auch zur Kooperation bereite Repräsentanten des kirchlichen Lebens fanden, die — ohne viel zu theoretisieren — gleich an die Programm*mit*gestaltung herangingen und damals bei den Intendanten und vielen verantwortlichen Programmgestaltern Verständnis und Gehör für den auch dem Nichtgläubigen zuzubringenden kulturellen Beitrag — vom religiösen für den Gläubigen ganz zu schweigen — fanden. Die Aversion gegen den Nationalsozialismus und dessen Haltung in diesem Punkte beflügelte auch alle in die ersten Organe der Rundfunkanstalten berufenen Ver-

[3] Siehe S. 141ff.

treter der „relevanten Gesellschaftsgruppen“, so daß die Richtlinien, Satzungen und die Vorschläge für Gesetzesentwürfe und Staatsverträge Formulierungen enthalten, die nach meinem Begriff heute leider nicht ohne weiteres mehr von allen geteilt würden, weil die Erfahrung mit einem religions- und kirchenfeindlichen System fehlt, das damals — bis in die Gründungszeit des ZDF — Bindung und Verbindung schuf. Ich erinnere mich, wie etwa bei dem Staatsvertragsentwurf für den SWF ein sicher nicht als kirchenfromm zu charakterisierender Jurist die Rechte der Kirche engagiert verteidigte und wie bei der Ausarbeitung der Richtlinien für das Programm des ZDF der spätere Bundespräsident Heinemann gerade für die vom religiösen und auch kirchlichen Standpunkt günstigen Artikulationen plädierte, die ich ja zum Teil schon vortrug.

Trotzdem — das ist eine weitere Erfahrung dieser Nachkriegsjahre — sah man kirchlicherseits in der Rechtsposition nicht einen *Ersatz* für eine tätige und immer auf das Ganze gerichtete Programm-Mitarbeit, wobei die dabei beteiligten Personen — ihre Haltung und ihre Kennerschaft — der ausschlaggebende Faktor waren. So trafen wir beim ZDF eine *Vereinbarung,* die den juristischen Anspruch, inklusive Sendezeit und die spezielle kirchliche Verantwortung, über die Person des Leiters der jeweiligen Kirchenredaktion in einer geschmeidigen Form zu lösen trachtete. Im beiderseitigen Einvernehmen zwischen Intendant und kirchlichem Beauftragten wurde jeweils der Leiter der Redaktion berufen, wobei die personelle Einordnung in das Haus wie bei jedem anderen Mitarbeiter unbestritten blieb und nur das zusätzliche Vertrauen „der“ Kirche die Verantwortung von ihr für das jeweilige Programm abdeckte.

Obwohl auch eine solche Vereinbarung (wie sollte sie!) keine „klinisch reine“ — also infektionssichere — Form für den wechselseitigen Umgang darstellt, ist sie sicher einer Form der Programmierung vorzuziehen, bei der jede kirchliche Sendung mit dem Vermerk zu kennzeichnen wäre — wie bei den Wahlsendungen der Parteien —: „Dieses Programm steht in der ausschließlichen Verantwortung der katholischen (evangelischen) Kirche.“

Trotz der Schwierigkeiten, die insbesondere auch die frühen 70er Jahre belasteten — und die (wie noch zu zeigen) auch noch andere Ursachen hatten — hat sich nach dem Ausspruch des kirchlichen Beauftragten beim ZDF noch nie der Fall ereignet, „daß die katholische Kirche offiziell einen Vertrauensentzug ausgesprochen“ hat (Lt. internem Protokoll der letzten Sitzung in meiner Amtszeit mit kirchlichen Beauftragten und der Redaktion). Taktiker mögen über diese diplomatisch erscheinende Feststellung lächeln; sie bedeutet aber tatsächlich, daß die Kirche auch eigene Fehler oder Fehlbeurteilungen ebenso einkalkuliert wie jene auf Seiten der Rundfunkanstalten.

Was auch wichtig ist und worauf ich noch zu sprechen komme: Nach dem Wortlaut des Staatsvertrages über das ZDF sollte mit der israelitischen Kultusgemeinde eine ähnliche Vereinbarung wie die im Gesetz angetönte Regelung mit den christlichen Kirchen getroffen werden können. Als Intendant habe ich das entsprechende Angebot gemacht. Man hielt es aber auf der Seite des Zentralrates für praktikabler, wenn man ohne eine ausdrückliche Festlegung, einfach von Fall zu Fall und von Wunsch zu Wunsch entsprechend verfuhr. Das bewährte sich auch.

Die allgemeinen Ursachen, von denen ich sprach und die auch die Schwierigkeiten *in* der und *um* die Kirchenredaktionen auslösten, liegen a) in der eingetretenen Polarisierung unseres politischen und gesellschaftlichen Lebens in Deutschland, b) in der teilweisen theologischen Unruhe und Unsicherheit im Gefolge des Konzils und c) im Zusammenhang mit der so bezeichneten inneren Rundfunkfreiheit, in der Redakteure es ablehnten, „Sprachrohre" der Kirche zu sein, und nur „Interpreten ihrer eigenen Überzeugung und Meinung" sein wollten.

Das führte — auch beim ZDF; die Erfahrungen bei anderen Rundfunkanstalten können sicher andere Gesprächsteilnehmer hier beisteuern — zu Spannungen zwischen Beauftragten und Redaktionen, zu Ausuferungen der je persönlichen Überzeugung zu Lasten der Vermittlung des kirchlichen Auftrages, zu Unklarheiten über den Programmauftrag gegenüber und im Rahmen des übrigen Programmes, zu — sehr hart gesagt — einer Art vielleicht *ungewollten Mißbrauchs der Verantwortung* des Intendanten gegenüber der Öffentlichkeit, der Kirche und den Organen zugunsten der subjektiven Darstellungsfreiheit einzelner Redakteure. „Sie spielen in Ihrer Freiheit mit meiner Verantwortung" mußte ich gelegentlich einzelnen Redakteuren sagen und als Christ und Katholik, der schließlich nicht ganz zufällig auch Mitglied der Synode war, hinzufügen: „Mich, Karl Holzamer, als Typ (nicht als Person) eines Katholiken gibt es in unserem Programm kaum mehr, nur noch Extremfälle des in der Kirche ohnehin als Begriff schwer anwendbaren ‚fortschrittlichen' oder ‚erzkonservativen' Flügels." Im Ernst hätte ich gerne dem einen oder anderen (der entsprechend seiner Jugend für diese fehlende Erfahrung nichts konnte) das bloße Experiment eines Kirchenfunks in der NS-Zeit gewünscht, um ihm deutlich werden zu lassen, welche große Verantwortung und welche unvergleichliche Chance ein gläubiger Redakteur in einem solchen Medium in der freien Situation bei uns hat. Mit dem Versuch, dem bestmöglichen Versuch, zu überzeugen, kann man aber keine bittere Erfahrung wettmachen. Man kann sie nur in dürren Worten beschreiben — wie auch an dieser Stelle.

III. Erwartungen

Meine Erwartungen liegen eigentlich nach der Darlegung der Positionen im wechselseitigen Verhältnis und der Erfahrungen schon klar auf der Hand. Trotzdem will ich sie nur — in diesem letzten Teil meines Referates — skizzieren, um so, wie schon die vorbereitete und ausgegebene Erläuterung zu dem Referat sagt, erst das Gespräch und die im Dialog ausgetauschten Argumente zu den Empfehlungen und Forderungen abzuwarten und dann präziser formulieren zu können. Auch knüpfe ich dabei frei an Diskussionspunkte von heute früh an.

Auch die Erwartungen gliedern sich unter in einen rechtlichen und einen praktischen Aspekt.

1. Die Empfehlungen rechtlicher Natur, die sich an den ersten größeren Teil meiner Ausführungen anschließen, gipfeln darin, bei anfallenden Novellierungen von Rundfunkgesetzen bzw. Staatsverträgen anzustreben, bei der Einräumung von Sendezeiten die etwa im ZDF-Staatsvertrag gefundenen Formulierungen zu übernehmen. Damit würde nicht nur die umfassendste und klarste Bestimmung Schule machen, sondern in diesem Punkt die *Rechtsgleichheit* hergestellt, die ja auch bei der Beteiligung der Parteien im Wahlkampf im Hörfunk und auf dem Bildschirm zu praktizieren ist. Die jüngsten gesetzlichen Bestimmungen sind nicht von ungefähr so genau formuliert, weil sie Versäumnisse nachgeholt haben, sondern sie können auch hilfreich sein für die Unabhängigkeit und die Erhaltung eines öffentlich-rechtlichen Systems, das nicht einfach von den gleichen Maßstäben bestimmt ist wie eine völlig freie und private Institution. Dabei genügen u. U. in den zu novellierenden Gesetzen oder Staatsverträgen wenige inhaltliche Bestimmungen, wenn für weitergehende, aber doch auf das Gesetz gestützte Richtlinien eine Ermächtigung für das Primärorgan (Rundfunkrat oder Fernsehrat) zu geben ist.

Weiterhin bedarf es nach meiner Meinung, was die Repräsentation der Kirche(n) in den Organen und deren Wahl angeht, aus dem Selbstverständnis der Kirche als societas eigener Natur und ihrer historischen und aktuellen Bedeutung beim WDR und NDR einer gesetzlichen Änderung. Dabei ist sicherlich auch in der taktischen Durchsetzung wesentlich, daß die Kirchen nicht mit bloßen Interessenverbänden gleichgesetzt werden dürfen. Das sind m. E. die beiden juristischen Essentials, die sich sowohl die jetzt amtierenden Mitglieder der Organe wie auch die Politiker zu eigen machen könnten und sollten.

2. Damit berühre ich bereits die Praxis der Organe in den Rundfunkanstalten, bei denen man in der eingetretenen politischen und gar parteipolitischen Polarisierung vielfach Hoffnung auf die sogenannten „grauen" Vertreter setzt, unter denen vor allem auch die Kirchenrepräsentanten zählen. Außer der Tatsache, daß grau eigentlich keine Farbe ist und meist die Assoziation von „verwaschen" und „trist" wecken kann, wird eine Farbkennzeichnung zwischen schwarz, rot und vielleicht gelb nicht der Rolle der Kirche in den Organen gerecht. Sie sollte ja gerade neben dem politischen Akzent, der für eine öffentlich-rechtliche Institution schlechthin unentbehrlich ist, die gesellschaftliche und kulturell-bildende Funktion des Rundfunks mit Entschiedenheit vertreten und fordern. Bei der fortgeschrittenen Durchdringung anderer Gruppen, die man diesem grauen Bereich zurechnet, mit Politik, können — unter Voraussetzung der vollen rechtlichen Klärung ihrer Stellung — die kirchlichen Repräsentanten beispielhaft und zum Besten auch des Rundfunks vorangehen.

Die Erfahrungen legen weiter um eines beiderseits zu erreichenden guten partnerschaftlichen Verhältnisses willen nahe, in der Berufung der in Kirchenredaktionen tätigen gläubigen Christen Einvernehmen anzustreben, ferner Einverständnis über das Ziel von Programmen (z. B.

der Adressaten) zu erreichen und die Kirchenredaktionen voll einzugliedern, damit trotz des besonderen Charakters der auszustrahlenden Sendungen kein Ghetto entsteht.

Erscheinen solche Erwartungen zunächst vielleicht etwas formal, so zielen sie gleichwohl auf die optimale Erfüllung des kirchlichen Verkündigungs- und Sendungsauftrages im Bereich der Medien (der „Instrumente der sozialen Kommunikation"), besonders des Hörfunks und des Fernsehens. Kardinal Koenig (Wien) hat schon vor vielen Jahren die besondere Eignung des Fernsehens für den Einbezug der Nicht- oder Nicht-mehr- oder Noch-nicht-Gläubigen aufgewiesen. Das Sowohl — Als auch (Gläubige und Nicht-Gläubige) sollte m. E. bei der Adressatenbestimmung von Sendungen gewahrt werden; das Einverständnis darüber sollte ebenso klar in konkreten Programmen zwischen der Redaktion und dem kirchlichen Beauftragten erreichbar sein. „Die Kirche" — wenn ich so formulieren darf, da ja der gläubige Redakteur schließlich auch mit Kirche „ist" — sollte dabei weder kleinlich noch kleinmütig sein und auch zur Kritik ermuntern, wenn diese Kritik so ist, daß diese dem, der kritisieren muß, selber weh tut. — Kirche sollte auch immer „sprechbereit" sein, wenn ein Ereignis oder ein Zeitproblem eine Stellungnahme erfordert. Es sollte nicht so sein, wie ich es in meiner Intendantenzeit einmal erlebt habe, als der Abt von Siegburg sein Amt und seinen Beruf verließ und die Heute-Redaktion in Verbindung mit der Kirchenredaktion sich zum Ereignis und der Nachricht *vergeblich* um eine offizielle Stellungnahme der Kirche bemühte, um das „audiatur et altera pars" herzustellen. Ich wurde hinterher von einem mir gut bekannten Prälaten geradezu wegen dieses „einseitigen" Verhaltens getadelt.

Wenn bei diesen Erwartungen und Empfehlungen die rechtlichen und personalen Gewichte miteinander verglichen werden, so gilt unstreitig das Erfahrungsgesetz: Man kann mit einer ungenügenden gesetzlichen Sicherung zurecht kommen, wenn die personalen Voraussetzungen gut sind; die beste gesetzesmäßige Abschirmung nutzt wenig, wenn die Menschen nicht danach sind und wenn der gute Wille fehlt. So sollte man im angestrebten guten oder besseren Verhältnis zwischen öffentlich-rechtlichen Rundfunkanstalten und Kirche danach streben, beide Voraussetzungen zu schaffen, zu erhalten und zu verbessern. — In der gegenwärtigen Lage, in der die öffentlich-rechtliche Struktur des Rundfunkwesens oft zur Diskussion gestellt wird oder (und) von außen und von innen bedroht erscheint, ist ein partnerschaftliches Verhältnis zwischen beiden, das dem Selbstverständnis der Kirche gerecht zu werden sucht, auch ein Schutz für die relative Eigenständigkeit des Rundfunks im öffentlichen Leben.

Leitsätze zum Vortrag von Intendant a. D. Prof. Karl Holzamer

Positionen, Erfahrungen und Erwartungen im Verhältnis der Kirchen zu den öffentlich-rechtlichen Rundfunkanstalten in der Nachkriegsentwicklung

Gliederung und kurzgefaßte Erläuterung der wichtigsten Gedanken, Thesen und Forderungen.

Das Referat umfaßt — wie im Thema angekündigt — drei Inhaltsbereiche:

I. Rechtliche Positionen, dargestellt anhand der Gesetze, Staatsverträge, Richtlinien und Satzungen (seit 1948/49).

II. Erfahrungen, die aus der persönlichen Sicht des Referenten mitgeteilt werden und zum besseren Vergleich auch einen Teil der Zeit in der Weimarer Republik, die NS-Zeit und die Nachkriegszeit umfassen.

III. Erwartungen, die sich aus diesen Erfahrungen in drei ganz verschiedenen Zeitabschnitten nahelegen und teils aus juristischen Folgerungen oder in mehr organisatorisch-personellen Empfehlungen des Referenten niederschlagen.

Besonders dieser Teil III wird zur Diskussion die stärkste Veranlassung geben.

I. Rechtliche Positionen

Die Gesetze und Staatsverträge (wie auch Satzungen und Richtlinien) aller 12 Rundfunkanstalten werden nach drei Gesichtspunkten dargestellt:

1. Die Vertretung der Kirchen in den Organen der Anstalt (Rundfunkrat, Fernsehrat, Programmbeirat).

2. Der Anspruch auf Sendezeit und auf die Darstellung der kirchlichen und religiösen Haltung zu Lebens- und Gesellschaftsfragen.

3. Die Berücksichtigung kirchlicher, religiöser und sittlicher Aspekte im Gesamtprogramm (Integration).

Die wesentlichen Bestimmungen zu diesen drei Gesichtspunkten sind im Anhang dieses Bandes wörtlich wiedergegeben.

Bei allen Rundfunkanstalten sind diese Rechtspositionen (wenn auch unterschiedlich und mehr oder minder stark in Bestimmungen verankert) in den vorgenannten Beziehungen gegeben. Am klarsten und am weitestgehenden ist sie bei den jüngsten Rundfunkanstalten artikuliert: Beim Zweiten Deutschen Fernsehen (ZDF) und den beiden auf Bundesrecht basierenden Rundfunkanstalten: Deutsche Welle (DW) und Deutschlandfunk (DLF).

II. Erfahrungen

Es werden zunächst Erfahrungen aus dem Rundfunk der Weimarer Zeit und der NS-Zeit beim Westdeutschen Rundfunk bzw. Reichssender

Köln mitgeteilt, bei dem der Referent bis 1938 die konfessionellen Morgenfeiern durchführte. Die Nachkriegserfahrungen stützen sich ganz wesentlich auf die 15 Jahre ZDF (Aufbau und Programm).

Ganz allgemein lassen sich die Erfahrungen bei allen Rundfunkanstalten auf die Formel bringen, daß der faktische eigene Gestaltungsanteil der Kirche am Programm z. T. — unabhängig von den gesetzlichen Bestimmungen — befriedigend bis gut ist; daß jedoch die innere Ausgestaltung der zur Verfügung gestellten Sendezeiten ganz wesentlich eine Frage der dazu berufenen oder ausgewählten Personen ist (Verhältnis der Kirchenredaktionen zu den kirchlichen Beauftragten und vice versa; Einvernehmen bei der Berufung der Leiter der beiden Kirchenredaktionen beim ZDF zwischen dem Intendanten und den kirchlichen Beauftragten). Innerkirchliche Entwicklungen, Unruhen und theologische Auseinandersetzungen berührten dieses Verhältnis ganz wesentlich, wie auch die Probleme der sogenannten inneren Rundfunkfreiheit teilweise zu Ausuferungen führten, die jemand wie der Referent, — der in der NS-Zeit mit den Kirchen die geringe Freiheit der Kirche aufs äußerste zu wahren suchte — nicht zu billigen willens war. Der Einfluß auf areligiöse und sittlich und gesellschaftspolitisch ruinöse Tendenzen, wie sie sich bis in die öffentlich-rechtlichen Rundfunkanstalten bemerkbar machen, ist allerdings z. T. gleich null.

III. Erwartungen

Sie ergeben sich für den Referenten aus Teil I. und II. Die Erwartungen gipfeln, was den Teil I. angeht, in der Annahme, daß bei Novellierungen der Gesetze oder Staatsverträge angestrebt werden sollte, die etwa beim ZDF gefundenen Formulierungen zu übernehmen, um auch eine Rechtsgleichheit in Deutschland herzustellen (die im übrigen ja auch bei der Beteiligung der Parteien — etwa im Wahlkampf — gesucht werden muß). — Vom Selbstverständnis der Kirche als societas eigener Natur bedarf nach Ansicht des Referenten insbesondere die Repräsentation der Kirchen in den Organen und deren Wahl etwa beim WDR und NDR einer gesetzlichen Änderung.

Die Erfahrungen legen um eines beiderseits zu erreichenden guten partnerschaftlichen Verhältnisses willen nahe, in der Berufung der in Kirchenredaktionen tätigen gläubigen Christen Einvernehmen anzustreben, ferner Einverständnis über das Ziel von Programmen (z. B. der Adressaten) zu erreichen und die Kirchenredaktionen voll einzugliedern, damit trotz des besonderen Charakters der auszustrahlenden Sendungen kein Ghetto entsteht.

Diskussion über den Vortrag von Intendant a. D. Prof. Holzamer, Mainz

Diskussionsleiter: Prof. Scheuner, Bonn

Prof. Scheuner, Bonn:

Die beiden Referate heute morgen und heute nachmittag haben sich in einem gewissen Umfang ergänzt. Es sind auch einzelne Fragen, die heute morgen angeschnitten wurden, eben wieder zur Sprache gekommen. Und ich möchte einige Punkte, auf die vielleicht diese Diskussion eingehen kann, ganz kurz hervorheben.

Mir scheint, wir sollten die sehr eindringlichen Darlegungen des Vortrages von heute morgen, die auch wieder an einer Stelle heute nachmittag vorkamen, über die theologischen Dimensionen des kirchlichen Beitrags doch noch einmal etwas bedenken. Es käme hier vor allen Dingen darauf an, herauszuarbeiten, inwiefern die Kirche ein allgemeines Mandat hat, ein Mandat für die Sinngebung des Lebens gegenüber allen anderen Gruppen, und inwieweit dieses Mandat, das ist eine Frage, die wir heute morgen nicht diskutiert haben, sich in das allgemeine Programm erstreckt, wie weit hier die Kirche und kirchliche Interessen etwa in den Kirchenredaktionen zum Ausdruck kommen könnten. Aber auch die theologische Dimension, wie weit und in welchem Sinne ihr Beitrag zu verstehen ist, sollte doch noch einmal aufgegriffen werden.

Ein zweiter Fragenbereich wird vermutlich kürzer behandelt werden können. Das ist der Bereich der rechtlichen Gestaltung. Hier hat der Vortragende des Nachmittags klare und bestimmte Vorstellungen vorgetragen. Er hat uns gezeigt, daß es bessere und schlechtere rechtliche Fixierungen der Dinge gibt. Ich glaube, daß hier das allgemeine Einverständnis ihm weithin folgen wird, so daß wir diesen Punkt vielleicht nicht zu sehr werden vertiefen brauchen.

Dagegen scheint mir ein dritter Gegenstand von besonderer Bedeutung. Inwieweit können die Kirchen in ihrer organisatorischen Einflechtung in den Rundfunk wirklich einen Einfluß auf die Sendungen gewinnen? Sie haben sehr eindringlich dargestellt, Herr Holzamer, und zwar natürlich Ihrer Laufbahn gemäß aus der Sicht des Intendanten, wie hier die Gestaltung der Rundfunkdarbietungen vor sich geht. Es ist unzweifelhaft, daß die Schwierigkeiten im Laufe der Zeit auf diesem Punkte gewachsen sind und daß eines der eindringlichsten Probleme, die sich hier stellen, die Frage der Funktionstüchtigkeit der Kontrolle ist. Sie haben sich, und das ist auch ein Punkt, über den wird man sprechen können, gegen alle präventiven Kontrollen — um es einmal so auszudrücken — ausgesprochen, vielleicht eher gegen eine Einzelweisung oder vorherige Weisung. Die Frage, ob etwa Rundfunkorgane, wie der Rundfunkrat, allgemeine Richtlinien deutlicher erlassen sollten, ist noch nicht zur Sprache gekommen.

Auch scheint mir die Frage nach den Sanktionen sehr wesentlich. Es ist richtig, daß man auf den Intendanten einwirken könnte. Nun glaube ich freilich, daß diese Einwirkungsmöglichkeit extrem ist, sehr selten wird es möglich sein, einen Intendanten zu stürzen. Es wird wohl eher die Frage auftreten können, ob unter Umständen Möglichkeiten einer Diskussion von Beanstandungen, einer formalisierten Diskussion von Beanstandungen, geschaffen werden könnten, die in den Rundfunkräten, vielleicht sogar durch Anregungen von außen heran, von Gruppen her, die Dinge zur Klärung brächten. Vielleicht ist diese Frage auch noch eine von den Fragen, die wir anschneiden sollten. Denn es ist kein Zweifel, und Sie haben darauf auch hingewiesen, daß in der heutigen Struktur der deutschen Rundfunkanstalten, vielleicht weniger der rechtlichen als der faktischen, das Bild, wie es sich das Bundesverfassungsgericht vorgestellt hat, nicht voll erfüllt ist, daß hier ein Abstand zwischen Idealmodell und Wirklichkeit klafft, der auf die Dauer ein Bedenken daran erregen kann, ob die heutigen Anstalten das erfüllen, was das Bundesverfassungsgericht sich vorgestellt hat.

Dr. Boelte, Journalist, ZDF, Mainz:

Ich hoffe, meinem alten Chef nicht zu nahe zu treten, wenn ich sage, daß ich einen Gesichtspunkt bei seiner Darstellung vermißt habe. Einen Gesichtspunkt, der uns vielleicht auch weiterhilft beim Nachdenken, wie es mit dem kirchlichen Einfluß in Hörfunk und Fernsehen steht.

Meine Erfahrung ist, daß vor der Kontrolle zunächst einmal die Arbeit am Programm steht. Und da sollte die Kirche nicht aus dem Blick verlieren, daß sie kaum Journalisten für die Kirchenredaktionen hat, daß sie erst recht kaum einen Einfluß auf die anderen Journalisten, die Redakteure, die Dramaturgen, die ja das Programm machen, nehmen kann.

Hier hat der Einfluß eine Lücke. Darum glaube ich auch, daß nicht nur über das Ungenügen der rechtlichen Position nachgedacht werden muß, sondern vor allem darüber, warum die Kirche als Gruppe ihr besonderes Charisma nicht einbringen kann. Ich frage mich, wer unter meinen Kollegen in das Programm übertragen, im Programm ausdrücken will, was die Kirche als gesellschaftliche Gruppe einbringt.

Wenn diese Realität nicht von der Kirche mitgedacht wird bei der Prüfung und Überlegung neuer Organisationsformen, wird sie aus der reinen Verteidigung alter Stellungen nicht herauskommen.

Dr. Albus, Leiter der Redaktion „Kirche und Leben“ beim ZDF, Mainz:

Ich möchte das, was Herr Boelte eben sagte, in eine bestimmte Richtung verstärken. Es gibt also, das wurde in den beiden Referaten heute morgen und auch heute nachmittag noch mal ganz deutlich, geltende Rechtsgrundsätze. Es gibt aber auch immer wieder Stimmen in der öffentlichen Diskussion, die den Kirchen das Maß an Wirksamkeit, das ihnen durch die Rechtsgrundsätze zugesprochen wird, bestreiten. Und da möchte ich auch eine Kritik einmal öffentlich anmelden aus der Erfahrung meiner Tätigkeit.

Ich habe den Eindruck, daß von verantwortlicher kirchlicher Seite her sehr oft auf diese Rechtsgrundsätze hingewiesen wird, daß man sagt, wenn es um das Geltendmachen von Einfluß geht: Die und die Positionen sind doch festgeschrieben, die stehen uns zu! Was ich aber immer mehr vermisse oder sehr stark vermisse ist eine inhaltliche Füllung dieser Rechtsgrundsätze aus dem heraus, was heute morgen beim Referat von Herrn Professor Forster oder auch in der Einführung des Bischofs etwa mit den Ausdrücken wie „Auftrag für's Ganze", „Auftrag aus dem Proprium" im allgemeinen Sinne umschrieben wurde. Das möchte ich einfach als Frage und als Erfahrung einbringen, die mit der juristischen Diskussion nur am Rande zu tun hat, die aber, glaube ich, in das Geflecht einer solchen Zusammenarbeit zwischen Kirche und Rundfunk sehr stark eingreift.

Und wenn ich dann noch höre, daß gerade vor wenigen Tagen der Vorsitzende der päpstlichen Kommission für die Massenkommunikationsmittel, Erzbischof Deskur, in einer sehr beachtlichen Rede in Melbourne erklärt hat, die Kirche müsse sich mehr der in den Medien tätigen gläubigen Christen oder Katholiken annehmen, dann, glaube ich, wird dieses Problem — in einem richtig verstandenen Sinne — nochmals angeschärft.

Dr. Schneider, Fernsehbeauftragter der EKD, Frankfurt:

Ich hätte eine Anmerkung zu machen zu einem Stück von Kirchenbegriff, der seit heute vormittag in dieser Diskussion vorkommt, und den ich — jedenfalls so, wie ich ihn verstehe, — für etwas problematisch halte. Nach dem, was dazu bisher ausgeführt worden ist, profiliert sich Kirche als so etwas wie eine Agentur für Sinngebung gegenüber einer relativ sinnlosen oder sinnleeren Gesellschaft. Die ganze Wertediskussion hängt hiermit zusammen. Die Kirche beansprucht, an dieser Stelle in einer Gegenübersituation zur Gesellschaft die Sinnstiftung vorzunehmen, die diese Gesellschaft offenbar nötig hat. Ich will nicht bestreiten, daß in einem einigermaßen theologisch durchdachten Kirchenbegriff dies auch vorkommt. Aber ich finde, daß Kirche hier in einem solchen Verständnis sehr stark funktionalisiert wird, sehr stark in die Nähe einer sozusagen systemstabilisierenden Funktion gerät, die innerhalb von Systemtheorien ja auch sehr gut benutzbar ist.

Ich finde, daß Kirche andere Dimensionen hat; um nur auf einige wenigstens hinzuweisen: nach meinem Kirchenverständnis muß Kirche etwa so etwas wie advokatorische Funktionen übernehmen in Bereichen, die unvertreten sind, interzessorische Tätigkeiten ausüben. Und das hat nun eben auch Programmrelevanz. Ich könnte mir ein Kirchenfunkprogramm oder auch ein Rundfunkprogramm insgesamt nicht vorstellen, es wäre für mich unvollständig, wenn es sich nur auf die Sinngebungsfrage reduzierte. Ich finde, daß Kirche sich, wenn sie schon die sehr guten Möglichkeiten, die sie ja hat, ins Programm zu kommen, einigermaßen verantwortlich nutzen will, auch mit solchen Dingen befassen muß, die ein wenig außerhalb der Sinnfrage anzusiedeln sind. Und ich denke, daß wir gerade im ZDF an dieser Stelle einige sehr gute Erfahrungen gemacht haben mit Programmen, die, das muß man einräumen, eine gewisse Unkenntlichkeit im Blick auf ihre kirchliche Herkunft haben, die aber auf diese Weise, glaube ich, Fragen behandeln und Probleme transportieren können, die in einer Gegenüberposition von sinnstiftender Institution Kirche und sinnloser Gesellschaft jedenfalls keinen Platz hätten.

Verstehen Sie das bitte nur als eine Korrektur zu einem Kirchenbegriff, wie ich ihn eigentlich nicht ganz vollziehen könnte.

Prof. Scheuner, Bonn:

Könnten Sie noch ein paar konkretere Angaben machen, welche Programmpunkte Sie hier meinen?

Dr. Schneider, Fernsehbeauftragter der EKD, Frankfurt:

Herr Professor Holzamer hat auf die Spielserienpraxis im ZDF hingewiesen. Das sind sicher Programme, die man im einzelnen daraufhin befragen kann, ob sie noch den Teil von proprium in sich haben, den man eigentlich dem Programm gerne noch ansähe. Und es gab in der Vergangenheit Diskussionen darüber. Es gab, glaube ich, mal einen Fall, ich habe das selbst nicht miterlebt, in dem die Frage, ob diese Sendung mit dem Insert „in kirchlicher Verantwortung" ausgestrahlt werden sollte, fast bis zuletzt behandelt worden ist. Na, Sie wissen es genauer, es war vor meiner Zeit. „Spielserien" ist jedenfalls das Hauptstichwort in diesem Zusammenhang.

Prof. Forster, Augsburg:

Ja, es reizt, einerseits an diese Frage nach dem Kirchenbegriff sich anzuschließen und andererseits, die Anregung von Herrn Kollegen Scheuner aufzugreifen und noch einmal etwas zur Kirche in der Dimension gesellschaftlicher, weltlicher Fragestellungen zu sagen. Vielleicht kann man beides miteinander kombinieren.

Wenn Sie den Eindruck gewonnen hätten, daß ich etwa einen Kirchenbegriff zugrunde legen wolle, der die Kirche als Sinnvermittlungsagentur für die Gesellschaft versteht, dann habe ich mich entweder sehr unglücklich ausgedrückt, oder Sie haben Dinge mißverstanden. Es war gerade der Sinn des ganzen ersten Teils meiner Ausführungen, der Tendenz entgegenzutreten, die gewissermaßen Kirche für Sinnvermittlung innerhalb der Gesellschaft instrumentalisieren will.

Auf einem völlig anderen Blatt steht, daß natürlich Kirche dadurch, daß sie Kirche ist, daß sie nämlich in die heutige Situation und in die Fragen der Menschen von heute hinein Evangelium Jesu Christi zu vermitteln sucht, Heilstat Gottes zu vermitteln sucht, de facto für Menschen, die sich für diesen Dienst öffnen, so etwas wie Sinnvermittlungsantworten gibt, so daß der Soziologe oder der Sozialpsychologe also sagen kann etwa für eine soziologische oder sozialpsychologische Messung dessen, was denn Kirche bei denen, die auf sie hören, an denen sie also nicht völlig vorbeiredet, leistet: Unter den Fragestellungen und mit den Meßmethoden, mit denen ich an eine Institution, an ein Sozialsystem, meinetwegen auch an eine Gruppe herangehe, erfahre ich Kirche am ehesten als eine Sinnvermittlungseinrichtung. Es wäre nur gefährlich, wenn sich die Kirche selber in dem, wie sie sich präsentiert und wie sie ihre Teilnahme und ihren Dienst auffaßt, auf eine solche Sinnvermittlungsagentur reduzieren würde; sie würde dann nämlich sehr bald bei der Ideologisierung des christlichen Glaubens enden.

Dann aber zu der anderen Frage im Anschluß an das Referat von Herrn Kollegen Holzamer. Mir scheint ja, daß in diesem Bereich gesellschaftliche Fragen, Fragen der Allgemeinheit, Teilnahme an der gesellschaftlichen Kommunikation, wenn man genau zusieht, noch einmal zwei Schichten zu unterscheiden sind. Nämlich eine Schicht, wo Kirche als Kirche tätig wird, wo sie sozusagen den Kern ihres Wirkens, der da ist gläubige Annahme des Evangeliums, kultisch-liturgischer Vollzug, in die weltlich-gesellschaftlichen Lebenssituationen hinein auszieht. Ich habe heute früh gesagt, daß für mich Verkündigung anders als mit diesem Ausziehen überhaupt nicht denkbar ist, weil nämlich sonst die hermeneutische Aufgabe, theologisch ausgedrückt, auf die heutige Situation hin gar nicht zu leisten ist. In den Stellen, die Herr Kollege Holzamer herangezogen hatte aus verschiedenen Rundfunkgesetzen, wo also gesagt wird, Sendezeiten für die Kirche — Liturgie, Verkündigung und Äußerung zu gesellschaftlichen usw. Fragen —, scheint mir diese Schicht angesprochen zu sein, nämlich daß die Kirche im Kontext und im Zug ihres spezifisch kirchlichen Handelns gar nicht anders kann als die Situation des Menschen von heute, der Gesellschaft von heute anzuleuchten. Das, was ich heute früh unter Weltdienst, unter Eigenständigkeit der einzelnen Christen in ihrer Gewissensverantwortung und unter Teilnahme christlicher Aspekte, Motive, Beweggründe im Gesamtprogramm gemeint habe, ist zwar von der gerade genannten Ebene nicht völlig zu trennen, es steht aber — wie ich meine — doch unter einem anderen Wirkgesetz. Hier handelt es sich einfach darum, daß Christen, indem sie gläubige Menschen sind und sich den Fragen der Zeit stellen mit mehr oder weniger theologischer Reflexionsgabe ins gesellschaftliche Gespräch ganz bestimmte von den anderen als sinngebend und wertend verstandene Akzente einbringen und dies letzten Endes tun in ihrer eigenen persönlichen Verantwortung nach ihrem besten Wissen und Gewissen. Ich meine also, diese zwei Dinge sollte man auseinanderhalten.

Persönlich hätte ich keine Hemmungen, unter einer als „kirchlich" firmierten Sendung weltliche Fragen anzugehen, aber ich hätte große Hemmungen, sie sozusagen anzugehen in der Methode der kommunikativ-solidarischen Interaktion von Lebenshilfe. Ich würde sagen, das ist etwas außerordentlich wichtiges; wenn da der kirchliche Akzent nun vom einzelnen in seiner persönlichen Verantwortung getragen und auch allein ihr zuzuschreiben, ausfällt, werden ja alle diese Lebenshilfefragen letzten Endes auf eine reine Weltimmanenz und auf einen öden Pragmatismus eingeebnet. Ich halte dies für sehr wichtig, würde aber den Ort primär im Gesamtprogramm, und da in der Form einer ausgewogenen Teilnahme von Christen an solchen Bemühungen sehen, nicht eigentlich in dem Programm, in dem etwa von Gesetzen oder Staatsverträgen her der Kirche spezifische Sendezeiten zugestanden sind. Andererseits meine ich aber, daß in den spezifischen Sendezeiten nicht nur Dogmen wiederholt werden und nicht nur Gottesdienste gefeiert werden können, sondern daß hier vom spezifischen Ansatz der Verkündigung her das Evangelium in diese Lebens- und Gestaltungsfragen hinein vermittelt werden muß.

Etwas erschrocken bin ich, offen gestanden, bei der Formulierung von Herrn Schneider von der „advokatorischen Funktion" oder Aufgabe der Kirche in den Medien. Aus ihrem Gesamt, das sie da leistet, muß sie natürlich, vor allem dort, wo es sich um Randgruppen handelt, um unterprivilegierte, aber von der menschlichen Würde her sehr nachdrücklich zu vertretende Interessen, sich auch für diese Interessen einsetzen. Nur jetzt Kirche dahin abzudrängen, daß man sagt, wenn sie überhaupt durch ihr Tun mithelfen will, Sinn für's Ganze zu vermitteln, dann sei sie auf der schiefen Ebene, sie müßte sich also hier mehr in diese advokatorische Aufgabe und Akzentsetzung hinein verlagern — weiß ich nicht ganz, ob das wirklich dem Ernst der Aufgabe der Kirche gerecht wird. Denn es werden natürlich bestimmte Sinnvorstellungen im Gesamtprogramm des Fernsehens vermittelt. Und das Gesamtprogramm des Fernsehens bietet doch einen bestimmten Menschentyp als einen gängigen, vorherrschenden, wahrscheinlich mit Zukunftsaussichten ausgestatteten an. Da ist es doch sehr die Frage, wie dieser Menschentyp ausschaut. Er wird im Zweifel plural sein. Es werden dort verschiedene Modelle von Menschentyp in so einem Fernsehprogramm zum Zuge kommen. Wenn hier — wobei ich Unterhaltungssendungen und ähnliche Dinge, nur, um das mal konkret zu machen, gar nicht an den letzten Rand verweisen würde — christlich-ethische Maßstäbe nun überhaupt ausfallen, nicht zum Zug kommen, dann scheint mir doch insgesamt in den Metasystemen der Kommunikation für unsere pluralistische Gesellschaft eine Einseitigkeit Platz zu greifen, die sich mit der Ausgewogenheitsaufgabe im Blick auf die ganze Gesellschaft schwerlich vereinbaren lassen dürfte. Ich würde allerdings sagen, daß hier nicht der spezifische Auftrag der Kirche als Kirche liegt. Und wenn Sie jetzt fragen: Ja, wie ist es mit dem Publizisten und Journalisten? Und wenn Sie sagen: Es gibt keine, oder nicht genügend, die das entsprechend umsetzen ins Medium, dann kann ich Ihnen nur Recht geben. Doch würde ich umgekehrt davor warnen, zu meinen, man könnte das, was ich also in dieser an zweiter Stelle genannten Ebene der Teilnahme am Gesamtprogramm versucht habe zu skizzieren, durch katholische Publizistenschulung erreichen. Das kann man nur dadurch erreichen, daß die Kirche sich darum bemüht, daß ihre Mitglieder gläubige Mitglieder sind, und daß diese gläubigen Mitglieder die Lebensfragen und die menschlichen Fragen möglichst ihrer inneren Sachgerechtigkeit gemäß ansprechen.

Intendant a. D. Prof. Holzamer, Mainz:

Ja, vielleicht darf ich in umgekehrter Reihenfolge zu den vier Beiträgen kurz Stellung nehmen.

Einmal glaubte ich in meiner Gliederung doch diesen Gesichtspunkt mit gesehen zu haben, den Sie auch nennen; in der ersten Gruppe habe ich ja die Organvertretung besprochen, in der zweiten Gruppe das Recht auf Sendezeit. Und dieses Recht auf Sendezeit schließt — klar formuliert etwa beim ZDF — sowohl die Übertragung von kirchlichen Kulthandlungen usw. ein, also die Verkündigung im engeren Sinne, wie auch Stellungnahmen. Da sind also die beiden Ebenen, wo Kirche als Kirche in Erscheinung tritt. Der dritte Bereich — und das hängt mit der Frage, die Herr Schneider angesprochen hat und mit dem, was Herr Albus praktisch erklärte, zusammen — ist die Integration im Gesamtprogramm; hier geht es darum, daß etwa das, was im kirchlichen Auftrag liegt, mit in das Gesamtprogramm eingeht, ohne daß das nun die Kirche als Kirche veranstaltet. Und da glaube ich auch mit Herrn Prälaten Forster, daß er mißverstanden worden ist, wenn von ihm gesagt wird, daß er unter Sinnvermittlung als der Aufgabe, die der Weltdienst der Kirche hier insgesamt umfaßt, etwa eine billige Gebrauchsanweisung gemeint hat. In dem überreichen Angebot an Sinnlosigkeit, das uns präsentiert wird, eine Lebenshilfe zu geben, ist der Zweck etwa dieser Spielserien. Da haben Sie recht, daß möglicherweise eine dieser Sendungen doch wieder in den Pfad hineingetapst ist, den man leider vielfach bei Spielen findet, daß man zwar Probleme eröffnet, daß man die Wirrnis zeigt, aber auch nicht die Spur einer Andeutung einer Lebenshilfe gibt. Dagegen habe ich mich natürlich — mit Recht, wie ich annehme — gesträubt, daß eine Sendung, die eigentlich einer Sinngebung dienen sollte, auch wieder dazu benutzt wird, in der Zeit der überkritischen Analysen, die es allerorten gibt, und der psychologischen Zerfaserungen noch eine weitere Verunsicherung zu bringen, und statt Brot den Menschen Steine anzubieten. Wir haben versucht, etwa in den „Kontakten", daß Menschen, die aus dieser Haltung kommen, nicht — ich wiederhole es noch einmal — ein billiges Rezept, aber doch eine Hilfe anbieten, weil sie die Menschen kennen und weil sie in der Gestaltung etwas bewirken können. Da darf man natürlich, so meine ich wenigstens, auch als gläubiger Christ, wenn es sich um Fragen handelt wie etwa das Sterben, nicht bei einer bloß humanen Sterbehilfe stehenbleiben. Ich meine, wiederum als Christ, wenn ich davon überzeugt bin, daß das Sterben nur seinen letzten Sinn durch die Auferstehung bekommt, dann muß ich dem auch in einer gemäßen Weise Ausdruck geben können und darf nicht bloß versuchen, mit menschlich-psychologischen Mitteln nun die letzte Stunde eines Menschen in irgendeiner Weise zu überbrücken.

So habe ich auch das verstanden, was Herr Prälat Forster meinte. Das wäre unser typischer Beitrag, der auch eine Lücke füllt, die heute spürbar ist. Denn wer wagt denn das sonst anzubieten? Man hält sich bei vordergründigen Hilfen und Beglückungen, läßt aber das eigentlich

Letzte aus oder gibt Sinngebungen verschiedener pluraler Möglichkeiten, die aber dieses Endgültige eines gläubigen und von der Auferstehung überzeugten Christen nicht zu bieten vermögen. Ich habe das an Einzelheiten erfahren können, wenn ich z. B. einmal bei einer Neujahrsansprache nur einen kleinen religiösen Akzent gegeben habe, mit welcher Zustimmung in den Zuschriften aus der Zuschauerschaft das beantwortet wird, während man sonst auf solche Reden überhaupt nichts erfährt. Die Menschen spüren heute einfach, da ist jemand, der wagt das eben auch zu sagen, worauf es ankommt, während man sonst nur von Gesundheit und Erfolg im nächsten Jahr und vom Verschonen vor politischen Unruhen spricht.

Damit komme ich auf das Anliegen von Herrn Boelte, was ich nicht etwa so verstehe, und er mit Sicherheit auch nicht, als ob da nun eine christliche, katholische oder evangelische Schulungsarbeit einsetzen sollte. Ich glaube, Sie so verstanden zu haben, Herr Boelte, daß die Richtung der Kirchen, oder sagen wir mal, die kirchliche Rundfunkpolitik, jetzt nicht so im ganz engen Sinne gemeint, sich allzu sehr entweder nur auf die Besetzung von Spitzenpositionen kaprizierte oder vielleicht noch auf diese oder jene, meinetwegen auch kirchlich gemeinte Mitfunktion, daß man aber den Mitarbeitern in einem solchen Gremium mit seinen differenzierten Schattierungen von Publizisten bis zu wirklichen Künstlern im ausgesprochenen Sinne, mit all den technischen Zwischenberufen, die da bestehen, keine genügende Aufmerksamkeit zugewendet hat. So ist das, glaube ich, gemeint gewesen. Welche Formen man dafür wählt, wie man das anzielt, das wäre natürlich der Überlegung wert. Und in diesem Punkte geschieht ja auch von den Rundfunkhäusern, allerdings unterschiedlich, zu wenig. Ich habe versucht, in unserer Leitordnung deutlich zu machen, daß jeder — welche Aufgabe er auch hat — um den Sinn dieser seiner Aufgabe wissen muß, ob das der Kraftfahrer ist oder der Bote oder ob es der Redakteur ist; daß er weiß: wir stehen in einem Zusammenhang, wo wir, wie man das technisch so sagt, anderen „Botschaften" zu geben und zu vermitteln haben, daß jeder an seinem Teil daran teilnimmt.

Etwas ähnliches, glaube ich, wenn ich Sie nicht mißverstanden habe, meinten Sie in Bezug auf Christen, die in den Medien arbeiten, gleich wo sie stehen.

Prof. Scheuner, Bonn:

Vielleicht sollten wir einen Augenblick noch bei zwei Punkten über die Frage der Rolle der Kirche im Rundfunk verweilen. Bei dem einen, den Herr Schneider angesprochen hat, und der in dem Worte von der „advokatorischen Rolle" aufscheint. Hier sind wahrscheinlich manche Probleme angeschnitten, die etwas mehr auf der evangelischen Seite liegen, wo vielfach innerhalb der kirchlichen Kreise die Rolle der Kirche als die eines Advokaten schwacher oder bedrängter oder in Not befindlicher Kreise aufgefaßt wird. Das ist sicherlich eine ernste Mahnung an die Kirchen, sich nicht etwa nur als eine Stütze des Regimes zu verstehen, sondern zugleich auch einen kritischen Standpunkt aufrecht zu halten. Es ist interessant, daß die Kirche immer in der Gefahr ist, von dem jeweiligen Staate auch als eine zweckentsprechende Einrichtung benutzt zu werden.

Und zum zweiten scheint mir ein Problem noch nicht klar geworden zu sein, zu dem ich auch sehr gern noch einige Meinungen hörte. Wir dürfen natürlich unter Kirche hier die christliche Gemeinde, die Christenheit verstehen und nicht nur die — wie man es heute manchmal sagt — amtliche Kirche, obwohl beides ineinander geht. Beide haben im Rundfunk ihre Vertretungen. Es ist klar, daß etwa die gottesdienstlichen Feiern im Sinne der amtlichen Kirche zu erfolgen haben. Es ist umgekehrt so, daß in den Rundfunksendungen vermutlich — soweit kirchliche Sendezeiten vorliegen — eher die offiziellen Meinungen zu Wort kommen werden, was dann dazu führen kann, daß in anderen Sendungen vielleicht die Anstalten glauben, nun gerade die nichtamtlichen Kirchenmitglieder besonders zum Ausdruck kommen zu lassen. Das sind Probleme, zu denen vielleicht noch ein Wort gesagt werden könnte.

Prof. Rüfner, Kiel:

Bei den eigenen kirchlichen Beiträgen gibt es wohl keine Schwierigkeiten. Vielleicht läßt sich ein Anspruch auf kirchliche Sendezeiten auch ohne ausdrückliche gesetzliche Grundlage aus dem Grundgesetz ableiten. Sehr viel schwieriger scheint die Berücksichtigung kirchlicher, religiöser und sittlicher Aspekte im Gesamtprogramm zu sein. Woran liegt das? Ist es wirklich nur eine Personalfrage oder sind auch institutionelle Änderungen erforderlich? Verhalten sich die kirchlichen Vertreter in den Gremien nicht richtig? Für einen Zuhörer oder Zuschauer ist evident, daß hier die wichtigere Aufgabe der Kirchen liegen müßte, da die allgemeinen Sendungen viel mehr Sendezeit beanspruchen und viel mehr das Bild des Ganzen prägen als einzelne kirchliche Sendungen im engeren Sinne.

Prof. Fuchs, Basel:

Im Hinblick auf das Thema der diesjährigen Tagung „Kirche und Rundfunk“ nahm ich mit den hierfür zuständigen Delegierten der Schweizer reformierten Kirchen Fühlung. Nach der Konzession, welche der Bundesrat der Schweizerischen Radio- und Fernsehgesellschaft (SRG) als privater Genossenschaft erteilte, ist einzig vorgesehen, daß die Programme „zur geistigen, sittlichen, religiösen, staatsbürgerlichen und künstlerischen Bildung beitragen“ sollen. Da somit keine klaren Rechtsverhältnisse bestehen und die Kirchen keine feste Rechtsstellung in Radio und Fernsehen besitzen, muß auf dem Wege der Kooperation eine Lösung gesucht werden. Oft wird, ohne daß dies aus antikirchlicher Haltung erfolgt, den Kirchen erklärt, sie verstünden nichts von den Massenmedien. Bei der Übertragung der Gottesdienste entstehen in der

Regel keine Schwierigkeiten, obwohl im „Wort zum Sonntag" häufig über alles gesprochen wird, nur nicht über Jesus Christus. Bei Sendungen über kirchliche Themen wird zudem nicht klar, in wessen Verantwortung sie geschehen. Auch sollte der Einfluß auf die Auswahl derer, welche die Sendungen vorbereiten und gestalten, größer sein. Gerade im Zusammenhang mit der „Trennungsdiskussion" im Kanton Zürich wurde höchst einseitig berichtet, glücklicherweise ohne Erfolg. Ähnlich wurde über die Wiedereinführung des Diakonates in der römisch-katholischen Kirche unsachlich orientiert. Immerhin erlauben die etwas bescheideneren und einfacheren Verhältnisse dennoch einen gewissen Einfluß zu nehmen. Schließlich können die Schweizer das deutsche Fernsehen betrachten und feststellen, daß gerade in Deutschland für die Kirchen weit besser gesorgt ist. Oft sehen ja die Schweizer deutsches Fernsehen und wenn keine Sportsendungen ausgestrahlt werden, verfolgen sie die Debatten im Deutschen Bundestag. Gesamthaft erscheint die Rechtsstellung der Kirchen in Radio und Fernsehen, wie sie in Deutschland garantiert ist, vorbildlich.

Prof. Scheuner, Bonn:

Wenn ich eine Frage an Sie richten darf, Herr Kollege Fuchs. Es ist doch wohl richtig, daß im schweizerischen Recht die Regelung des Rundfunks noch verbunden ist mit der allgemeinen technischen Zuständigkeit der schweizerischen Bundespost; jene Regelung, die vergeblich vor dem Bundesverfassungsgericht vor 20 Jahren von der Partei, die ich damals vertrat, vorgeschlagen wurde, und die in der Weimarer Zeit bestand.

Prof. Fuchs, Basel:

Wie bereits ausgeführt ist die SRG (Schweizerische Radio- und Fernsehgesellschaft) für die Programmgestaltung verantwortlich. Sie ist zugleich Dachverband der Regionalgesellschaften, die sich nach sprachlichen Gebieten und Regionen gliedern. Über diese Regionalgesellschaften kann von den betroffenen Kreisen und so auch von den Kirchen ein gewisser Einfluß genommen werden.

Prof. Listl, Augsburg:

Herr Kollege Holzamer, Sie haben in Ihren Ausführungen im Sinne eines Postulates für das Gesamtprogramm der Rundfunk- und Fernsehsendungen die *Notwendigkeit der Berücksichtigung kirchlicher, religiöser und sittlicher Aspekte* im Sinne einer Integration christlicher Wertvorstellungen hervorgehoben. Wie ich feststellen zu können glaube, wird diesem Postulat einer Berücksichtigung der christlichen Wertvorstellungen im Rundfunkwesen in der Bundesrepublik regional und nach Bundesländern in sehr unterschiedlicher Weise Rechnung getragen. Insbesondere scheint mir, wenn man vielleicht einmal den Karfreitag ausnimmt, im Fernsehen und ebenso auch im Hörfunk in verschiedenen Sendeanstalten auf die ernsteren Zeiten des kirchlichen Jahresablaufs, wie die Adventszeit und die Vorbereitungszeit auf das Osterfest, keine Rücksicht genommen zu werden. Von einer Berücksichtigung sittlicher, religiöser und kirchlicher Wertvorstellungen ist häufig wenig zu bemerken. Erlauben Sie deshalb die Frage: Handelt es sich hierbei in Ihren Ausführungen um ein *bloßes Postulat* oder um eine *rechtliche Aussage?* Kann man in dieser Hinsicht der Meinung sein, daß sich im Laufe der Zeit wieder etwas zum Besseren ändern könnte? Mein Eindruck geht dahin, daß sich auf diesem Gebiete im Laufe der vergangenen fünfzehn Jahre die Situation nicht zum Besseren, sondern ins Gegenteil geändert hat.

Erlauben Sie sodann eine weitere Frage: Wie Sie dargelegt haben, besteht beim ZDF die Übung, bei der Einstellung von Redakteuren, die Sendungen herstellen, die in kirchlicher Verantwortung stehen, *ein Einvernehmen zwischen dem ZDF und dem zuständigen kirchlichen Sendebeauftragten* zu erzielen. Wäre es Ihnen möglich, konkretere Angaben darüber zu machen, wie in dieser Hinsicht bei den anderen Sendeanstalten verfahren wird?

Schließlich noch ein drittes Problem: Neben den in kirchlicher Verantwortung stehenden Sendungen über Kirchenangelegenheiten gibt es in verschiedenen Sendeanstalten offensichtlich noch eine Art von „Kirchenabteilungen", die eher kirchendistanzierte und kirchenkritische Tendenzen verfolgen. Auf diese Abteilungen haben die Kirchen offensichtlich keinen Einfluß. Ich entsinne mich in dieser Hinsicht z. B. einer nahezu zweistündigen Hörfunksendung der Abteilung „Das kulturelle Wort" des WDR III vom 23. Oktober 1976, 20.15 Uhr — 22.00 Uhr, zum Thema „Trennung von Kirche und Staat". Diese Sendung verfolgte dezidiert antikirchliche und kirchenfeindliche Tendenzen. Könnten Sie über die Existenz derartiger „Kirchenabteilungen" in verschiedenen Sendeanstalten Näheres sagen?

Dr. Niemeyer, Kath. Büro, Bonn:

Ich möchte Herrn Professor Forster voll zustimmen und etwas, das er so schön gesagt hat, vereinfachend so ausdrücken: Die Kirche erfüllt die Erwartungen, die in dem öffentlich-rechtlichen Kommunikationssystem an sie gestellt werden, am besten, wenn sie bei ihrem ureigenen Auftrag bleibt und ihn in einer Weise erfüllt, die sie selbst bestimmt und die ihrem Wesen entspricht. Ich glaube nicht, daß es richtig ist, die Darstellung dessen, was die Kirche einzubringen hat an Gedanken zur Zeit, zur Welt, zum Menschen, von vornherein etwa auf Lebenshilfe zu verkürzen. Gestatten Sie mir ein etwas grobes Beispiel. Wenn wir einmal hören wollen, was eine Religionsgemeinschaft, sagen wir der Islam, sagt, dann wird man auch nicht erwarten, daß eine Verkürzung auf ganz bestimmte soziale Dinge erfolgt, sondern wird das eigentliche Zentrum des Denkens mitgeteilt bekommen wollen. Ich weiß aber andererseits nicht, ob Professor Forster Herrn Schneider überinterpretiert hat. Ich würde schon glauben, daß zu dem, was die Kirche heute aus ihrer eigenen Verkündigungssendung zu sagen hat, auch ein advokatorischer Charakter gehört. Dazu gehört auch, daß in einer Demokratie unter den Bedingungen gerade auch der heutigen Massenmedien die Kirchen ihre Möglichkeit nutzen sollten, Gruppen, die am Rande stehen, die bedrängt sind, ihre Stimme zu leihen, sie so zu unterstützen, wie das andere in der Demokratie nicht können. Ich möchte annehmen, daß Herr Professor Forster damit ganz einverstanden ist. Und meine Frage an Herrn Schneider wäre: ob er so zu verstehen gewesen ist, daß dies das Entscheidende oder gar das Ausschließliche oder das Absolute des kirchlichen Engagements sein sollte. Würde er diese Frage bejahen, dann könnte ich ihm nicht zustimmen.

Nun zur Methode des kirchlichen Vorgehens: Wir können ja hier nach den Ausführungen von Herrn Professor Holzamer von einer Arbeitshypothese ausgehen und so tun, als wenn die Rechtslage in allen Anstalten so wäre, wie sie im ZDF und im Deutschlandfunk und in der Deutschen Welle ist. Dann würde ich auch als Jurist sagen, daß der rechtlich gesicherte Spielraum für kirchliches Mitwirken hinreichend groß ist. Die Frage ist aber, ob er richtig genutzt wird oder ob er intensiver genutzt werden kann. Und ich glaube — darauf laufen viele Überlegungen hinaus, die wir, die wir mit diesen Fragen von der Kirche aus zu tun haben, uns immer wieder machen —, daß es sehr entscheidend auf die Verbindung zwischen der Kirche — jetzt im weitesten Sinne gefaßt — und den Journalisten ankommt. Das eine ist, daß man sich auch kirchlicherseits intensiv und kontinuierlich um den journalistischen Nachwuchs kümmert, ihm Gelegenheit gibt, Kirche auch von innen kennenzulernen. Und da sind, glaube ich, Anstrengungen niemals falsch. Aber das zweite ist, daß die Kirche — ich möchte es einmal ein kontinuierliches Gespräch nennen — stärker zu den aktiv an der Programmgestaltung teilnehmenden Personen in Kontakt tritt. Dies sollten keine Schulungskurse sein, dies soll aber doch auch deutlich machen, daß diese Frauen und Männer, die da eine Programmgestaltungsaufgabe haben, in dieser Gesellschaft unter besonderen Bedingungen arbeiten müssen, daß von ihnen besonders viel erwartet wird, daß sie praktisch für Millionen Menschen immer unbewußt oder unreflektiert auch ein Menschenbild in die Wohnungen bringen. Ich meine, daß ein solcher Personenkreis Anspruch darauf hat, von denjenigen, die sich in der Kirche um transzendente Fragen kümmern, etwas mehr gefördert und etwas mehr angesprochen zu wissen. Dies würde ich auf die lange Dauer für wichtiger halten als bestimmte Durchsetzungen rechtlicher Forderungen, obwohl ich Professor Holzamer insbesondere hinsichtlich WDR und NDR voll zustimme.

Entsprechend der Mahnung von Herrn Professor Scheuner, auch etwas über die Funktionsfähigkeit der Gremien zu sagen, möchte ich auch diesen Punkt noch kurz anschneiden, aus langjähriger leidvoller Erfahrung. Die Tätigkeit in einem solchen Kontrollgremium, die ja stets nur eine Nachkontrolle sein kann, grenzt immer wieder von Neuem an Frustration. Eigentlich könnte man sowas nur im Wege der Buße und in der Fastenzeit ertragen (Heiterkeit!). Ich habe lange — das gebe ich ehrlich zu — mit der Frage geliebäugelt, ob nicht doch in bestimmten Fällen ein vorheriges Anschauen einer Sendung und eine Meinungsbildung, nicht unbedingt eine Entscheidung, aber eine Meinungsbildung in den beratenden Gremien notwendig ist. Ich will diese Frage einmal noch zurückstellen.

Aber ich glaube, daß wir an einem anderen Punkte unter den gegenwärtigen Umständen etwas an das Ende der Kontrollfähigkeit geraten sind. Und das ist nach meiner Meinung die Verschränkung der Ansprüche auf innere Rundfunkfreiheit mit der personellen Immobilität in unseren großen Anstalten. Wenn Sie das beides zusammen sehen, dann sprechen sie ständig, wenn sie Sendungen im Nachhinein kritisieren, praktisch gegen einen rocher de bronce. Einerseits kann man einem Journalisten nicht zumuten, daß er das Gegenteil von dem sagt, was er denkt. Dieses ist eine Vergewaltigung, die man gerade vom Christlichen her niemals fordern kann. Andererseits ist es sicher nicht richtig, daß Rundfunk und Fernsehen Instrumente zur Verbreitung der Meinung Einzelner, oder der Privatmeinung Einzelner sind. Es muß also schon irgendwie eine Anbindung an eine Redaktion oder in einer Anstalt geschehen. Wer das nicht leisten kann oder will — und solche Personen gibt es, und ich würde da sagen, es gibt sie vielleicht auch Gott sei Dank! — der muß aber dann in der Lage sein zu sagen: Ich nehme eine andere Aufgabe wahr. Wenn ihm dies aber von den Anstalten gesagt werden soll, so ist das, jedenfalls hat Herr von Hase das immer wieder sehr deutlich gesagt und Herr Professor Holzamer zu seiner Zeit auch, kaum möglich. Man kann kaum jemandem, der jahrelang Aktuelles gemacht hat, sagen: Jetzt machst Du einmal Dokumentation; jemandem, der im Ausland sich sehr wohl gefühlt hat, sagen: jetzt komm zurück in die Zentrale. Herr von Hase — das werde ich nie vergessen — der gelernte Diplomat sagte: Ich hätte nie geglaubt, daß man im Auswärtigen Amt ein großes Revirement unter zehn oder fünfzehn Botschaftern sehr viel schneller hinbekommt als eine Änderung auf zwei Auslandskorrespondentenposten des ZDF. Dies war für ihn eine außerordentlich erstaunliche Feststellung, und ich meine, daß eine der Fragen eines effektiven Weiterlebens des öffentlich-rechtlichen Systems darin liegt, ob diese eingetretene Immobilität auf irgendeine Weise aufgelockert werden kann. Ich möchte nicht unbedingt, wie man manchmal auch denken könnte, mit dem Brecheisen des Gesetzgebers daran gehen, sondern fragen, ob es nicht eher eine Vereinbarung der Journalisten, eine Selbstkontrolle der Journalisten geben sollte. Jedenfalls muß hier etwas mehr Flexibilität eintreten, sonst haben wir einen verbeamteten Rundfunk mit Personen, die indirekt oder direkt den Anspruch erheben, ihre Privatmeinung über den Bildschirm oder den Hörfunk zu verbreiten. Und dies muß — nicht heute, aber auf die Dauer — das Ende des öffentlich-rechtlichen Systems bedeuten.

Prof. Lorenz, Konstanz:

Ich möchte nur ganz kurz ein Fragezeichen an einem Punkt anbringen, der, wenn ich die hier herrschende Meinung richtig interpretiere, kaum noch weiter in Zweifel gezogen wird, über den man aber vielleicht doch noch einmal nachdenken sollte.

Es betrifft die Forderung, die der Referent gegenüber den Regelungen des Westdeutschen und Norddeutschen Rundfunks hinsichtlich der Bestellung der Vertreter aus den gesellschaftlich relevanten Gruppen erhoben hat. Hier könnte man sich ja doch immerhin auch vorstellen, daß statt des ständestaatlichen Modells eine Regelung getroffen wird, nach der das Parlament als zwar staatliches, aber eben doch auch gesamtverantwortliches Repräsentationsorgan dafür zu sorgen hat, daß im Rundfunkrat ein Gremium gebildet wird, das insgesamt konsensfähig ist und in dem nicht einzelne Gruppen oder Gruppenvertreter isoliert nebeneinander sitzen. Wenn man das als Basis zunächst akzeptiert, stellt sich die Frage, ob in *diesem* Modell die Kirchen nicht nur in ihrer gesamtgesellschaftlichen Bedeutung in Erscheinung treten würden, sondern darüber hinaus, wie Sie, Herr Holzamer das gefordert haben, aufgrund ihres Selbstverständnisses und ihres besonderen Öffentlichkeitsauftrages einen eigenen Status beanspruchen könnten. Von der Seite der Sendung, der materiellen Seite her gesehen ist aber doch zumindest fraglich, ob hier nicht nur das gilt, was vorher, ich glaube Herr Forster, noch einmal hervorgehoben hat, nämlich die Reduzierung auf die Ausgewogenheit des Programms. Dann würden sich die Kirchen in dieser Richtung nur als gesellschaftliche Gruppen finden und sich, jedenfalls insoweit, nicht auf ihren speziellen Öffentlichkeitsauftrag berufen können.

Prof. Böckenförde, Freiburg:

Ich möchte jetzt zu dem dritten Diskussionspunkt sprechen, zu der Frage nämlich, ob die gegebenen organisatorischen Möglichkeiten hinreichen, um Ausgewogenheit und eine entsprechende Orientierung des Gesamtprogramms zu erreichen. Je länger ich über diese Frage nachdenke, desto deutlicher wird mir, daß das Konzept, wie es das Bundesverfassungsgericht seinem Fernsehurteil zugrunde gelegt hat, einen entscheidenden Fehler hat oder vielleicht nicht zu Ende gedacht ist.

Der Ausgangspunkt dieses Konzepts ist ja, daß die Informationsfreiheit durch die Bürger selbst nicht wahrgenommen werden kann, weil die Zahl der Kanäle, der Sendemöglichkeiten beschränkt ist, und daß deshalb eine Art *Sachwalterschaft* eintreten müsse, als Äquivalent für die fehlende Auswahlmöglichkeit, die bei Presseerzeugnissen und Büchern gegeben ist, die ich kaufen oder nicht kaufen, lesen oder nicht lesen kann. Man hat sich das in der Form gedacht, daß eine Anstalt geschaffen wird, die staatsfrei ist, damit wir keinen staatlich-reglementierten, keinen politisierten Rundfunk bekommen, und in dieser Anstalt die verschiedenen gesellschaftlichen Kräfte vertreten sind; alles weitere soll sich dann nach einem Parallelogramm der Kräfte ausmitteln.

An diesem Punkt liegt der große Fehlschluß. Wenn die Informationsfreiheit im Wege einer Sachwalterschaft organisiert werden muß, und dafür spricht vieles, dann kann das nur dadurch geschehen, daß strikte Amtsbindungen vom Staat durch Gesetz als Auftrag der Anstalt festgelegt werden und nicht eine volle Autonomie in Form einer öffentlich-rechtlich organisierten, materiell aber völlig freien Anstalt konstituiert wird, die sich dann nur intern ausmitteln soll. Von Staats wegen muß der Auftrag vorgegeben, müssen die Bindungen festgelegt werden. Es wäre dann die Aufgabe der in dieser Anstalt Tätigen, gemäß diesen Richtlinien ihren — ich möchte sagen — Amtsauftrag wahrzunehmen. Die Einhaltung dieser Festlegungen und Richtlinien bedarf der Kontrolle. Diese Kontrolle kann von dem Fernsehrat oder Rundfunkrat ausgeübt werden, man könnte auch daran denken, noch ein Beschwerdeorgan zu schaffen, an das appelliert werden kann, wenn etwa das Kontrollorgan meint, der Intendant komme seinen Verpflichtungen nicht nach oder gegen eine Sendung remonstrieren will, damit nicht sofort der Weg zu den Verwaltungsgerichten beschritten werden muß, die ja jeweils nur punktuell und isoliert zu einer Frage Stellung nehmen können und auch beschränkt sind auf eine Rechtskontrolle.

Mir scheint diese Art der Ausgestaltung auch deshalb notwendig zu sein, weil wir uns keiner Illusion darüber hingeben dürfen, daß im Fernsehen und in den Rundfunkanstalten doch gesellschaftliche *Machtpositionen* ausgeübt werden, Positionen von Kommunikationsmacht. Mir leuchtet je länger, je mehr — ich bitte die Herren Intendanten um Nachsicht — die These von Forsthoff ein, der einmal gesagt hat, das Fernsehen und die Rundfunkanstalten seien strukturell illiberal, weil in ihnen kein freier Zugang möglich sei. Die Zeit ist quotiert, wird verteilt auf bestimmte Sendungen und Personen; diejenigen, die an die Sendezeit herankommen, haben damit eine Position der Kommunikationsmacht inne, ohne daß diese sich rechtfertigen muß; sie wird vermittelt allein durch die Anstellung und Übertragung einer bestimmten Position bei der Fernseh-/Rundfunkanstalt, eine Bewährung durch Nachweis bestimmter Qualität oder Verantwortlichkeit gegenüber einem Kontrollorgan findet nicht statt. Auch unter diesem Gesichtspunkt ist die Bindung an festgelegte Grundsätze und das Treffen von Vorkehrungen für ihre Einhaltung notwendig. Eine Regelung in diesem Zusammenhang könnte z. B. sein, daß für Magazinsendungen ein Wechsel der Moderatoren im Abstand von einem Jahr festgelegt wird. Jeder Politiker würde sich glücklich schätzen, wenn er die Kommunikationsmacht zur Verfügung hätte, die unsere Moderatoren zur Verfügung haben, nämlich alle vierzehn Tage oder drei Wochen eine dreiviertel Stunde lang ihre kommentierende Meinung auf ein Millionenpublikum ausstrahlen zu dürfen.

Von dem Grundgedanken her, daß in den Fernseh-/Rundfunkanstalten nur eine Sachwalterschaft erfolgen soll für die Informationsfreiheit der Bürger, läßt sich dann auch die inhaltliche Festlegung, also was Herr Holzamer unter Punkt 3) als Erwartung oder ähnlich bezeichnet hat, vielleicht einigermaßen in den Griff bekommen. Darin liegt m. E. die Chance der öffentlich-rechtlichen Lösung, daß man sie in dieser Richtung fortentwickelt, während das Ausweichen auf private Anstalten nur eine Ersatzlösung ist, die schwerwiegende weitere Probleme aufwirft. Wir sollten daher zunächst versuchen, das öffentlich-rechtliche System zu verbessern. Aber das müßte dann doch — ich bitte, das nicht falsch zu verstehen — in die Richtung gehen, daß die Anstalten eine Art halbstaatliche Anstalten werden, die durch ihren Auftrag und eine entsprechende inhaltliche Bindung festgelegt sind. Dann löst sich auch das Problem der inneren Pressefreiheit oder der inneren Rundfunkfreiheit: Wer an diesen Anstalten mitwirkt, muß sich diesem Auftrag unterstellen und ihn wahrnehmen. Damit hat man dann von dem Konzept Abschied genommen, als ob die Informationsfreiheit nur transponiert wäre auf die Ebene der Anstalt und dort ein jeder, der darin tätig ist, seine individuelle Meinungsfreiheit voll ausleben und zur Auswirkung bringen kann und ihm dazu die ungeheure Kommunikationsmacht zu Gebote steht, die in den Anstalten, die ja bezirksmäßig radiziert und von Angebot und Nachfrage unabhängig gestellt sind, konzentriert ist.

Prof. Scheuner, Bonn:

Sie haben sehr mit Recht eine der Grundfragen der Rundfunkdiskussion angeschnitten, ob durch die Hereinholung der gesellschaftlichen Kräfte die fehlende Vielfalt im Sinne der echten Vielfalt ersetzt werden kann. Sie haben zugleich — und das reißt Abgründe in unserer öffentlichen Diskussion auf, die wir sicherlich hier nicht ausloten können — die Frage nach der Autonomie gestellt, die vielleicht heute manchmal einen überzogenen Platz einnimmt.

Roepke, Oberkirchenrat, Medien- und Publizistikreferent der Kirchenkanzlei der EKD, Hannover:

Die kurze ekklesiologische Kontroverse zwischen Herrn Professor Forster und Herrn Dr. Schneider scheint mir auf einem Mißverständnis zu beruhen. Natürlich besteht der Dienst der Kirche in der Hilfe zur Sinnfindung. Herr Dr. Schneider hat hier ja auch ein gelungenes Beispiel für einen kirchlichen Fernsehbeitrag genannt, der zur Sinnfindung verhelfen kann. Man wird sich allerdings vor einer gewissen Engführung im Verständnis des Dienstes der Kirche hüten müssen. In diesem Zusammenhang hat Herr Dr. Schneider auf den advokatorischen Aspekt, den Gedanken der Interzession, aufmerksam gemacht: Die Kirche hat nach evangelischem Verständnis als „Kirche für andere" auch den Auftrag, „Mund der Stummen" zu sein und für die legitimen Interessen von Minderheiten und Randgruppen einzutreten.

Ein Gesichtspunkt zur Präsenz der Kirche im Rundfunk scheint mir allerdings heute in der Diskussion etwas zu kurz gekommen zu sein. Wir haben ausführlich über die Kirche als *Subjekt* von Sendungen gesprochen. Wir haben ebenfalls relativ ausführlich gesprochen über die Kirche als *Partner* in der Medienlandschaft, als eine unter anderen gesellschaftlich relevanten Gruppen in ihrer Mitverantwortung für den Rundfunk. Hier hat die Kirche ja — etwa in den Aufsichtsgremien — nicht die Aufgabe, ihre eigenen Interessen zu vertreten und zum Beispiel — wie das vorhin angeklungen ist — über ihre Mitgliedschaft in den Aufsichtsgremien die Rechristianisierung der Advents- und Passionszeit durchzusetzen. Ich bin selber Mitglied eines ARD-Aufsichtsgremiums und halte dies für ein glattes Mißverständnis von der Aufgabe kirchlicher Vertreter in den Rundfunk- und Fernsehräten. Die kirchlichen Gremienvertreter haben eine Verantwortung gegenüber der Allgemeinheit; sie haben deren Interessen in den Aufsichtsgremien zu vertreten. Und ich meine — im Blick auf das genannte Beispiel — wir müssen es lernen hinzunehmen, daß unsere Vorstellung von der Gestaltung christlicher Buß- und Fastenzeiten nicht mehr von der ganzen Gesellschaft, der der Rundfunk eigentlich gehört, geteilt wird.

Es müßte nun aber ein dritter Aspekt noch gesondert bedacht werden. Die Kirche ist ja auch *Objekt* der Berichterstattung in Rundfunk und Fernsehen. Und an dieser Stelle scheinen mir einige Probleme zu liegen, die hier nicht genügend erörtert worden sind. Auf der einen Seite müssen wir als Vertreter der Kirche feststellen, daß wenn die Kirche Objekt einer kritischen Sendung ist, oft berechtigte Erwartungen offen bleiben. Was den evangelischen Bereich betrifft, so erinnere ich etwa an die Darstellung der kirchlichen Verhältnisse in der DDR; hier leben wir nahezu in einem Dauerclinch mit dem ZDF-Magazin, dessen Arbeit wir an dieser Stelle für tendenziös halten. Auf der anderen Seite haben wir als Kirche aber zu lernen, daß wir in solchen kritischen Sendungen auch wirklich kritisch hinterfragt werden. Die kirchenkritische Berichterstattung und Kommentierung hat doch selbstverständlich *auch* ihre Berechtigung im Ganzen unserer Rundfunk- und Fernsehprogramme. Sie haben Ihren „Fall Klingenberg“, wir haben unseren „Fall Schulz“. Daß in beiden Fällen unsere kirchlichen Positionen öffentlich kritisch hinterfragt werden und wir Objekt kritischer Sendungen werden, muß grundsätzlich von uns akzeptiert werden.

Schwarzkopf, Stellvertretender Intendant des NDR, Hamburg:

Ich möchte davor warnen, Fehlinterpretationen des Begriffs „innere Rundfunkfreiheit“, wie sie von einer ganzen Reihe von Redakteuren vorgenommen werden, als die Interpretation anzusehen, die allgemein in den Rundfunkanstalten akzeptiert ist. Innere Rundfunkfreiheit verschafft natürlich dem Rundfunk-Mitarbeiter kein Individualrecht zur Verbreitung seiner Meinung. Er hat lediglich teil an dem Recht der Anstalt. Die Anstalt hat das Recht, die Subjektivität des Mitarbeiters zu mobilisieren. Aber diese Mobilisierung findet selbstverständlich ihre Grenzen am Programmauftrag der Anstalt, wie er in den Richtlinien oder den Gesetzen oder den Staatsverträgen festgelegt ist. Der Mitarbeiter, der diese Grenzen nicht anerkennt, muß äußerstenfalls sich einen anderen Job suchen. Die innere Rundfunkfreiheit schützt zwar den einzelnen Mitarbeiter davor, eine fremde Meinung als seine eigene ausgeben zu müssen. Aber das würde ihm vernünftigerweise ohnehin niemand zumuten. Nur schützt die innere Rundfunkfreiheit selbstverständlich den Mitarbeiter nicht davor, eine ihm unangenehme Meinung Anderer verbreiten zu müssen, weil dies eben zum Auftrag der Anstalt und zum pluralen Verständnis der Anstalt gehört. Diese Interpretation der inneren Rundfunkfreiheit muß allerdings, wie ich finde, von den Leitungen der Anstalten stärker gegenüber Redakteuren, die zu extensiven und unrealistischen Interpretationen neigen, durchgesetzt werden.

Eine zweite kurze Bemerkung: Zu dem Ausdruck der Hoffnung von Herrn Professor Holzamer, daß die Kirchen die Bannerträger einer größeren Beweglichkeit sein könnten, wenn mit den Kirchen die gesellschaftlich relevanten Gruppen oder andere gesellschaftlich relevante Gruppen als die Parteien in die Aufsichtsgremien einziehen. Hier möchte ich zu bedenken geben: Wie kommt die Entscheidung über Relevanz denn zustande? Wenn jetzt der Staatsvertrag über den Norddeutschen Rundfunk mit an Sicherheit grenzender Wahrscheinlichkeit in der ersten Jahreshälfte gekündigt wird, dann wird zu den Reformüberlegungen sicher gehören, daß auch geprüft wird, ob andere gesellschaftlich relevante Gruppen als die Parteien in die Aufsichtsgremien einziehen. Darüber, daß die Kirchen dazu gehören, wird man sich in den Landtagen relativ leicht verständigen können. Aber die übrige Relevanzbestimmung ist eine Entscheidung der Landtage und somit eine politische Entscheidung und eine parteipolitische Entscheidung. Sie wird also entweder getroffen durch Mehrheitsentscheidung oder dadurch, daß die im Landtag vertretenen Fraktionen sich die verschiedenen relevanten Gruppen nach d'Hondt greifen. Das ist ein ziemlich schauerliches Bild. Aber so wird's wahrscheinlich geschehen. Und die Kirchen könnten unter Umständen die einzigen sein, die nicht in einer so festen gegriffenen Bindung stehen. Das würde ihnen allerdings dann eine besondere Verpflichtung auferlegen, vielleicht auch eine besondere Chance geben.

Intendant a. D. Prof. Holzamer, Mainz:

Ich versuche wenigstens einiges Wesentliche zu beantworten.

Gleich auf das letzte, Herr Schwarzkopf: Ich bin mit Ihnen durchaus der Auffassung, daß es schwierig ist, diese Toleranz von seiten derer, die selber im Parteiengeschäft stehen und mit Mehrheiten entscheiden, zu verlangen. Andererseits sollte man die Kirchen nicht ohne weiteres allen übrigen Gruppen gleichsetzen. Das wäre schon sowieso falsch, weil dann ihre Bedeutung herabgemindert würde. Aber man sollte trotzdem den Versuch machen bei den Politikern und bei den politischen Parteien und mit Hilfe derer, die es auch mit dem Rundfunk wirklich gut meinen, eine Lösung zu finden, die in etwa so liegt, wie sie bei den süddeutschen Anstalten zum größten Teil vorhanden ist, indem man auch Direktbenennungen mindestens einigen ins Auge springenden relevanten Gruppen, wie etwa den Gewerkschaften oder den Arbeitgeberorganisationen, zubilligt oder mindestens das Verfahren wie beim ZDF einführt, daß eine Vorschlagsliste gemacht und daß aus dieser Vorschlagsliste gewählt wird.

Das zweite, die Vermeidung der Polarisierung; das habe ich mit meinem „Bannerträger" gemeint. Weder die Kirchen noch die anderen Vertreter sollen sich einfach parteipolitisch unterbuttern lassen, sondern sollen, wie das doch teilweise auch im Fernsehrat des ZDF passierte, ihre eigene Stellung immer wieder auch hervortreten lassen. Parteipolitische Polarisierung kann man natürlich nur vermeiden, indem man immer wieder in die gleiche Richtung trommelt. Ich bin auch sicher, daß das nicht leicht ist, weil die taktischen Erwägungen gleich wieder in die falsche Richtung gehen. Aber wenn es schon einmal gelingt, aus dem bloßen nur von den Parteien bestimmten Rhythmus herauszukommen, ist schon etwas gewonnen.

Und damit komme ich auf Ihre sehr vielfältigen Anregungen und Überlegungen, Herr Böckenförde, die ich nur kurz streifen kann. Natürlich halte ich es auch für notwendig, daß der gesetzliche Auftrag einer öffentlich-rechtlichen Institution umschrieben ist. Aber er darf nicht zu sehr in Einzelheiten gehen. Denn dann kommt eine reine Verwaltungsbehörde heraus. Dann ist es mit der wirklichen Freiheit und der Gestaltung im publizistischen und künstlerischen Bereich aus. Und das würde ja dann auch wiederum der im Grundgesetz verbrieften Freiheit widersprechen.

Ich bin wohl der Meinung, daß ein Minimum an Bestimmungen notwendig ist, das ja auch schon wieder durch das Grundgesetz vorformuliert ist; im Grundgesetz steht ja eine ganze Menge, an die sich eine öffentlich-rechtliche Anstalt und jeder einzelne auch zu halten hat, da gibt's keinen Zweifel. Wenn dann noch ein paar gesetzliche Bestimmungen dazukommen und vielleicht die Auflage wie beim ZDF, daß das Organ Fernsehrat natürlich nicht Richtlinien *erfinden* kann, sondern Richtlinien *ausformuliert,* die im Sinne des Gesetzes liegen, dann ist das eine nützliche Sache. Wir standen — Herr Niemeyer kann das bestätigen — auch vor der Frage: Kann der Fernsehrat eine Richtlinie erlassen in bezug auf den Einsatz von Moderatoren? Das würde ich für falsch halten, wenn die Richtlinien so weit gingen. Aber sie müssen so weit gehen, daß das Kontrollorgan sich scharf darauf berufen kann und daß der Intendant danach handelt. Die Hauptschwierigkeit bei der Verletzung der Richtlinien liegt im allgemeinen nicht beim Intendanten selbst, sondern meistens bei nachgeordneten Redakteuren. *Wenn* es so liegt, wie Sie es geschildert haben, mit dieser zweistündigen Sendung, die einen eindeutig antikirchlichen und antireligiösen Charakter hatte, dann hätte ich bei mir eine solche Sendung niemals zulassen dürfen und auch nie zugelassen. Ich bin der Meinung, daß man in diesen Jahren der Verwirrung, was die innere Rundfunkfreiheit angeht, unter Umständen gelegentlich nicht entschieden genug gegen Verletzungen des Vertrages, des Gesetzes, der Richtlinien von seiten der Verantwortlichen vorgegangen ist, oder daß man aus den Gremien heraus das nicht gestützt hat.

Ich bin deswegen für eine volle Verantwortung des Intendanten mit einer entsprechenden Sanktionsfähigkeit des Kontrollorgans. Wenn Widerstand gegen verbindliche Richtlinien aus dem Hause oder die Zustimmung der Organe zu einer auf eine falsche innere Rundfunkfreiheit bedachten Redakteursebene kommt, dann ist es aus mit jeder Kontrolle und Verantwortung. Deswegen war es auch wichtig, daß wir Leitlinien für die Mitarbeiter mit Zustimmung des Personalrates erlassen haben, in denen die Rechte des einzelnen Redakteurs, seine Freiheit, sich zu beschweren, Verfahren, wie Konflikte gelöst werden, das Thema sind; unter Wahrung der Verantwortung des Intendanten für das ganze Programm. Er muß dann sehen, wie er hausintern damit fertig wird.

Natürlich, bei der BBC ist es z. B. so, daß parteipolitische Kommentare nicht von Angestellten der BBC gegeben werden dürfen, sondern daß — das wäre z. B. durchaus eine Bestimmung, gegen die ich persönlich nichts einzuwenden hätte, wenn sie im Gesetze stünde — solche dezidierten Meinungskommentare nur von Außenstehenden, die also nicht fest angestellt sind, gegeben werden können. Aber auch das hat seine Fragwürdigkeiten. Ich wäre eher dafür — aber das ist jetzt wieder eine ganz persönliche, subjektive Meinung, und beim Bayerischen Rundfunk ist ja ein Ansatz in dieser Richtung gemacht — um dieser erhöhten Chance und Freiheit willen, die in der Kommunikationsmacht liegt, daß diejenigen, die an entscheidendster Stelle diese „Macht" ausüben, nicht nur der Intendant und der Direktor, sondern unter Umständen auch die Hauptabteilungsleiter, Zeitverträge bekommen. Der Intendant hat einen Zeitvertrag; beim ZDF hat der Programmdirektor, der Chefredakteur, der Verwaltungsdirektor einen Zeitvertrag. Die können also — etwas derb ausgedrückt — in die Wüste geschickt werden. Wenn dies in das System eingebaut würde, dann wäre da mit der erhöhten Möglichkeit, die gegeben ist, auch ein erhebliches Risiko verbunden. Es ist sehr schwer, jemanden zu entlassen. Da liegt natürlich die Bruchstelle für ein öffentlich-rechtliches System. Aber das liegt nicht eigentlich am System, sondern an der arbeitsgerichtlichen Praxis, wenn es sich nicht um eindeutige Zeitverträge handelt.

Noch kurz zu den von Herrn Listl und auch von Herrn Roepke vorgetragenen Überlegungen. Natürlich ist das, was ich zu dem allgemeinen Programm gesagt habe und was nur zum Teil in rechtlichen Bestimmungen festgelegt ist, auch von mir her gesehen ein *Postulat.* — Wie es mit der Einstellung von Leitern und Redakteuren der Redaktion „Kirche und Leben" bei den übrigen Rundfunkanstalten aussieht, kann ich leider nicht sagen. Das müßten die Herren dieser Anstalten hier beitragen. Zu antikirchlichen Sendungen habe ich schon etwas gesagt. Die Einwirkung im Sinne eines auch vom christlichen Ethos mitgeprägten Programms kann nur über Personen geschehen. Die besten Formulierungen, auch in einem Gesetz, bringen das nicht zu Wege. So wie auch ein Programm nicht durch Anweisungen passiert. Es entsteht von unten, durch Ideen, durch Vorstellungen, durch Möglichkeiten, wie man etwas machen und wie man etwas aussagen könne. Aber ganz so düster ist es, glaube ich, nicht in allen Rundfunkanstalten, daß da ein ewiger Karneval herrscht. Natürlich muß man sich dagegen wehren; aber das hängt wieder mit der gesamten Zeiterscheinung zusammen. Wie ich höre, hat die Stadt München ihren Fasching aus geschäftlichen Gründen verlängern wollen. Es ist ja dann doch unterbunden worden. An diese Grundsätze haben sich im allgemeinen die Rundfunkanstalten auch gehalten. Es gibt natürlich redaktionsweise und senderweise da ganz verschiedene Haltungen. Ich bin beim ZDF in aller Regel nicht nur mit den eigenen Vorstellungen, der Beachtung nicht nur des natürlichen Gangs des Jahres, sondern auch dessen, was wir das Kirchenjahr nennen, von mir aus durchgedrungen. Und ich kann in einem Fall sagen, ich habe eben mit Herrn Dr. Albus noch darüber gesprochen, daß eine Redaktion wie die der „Drehscheibe", in dieser Beziehung ganz großartig funktioniert. Sie werden keinen Sonntag, kein Fest, keine Jahreszeit im Sinne des Kirchenjahres finden, die nicht in der „Drehscheibe" beim ZDF einen klaren Niederschlag findet. Das hängt einfach an den Personen, die sich Mühe geben, so etwas zu machen. Aber der gestrenge und gerechte Diskussionsleiter bat mich, Schluß zu machen. Nochmals: Herzlichen Dank!

Peter Lerche

Die Kirchen und die neuen Entwicklungen im Rundfunkbereich — verfassungsrechtlich gesehen *

I. An erster Stelle meines Themas stehen die Kirchen. Das gehört sich auch so. Dennoch ist es wohl meine primäre Aufgabe, Ihnen die neuen Entwicklungen im Rundfunkbereich anzudeuten, vor allem technisch bedingte Entwicklungen, soweit sie für die Kirchen von Bedeutung werden können, wiewohl natürlich nur in großen Zügen und nur mit dem schlechten Gewissen eines jeden, der über technische Dinge sprechen muß, ohne Techniker zu sein, ein sehr schlechtes Gewissen, das ich vermutlich sogar mit den Intendanten teile, von den Theologen ganz zu schweigen.

1. Die genannten Entwicklungen im Medienbereich sind durch zwei Hauptzüge gekennzeichnet: Einmal durch die Tatsache, daß innerhalb dessen, was wir als Rundfunk bezeichnen, neue Techniken sichtbar werden, die nicht nur der Verfeinerung der Empfangsqualität dienen, sondern einen selbständigen Bezug zur Programmgestaltung aufweisen; vor allem das Kabelfernsehen, das zunächst emphatisch begrüßt, allmählich nüchterner gesehen wird; eine Technologie, die zu zahlreichen Fragestellungen führt, weit über den rechtlichen Bereich hinaus, aber gerade auch in ihn tiefe Spuren eingrabend.

Während das Kabelfernsehen die Blicke der breiteren Öffentlichkeit auf sich versammelt, tritt zu sehr in den Hintergrund, daß sich durch die Anbahnung des Satellitenfernsehens eine weitere Dimension ankündigt; eine Entwicklung, die in Verbindung mit dem Kabelfernsehen gesehen werden muß; sie kann z. B. für die wesentliche Frage, inwieweit für die Erstellung weiterer überregionaler Programme innerhalb des Kabelfernsehens überhaupt noch ein relevantes Bedürfnis auftreten wird, wichtig werden.

2. Haben wir es bei diesen Formen, also Kabelrundfunk, Satellitenrundfunk, im wesentlichen mit Erscheinungen *innerhalb* des eigentlichen Rundfunkbereichs zu tun, so ist der zweite Hauptzug der Gesamtentwicklung eher an der Grenze dieses Bereichs anzusetzen; präziser gesagt, hier treten Erscheinungen hervor, die den Tatbestand des Rundfunks selbst zum Problem machen und namentlich die Frage nach dem Verhältnis zur Presse stellen oder die Annahme grundsätzlich neuer medialer Formen in das Reich des Vertretbaren rücken und die bisherigen Konturen der zentralen Begriffe von innen her aufsprengen.

* Die in eckigen Klammern stehenden Passagen wurden mündlich nicht vorgetragen. — Nicht mehr berücksichtigt werden konnten namentlich die Arbeiten von *E.-J. Mestmäcker,* Medienkonzentration und Meinungsvielfalt. Baden-Baden 1978 sowie von *W. Rudolf* und *W. Meng,* Rechtliche Konsequenzen der Entwicklung auf dem Gebiet der Breitbandkommunikation für die Kirchen (Hrsg. Zentralstelle Medien der Deutschen Bischofskonferenz). Bonn 1978.

II. Erlauben Sie mir, zunächst zu diesem zweiten Hauptzug der Entwicklung kurz etwas zu sagen, also unter vorläufiger Aussparung des Kabelfernsehens, weil dieses Feld für die Kirchen bislang mehr verborgene Fragen aufwirft.

Bei diesem Hauptzug der Entwicklung geht es primär um Übertragungen von Texten via Bildschirm, nicht von Bewegtbildern, nicht von Hörfunk. Man mag sie unter der möglichst neutralen Bezeichnung „elektronische Textkommunikation“ zusammenfassen. Es sind also Formen der Übermittlung von Texten auf dem Bildschirm. Das ist der Grund, warum hier, anders als beim typischen Kabelfernsehen, in besonderem Maße bedenkenswert wird, ob man sich überhaupt noch im Gebiete des Rundfunks bewegt oder nicht vielmehr schon im Felde der Presse oder ob man etwa genötigt ist, die Existenz eines neuen Mediums anzunehmen, emportauchend aus den Verhüllungen ungeformter Dogmatik, aber mit allen rechtlichen Konsequenzen, die sich an diese Feststellung eines neuen Mediums heften oder genauer gesagt: zu heften scheinen.

[Zunächst einige technische Angaben:

3. Als erstes seien erwähnt Bildschirmtext und Videotext. Diesen beiden Formen ist gemeinsam, daß sie zur Übertragung von Texten dienen und dabei im Verbund mit schon bestehenden technischen Diensten und Einrichtungen genutzt werden können. Sie bauen also auf schon bestehenden technischen Einrichtungen auf. *Bildschirmtext*[1] bedeutet, daß auf dem Bildschirm Texte sichtbar gemacht werden mit Hilfe der Benutzung des Fernsprechnetzes. Die primäre Benutzung des Bildschirmtextes wird daher darin bestehen, daß Textinformationen vom Teilnehmer abgerufen werden via Telefon. Diese Informationen können für viele oder nur für bestimmte Gruppen oder für einzelne gedacht sein. Im speziell kirchlichen Bereich wird dieser neuen Form wohl eher eine mehr untergeordnete, sozusagen praktisch-pragmatische, auf Hilfsdienste beschränkte Nutzbarkeit zukommen, wie etwa in Gestalt von abrufbaren Übersichtsinformationen über kirchliche Veranstaltungen u. ä. m.

Videotext[2] ist demgegenüber Textinformation über den Bildschirm ohne Benutzung des Fernsprechnetzes, aber unter Ausnutzung der sog. Austastlücken im gegenwärtigen Fernsehen. Diese Informationen sind

[1] Beschreibung und Darstellung der Anwendungsmöglichkeiten des Bildschirmtextes sind z. B. enthalten in *Deutsche Bundespost* (Hrsg.), Bildschirmtext. Bonn 1977. Siehe ferner etwa *Bundesministerium für das Post- und Fernmeldewesen* (Hrsg.), Neue Telekommunikationsformen in bestehenden Netzen, Anlageband 4 zum Telekommunikationsbericht der Kommission für den Ausbau des technischen Kommunikationssystems (= KtK). Bonn 1976, S. 38 ff.

[2] Kurze Beschreibung von Videotext z. B. in *K. Brepohl,* Lexikon der neuen Medien. Köln 1977, S. 198 f.; *W. Kaiser u. a.,* Kabelkommunikation und Informationsvielfalt — Eine Problemanalyse zur Gestaltung von Pilotprojekten unter dem Aspekt der Wirkung auf die Presse. München, Wien 1978, S. 25 f.; *Bundesministerium für das Post- und Fernmeldewesen* (Hrsg.), Neue Telekommunikationsformen (s. Anm. 1), S. 35 ff.

technisch eingelagert in an sich unsichtbare Leerzeilen des Fernsehsignals, sie werden vom gegenwärtigen Fernsehen in einer Art Huckepackverfahren mitgebracht. Es geht also auch hier, bei Videotext, um eine Nutzung schon bestehender Einrichtungen, ohne daß eigene, gesonderte Kanäle gebraucht werden würden. Die Frequenzknappheit wird damit nicht überhaupt überwunden; die Zahl der möglichen Anbieter ist demgemäß nicht unbegrenzt; doch geht man davon aus, daß auf diesem Wege — Videotext — bis zu etwa 1000 Anbieter Textinformationen über den Äther verbreiten können. Der geschätzte Finanzbedarf soll unter dem des Verlegers einer mittleren Tageszeitung liegen. Das Verfahren des Videotextes eignet sich aus technischen Gründen nicht für kleinregionale Ausstrahlungen, wohl aber etwa für bundesweite Ausstrahlungen über die gegenwärtigen Fernsehsendernetze. Bei Videotext kann allerdings nur, ebenso wie beim gegenwärtigen Fernsehen, in der Richtung zum Teilnehmer gesendet werden; ein Dialog ist nicht möglich. Nützte man die volle technische Kapazität aus, so ließen sich auf diesem Wege Textinformationen verbreiten, deren Umfang etwa dem Inhalt einer Tageszeitung entspricht.

Es ist technisch machbar, daß die so auf dem Bildschirm erscheinenden Textinformationen beim Empfänger selbst ausgedruckt werden, infolgedessen die Gestalt eines körperlichen Produkts erhalten. Für diesen Tatbestand, also Verstofflichung der auf dem Bildschirm erscheinenden Textinformationen, ein Tatbestand, der erhebliche zusätzliche Aufwendungen verlangt, hat sich bereits eine überwiegende Rechtsmeinung gebildet: Die so entstehende sog. Faksimilezeitung [3] wird überwiegend als Erscheinungsform der Presse bezeichnet und rechtlich entsprechend gewertet [4]. In diesem Fall wird m. a. W. die elektronische Übermittlung als instrumental und sekundär empfunden.

Anders sieht es u. U. dort aus, wo es bei dem Erscheinen von Textinformationen auf dem Bildschirm verbleibt und eine Verstofflichung, ein Ausdrucken, wegfällt.

4. Das ist der Fall — neben den bisher erwähnten beiden Formen des Bildschirmtextes und des Videotextes — beim sog. *Kabeltext* [5]. Auch hier erscheinen Textinformationen am Bildschirm; doch bedarf es für diese neue Form eigener, gesonderter Kanäle; damit sind wir schon in die Nähe des eigentlichen Kabelfernsehens und Kabelrundfunks gelangt, nur daß hier, beim Kabeltext, nicht Bewegtbilder bzw. Hörfunk über

[3] Zur „Faksimilezeitung" z. B. *W. Kaiser u. a.,* Kabelkommunikation (s. Anm. 2), S. 36 f. Der Begriff der Faksimilezeitung ist auch dann erfüllt, wenn die elektronische Vermittlung in anderer Weise als durch Videotext realisiert wird, z. B. über eigene Kanäle.

[4] Zur Problematik siehe etwa *Bundesministerium für das Post- und Fernmeldewesen* (Hrsg.), Organisation von Breitbandverteilnetzen, Anlageband 7 zum Telekommunikationsbericht. Bonn 1976, S. 50 f.

[5] Zum „Kabeltext" etwa *W. Kaiser u. a.,* Kabelkommunikation (s. Anm. 2), S. 31 ff., 172 ff.

Kabel vermittelt werden, sondern wie bei den erstgenannten technischen Formen Textinformationen; infolgedessen braucht man beim Kabeltext eine geringere Übertragungskapazität als bei kabelmäßiger Übertragung von bewegten Bildern. Kabeltext ist kurz gesagt: Vermittlung von Textinformationen auf dem Bildschirm über eigene, gesonderte Kanäle. Immerhin könnte auf diesem Wege der Inhalt sämtlicher Zeitungen der Bundesrepublik auf wenigen Breitbandkanälen übertragen werden. Das dazu notwendige kostspielige Netz ist vorerst allerdings nur rudimentär vorhanden.

III. Bei allen bisher erwähnten neuen Formen geht es um Textinformationen über den Bildschirm. Daher ist es verständlich, daß in dieser Dimension die überlieferten Kriterien der Unterscheidung von Rundfunk und Presse einander ins Gehege kommen.]

5. Dies bezeichnet daher eines der Hauptfelder, in denen der Kampf der Interessen- und der politischen Entscheidungsträger im Bundesstaat mit rechtlichen Instrumenten ausgefochten wird[6]. Wer etwa das Wesen der Presse in der Übermittlung von Textinformationen ohne Rücksicht auf Verstofflichung erblickt (also: Presse = Lesen = Text), der wird

[6] Zu den grundsätzlichen Problemen rechtlicher (und teilweise auch rechtspolitischer) Einordnung siehe etwa *Bundesministerium für das Post- und Fernmeldewesen* (Hrsg.), Organisation von Breitbandverteilnetzen (s. Anm. 4), S. 47 ff.; Antwort des *Chefs der Staatskanzlei Rheinland-Pfalz* auf die Große Anfrage der Fraktion der SPD — Drucks. 8/1525 —, Landtag Rheinland-Pfalz, 8. Wahlperiode Drucks. 8/1660 (bes. zu Nr. 7); *SPD*-Leitlinien zur Zukunftsentwicklung der elektronischen Medien (abgedruckt in: Media Perspektiven 1978, S. 25 ff.), bes. sub II; Medienpolitisches Grundsatzpapier der *CDU/CSU* (abgedruckt in: Media Perspektiven 1978, S. 33 ff.); Stellungnahme des *Vorsitzenden der F.D.P.-Medienkommission, G. R. Baum,* Zum Abschlußbericht der KtK (s. Anm. 1), in: Media-Perspektiven 1976, S. 75 f.
Verschiedene Ansichten sind z. B. zusammengefaßt in dem Sammelband *D. Ratzke* (Hrsg.), Die Bildschirmzeitung. Berlin 1977. Siehe auch etwa die in Media Perspektiven 1976, Heft 2 sowie Heft 3 veröffentlichten Stellungnahmen zum KtK-Abschlußbericht (soweit nicht ohnehin schon zitiert); ferner aus der jungen Literatur *E. Kull,* Kommunikationsfreiheit und neue Medien, in Archiv für Presserecht 1977, S. 251 ff. Früher vgl. etwa einerseits Bundesminister *Gscheidle,* Vortrag am 1. 9. 1975, abgedruckt in: Media Perspektiven 1975, S. 345 ff., bes. S. 354; andererseits Staatssekretär *Hilf,* Vortrag ebenfalls am 1. 9. 1975, abgedruckt in: Media Perspektiven 1975, S. 361 ff.; weitere Hinweise etwa bei *D. Stammler,* Verfassungs- und organisationsrechtliche Probleme des Kabelrundfunks. Tübingen 1974, bes. S. 8 ff.; siehe auch *ders.,* Kabelfernsehen und Rundfunkbegriff, in: Archiv für Presserecht 1975, Nr. 1.
Eine erste Stellungnahme des *Vorsitzenden der Publizistischen Kommission der deutschen Bischofskonferenz, Bischof Dr. Georg Moser, Rottenburg* zum KtK-Abschlußbericht (s. Anm. 1) ist z. B. veröffentlicht in: Media Perspektiven 1976, S. 76 f.; die Stellungnahme der *Kammer der evangelischen Kirche in Deutschland (EKD) für publizistische Arbeit* zum KtK-Abschlußbericht vom 8. 3. 1976 ist z. B. veröffentlicht in: Media Perspektiven 1976, S. 128 ff.

dazu neigen, diesen ganzen Bereich der elektronischen Textinformationen der Presse zuzuordnen mit denjenigen Folgerungen, die daraus — z. B. für die Anwendung des Prinzips der Pressefreiheit — zu entnehmen sein sollen. Dem korrespondiert eine Auffassung, die den typischen Tatbestand des Rundfunks eng sieht, d. h. ihn charakterisiert sein läßt nur durch das gesprochene Wort und das bewegte Bild, so wie es der Rundfunk in seiner bisherigen typischen Gestalt darbietet [7].

Aber es werden auch ganz andere Abgrenzungen ins Spiel gebracht, die den Tatbestand des Rundfunks mit eher weiten Grenzen versehen; etwa dann, orientiert man sich primär an der elektronischen Form der Darbietung, also an der Erscheinung am Bildschirm, nicht an der textlichen Art der Information. Außerdem ist es sehr gut denkbar, die genannten möglichen Abgrenzungskriterien mit weiteren zu kombinieren, um dadurch gewisse Einschränkungen zu erreichen und Einseitigkeiten möglichst abzuschwächen [8]. Etwas grobe Konturen werden aber wohl stets notwendig sein, um praktisch unterscheiden zu können [9]; man wird sozusagen holzschnittartig vorgehen müssen. Besondere Aufmerksamkeit verdient der Versuch, den Rundfunkbegriff nur auf solche Informationen zu beschränken, die einen Beitrag zur öffentlichen Meinungsbildung liefern [10], womit ein inhaltliches Element hereinkommt; ein Versuch, der freilich ein wenig überschattet ist oder doch zumindest zu kämpfen hat mit der sehr weiten Umschreibung des Feldes der öffentlichen Meinungsbildung, wie sie schon das Fernseh-Urteil des BVerfG [11] für richtig gehalten hat, wonach z. B. auch Unterhaltungssendungen,

[7] Zur grundsätzlichen Problematik schon etwa Bundesminister *H. Ehmke,* Die Entwicklung der Nachrichtentechnologien — Möglichkeiten und Aufgaben, Vortrag am 3. 9. 1973 (abgedruckt z. B. in: Media Perspektiven 1973, S. 433 ff.).

[8] So ist es z. B. vorstellbar, mit Hilfe der Unterscheidung von Massen- und Individualkommunikation, etwa im Bereich des Bildschirmtextes, einer zu einseitigen Ausdehnung der bisherigen (auf Massenkommunikation bezogenen) Begriffe von „Rundfunk" und „Presse" zugunsten der Annahme neuer Medien zu steuern. Auf die sehr problematischen Einzelheiten kann hier nicht eingegangen werden. Zum im einzelnen umstrittenen Begriff der Adressierung der Information an die „Allgemeinheit" als Definitionselement des Rundfunkbegriffs siehe nur etwa *OVG Münster,* Urteil vom 24. 9. 1976, in Media-Perspektiven 1976, S. 537, 546 ff.; *BayVerfGH,* Entscheidung vom 30. 6. 1977, Bayerische Verwaltungsblätter 1977, S. 558 (561); eindringend auch etwa *W. Lieb,* Kabelfernsehen und Rundfunkgesetze. Berlin 1974, S. 143 ff.; *G. Herrmann,* Fernsehen und Hörfunk in der Verfassung der Bundesrepublik Deutschland, 1975, S. 47 ff. u. a. m. — Daß die digitale Nachrichtenübertragung vom Begriff der „Fernmeldeanlage" aufgenommen wird, betont jetzt *BVerfGE* 46, 120 (139 ff., 143 f.).

[9] Dafür sprechen insbesondere Aspekte des „Sachzusammenhangs" (als kompetenzieller Hilfsbegriff) sowie der „Typisierungsmacht" des Normgebers; Begriffe, die auch in dieser Materie Ansätze finden.

[10] Andeutungen hierzu etwa bei *W. Kaiser u. a.,* Kabelkommunikation (s. Anm. 2), S. 241.

[11] *BVerfGE* 12, 205 (260); aufrechterhalten in E 31, 314 (326).

musikalische Darbietungen u. ä. als Beitrag zur öffentlichen Meinungsbildung gelten können.

6. Keines der möglichen Abgrenzungskriterien wird volle Evidenz beanspruchen dürfen. Das beweist schon die Tatsache, daß die jeweiligen Interessenten nicht selten diametral verschiedene Kriterien für richtig halten, um so die Materie je für sich zu vereinnahmen. Anders ausgedrückt heißt das: Ohne gestaltende Entscheidung des Gesetzgebers wird es nicht abgehen [12].

IV. 7. Damit aber ist schon die Frage aufgeworfen, ob und mit welchem möglichen Ziel die *Kirchen* auf diese gestaltende Entscheidung des Gesetzgebers (im Felde der elektronischen Textkommunikation) mit einwirken könnten oder gar sollten.

Es war ja gerade der Rundfunkbereich, in dem der umfassendere Wandel, der sich im Verhältnis von Kirchen und Staat allmählich vollzogen hat, frühzeitig erspürt werden konnte [13]. In diesem Zusammenhang wurde zugleich deutlich — etwa in den Loccumer Leitsätzen 1955 [14] sowie in noch weiter zurückreichenden Verlautbarungen, die gestern teilweise schon zitiert worden sind, — daß sich die kirchliche Verantwortung nicht in zweckmäßiger Beanspruchung kirchlicher Sendungen u. ä. erschöpft, sondern eine sinnvolle Ordnung der Gesamtheit dieses Bereichs umschließt.

Infolgedessen steht auch bei den Fragen der elektronischen Textkommunikation nur scheinbar im Vordergrund die Frage, ob die Kirchen bei sich selbst ein praktisches Bedürfnis sehen, sich diese neuartigen Formen der Übermittlung von Texten nutzbar zu machen, und andererseits, ob sie aus der vorstellbaren künftigen Ausnutzung dieser neuen Formen durch Dritte negative Auswirkungen auf ihre eigene bisherige,

[12] Die (nicht unbegrenzte) Organisationsmacht des Staates wird grundsätzlich betont bei *P. Lerche,* Verfassungsrechtliche Aspekte neuer kommunikationstechnischer Entwicklungen, in: Bayerische Verwaltungsblätter 1976, S. 530 ff. — Nicht unproblematisch will mir die Annahme eines der grundgesetzlichen Kommunikationsverfassung insgesamt eigentümlichen „Prinzips der funktionalen Offenheit gegenüber der sozialen und technischen Medienentwicklung" erscheinen, das *R. Scholz,* Audiovisuelle Medien und bundesstaatliche Gesetzgebungskompetenz. Berlin 1976, S. 28 ff. entwickelt, freilich nur dosiert anwendet. Die Vorstellung *„funktionaler"* Interpretation ist, wie auch *R. Scholz* a. a. O. nicht verkennt, ein allgemeines Kriterium der Rechtshandhabung, das als solches *auch* Art. 5 Abs. 1 GG ergreift, aber für sich allein gesehen recht aussageschwach sein dürfte, weil es die Bestimmung der Funktion der jeweiligen Norm bzw. des jeweiligen Normengefüges (und u. U. Normenwiderstreits) voraussetzt.

[13] Siehe insbesondere *P. Mikat,* Rechtsprobleme des Rundfunks und Fernsehens im Blickfeld von Kirche und Staat, in: Wem gehört der Rundfunk? (Hrsg. K. Becker und K.-A. Siegel). Frankfurt am Main 1959, S. 24 ff.

[14] Leitsätze über „Die Freiheit des Rundfunks", Loccumer Tagung vom 27.—29. 9. 1955 (dazu näher etwa *P. Mikat,* Rechtsprobleme, s. Anm. 13, S. 26 f.).

etwa pressemäßige Publikationstätigkeit zu besorgen haben. Das hängt von faktischen Umständen ab, über die ich nicht urteilen kann. Immerhin sei angemerkt, daß gewisse Anwendungsformen dieser Art dafür geeignet sein könnten, auch unmittelbaren kirchlichen „Interessen" dienlich gemacht zu werden; man denke etwa an die so ermöglichte schnelle Erschließbarkeit christlich orientierender Sammelwerke, etwa lexikalischen Charakters, an den technisch erleichterten Zugang für ältere, sehschwache Personen und dergleichen mehr.

Tiefer liegt aber wohl die Frage, ob den Kirchen bei den hier zu entscheidenden grundsätzlichen Problemen eine besondere Legitimität zu eigener Stellungnahme zukommt.

Die Tatsache der legitimen Repräsentanz der Kirchen in den Rundfunkgremien, die Tatsache der kirchlichen Betätigung im Pressebereich, die Tatsache, daß die Kirchen auf mediale Vermittlung angewiesen sind, schon diese Umstände lassen etwaige kirchliche Stellungnahmen in dieser Richtung nicht als unangebracht erscheinen. Und gerade weil die Kirchen in diesem Bereich zugleich kaum als Interessenträger im engeren Sinn erscheinen dürften (von einzelnen Sektoren abgesehen), gerade weil die Kirchen also durch eine gewisse Distanz vor allzu konkreter Interessenlage ausgezeichnet sein dürften, könnte ihrem Wort ein zusätzliches Gewicht zufließen. Die Beanspruchung einer Gesamtverantwortung der Kirchen, die sie aus dem Kreise der Vertreter bloßer Gruppen- und Verbandsinteressen heraushebt und — wie das Bundesverfassungsgericht [15] formuliert — „ähnlich wie der Staat den Menschen als Ganzes in allen Feldern seiner Betätigung und seines Verhaltens anspricht und ... Forderungen an ihn stellt", diese Beanspruchung einer Gesamtverantwortung kann den Bereich neuer Kommunikationsmöglichkeiten nicht aussparen. Es besteht hier möglicherweise sogar ein gewisses Veranlaßtsein (ich will nicht sagen: Gebotenheit) etwas präziserer kirchlicher Stellungnahmen, als sie schon bisher vorliegen [16], — wobei das abschwächende Wörtchen „etwas" nicht nur geziemenden Respekt vor bisherigen Äußerungen aus kirchlichem Munde zum Ausdruck bringen soll, sondern zugleich die Verneigung vor der Tatsache, daß ein Zuviel an Präzision natürlich schädlich sein könnte.

Kirchliche Worte zu diesem Bereich müßten insbesondere nicht bei der Frage stehen bleiben, ob sich für die Zuordnung der Formen der elektronischen Textkommunikation zu den großen Gebieten des Rundfunks, der Presse oder neuer Medien einleuchtende Kriterien finden lassen, die Extreme vermeiden könnten. Das ist zwar auch wichtig, aber doch nur eine Vorfrage. Unwichtig ist dies schon deshalb nicht, weil wegen dieser Zuordnungsschwierigkeiten bereits unklar ist, *welcher* Gesetzgeber, Bund

[15] *BVerfGE* 42, 312 (333; siehe auch 331).

[16] Eine Stellungnahme des *Vorsitzenden der publizistischen Kommission der Deutschen Bischofskonferenz, Bischof Dr. Georg Moser* zu den Fragen der neuen Medien während der Berliner Funkausstellung 1977 ist referiert in: Kirche und Rundfunk, epd, Nr. 68, 3. 9. 1977, S. 9.

oder Länder, für eine nähere Entscheidung überhaupt zuständig ist. Eine normative „Bereinigung" der maßgeblichen Begriffe setzt im Grunde voraus, daß sie schon bereinigt sind, weil und soweit die Zuständigkeitsfragen davon abhängen [17]. Außerdem können die einzelnen Gesetzgeber sinnvollerweise nur nach gegenseitiger Verständigung, nur synchron, entscheiden. Auf diese Weise ist inzwischen eine gründlich verfahrene Lage entstanden; man kann geradezu von Lähmungserscheinungen der Kompetenzträger sprechen (wobei vielleicht einige Betroffene über diese Selbstblockade gar nicht so unglücklich sind). Die Überwälzung der Rechtsfragen an die Gerichte kann allenfalls eine Notlösung darstellen, da eben kein ausreichend evidenter Vorrang des einen oder anderen Abgrenzungskriteriums rational feststellbar sein dürfte. Allenfalls mag man vorsichtig sagen, daß der zuerst handelnde Normgeber ein gewisses begrenztes Plus für sich buchen mag [18], das auch von den Gerichten nicht völlig unhonoriert bleiben dürfte, jedenfalls solange die anderen Normgeber keine kollidierenden Rechtsaussagen treffen.

In dieser Situation bietet sich, zumindest was die Phase der Erprobung derartiger Telekommunikationsformen anlangt, eine Art modus vivendi der Beteiligten an, ausgestattet etwa mit vorsorglichen Rechtsvorbehalten für dauerhaftere Lösungen. Ist die Frage so ganz sinnlos, ob bei diesem schwierigen Bemühen den Kirchen, die nun einmal im Medienbereich heimisch sind, nicht ein wenig die Rolle eines ehrlichen Maklers [19] zufallen könnte? Ich will die Frage nur stellen, sie nicht beantworten. Vielleicht wäre eine solche Rolle sehr undankbar. Gerade aber die doppelte Tatsache einmal der tiefen Verwobenheit der Kirchen mit dem Medienbereich, zum andern ihre Distanz vor allzu griffiger und einseitiger Interessenlage bei elektronischer Textkommunikation mag möglicherweise zugleich Chance wie Aufgabe bezeichnen.

8. Vor allem aber kommt hinzu, daß es ja nicht nur um die Festlegung der begrifflichen Abgrenzungen von Presse und Rundfunk usw. geht, sondern primär um eine Sachaufgabe, d. h. um eine dem jeweiligen Medium angemessene Organisationsstruktur. Es ist in meinen Augen nicht so, daß aus der bloßen rechtlichen Zuweisung entweder zur Rundfunkkategorie oder zur Kategorie anderer Medien schon die nähere Organisationsstruktur herausspringt, sozusagen per Automat ausgeworfen wird. Selbst wenn und soweit die erwähnten neuen medialen Formen dem Bereich der privaten Presse oder eines neuen Mediums zugeschlagen

[17] Dies freilich nur mit Einschränkungen. So ist es etwa vorstellbar, daß der Bund kraft seiner presserechtlichen Rahmenkompetenz (Art. 75 Nr. 2 GG) definiert, was er unter „Presse" verstanden haben will und mittelbar dabei zugleich „negative" Festlegungen im Blick auf den Rundfunktatbestand trifft. Entsprechendes gilt umgekehrt für die Länder.

[18] Zu einem Parallelfall in dieser Hinsicht siehe *P. Lerche*, VVDStRL 21, Berlin 1964, S. 66 ff. (72).

[19] In der Diskussion habe ich diesen Ausdruck — auf einen Einwand Dr. *Kiefers* hin — als mißverständlich zurückgenommen.

werden, öffnet sich wohl nicht ein Reich ungehemmter privater Freiheit. Auch in diesem Fall verfügt der Gesetzgeber entgegen anderer Meinung[20] über einen Spielraum grundsätzlicher Ordnung. Der Bayerische Verfassungsgerichtshof hat in seiner jungen, grundsätzlichen, wiewohl sicher nicht durchwegs unproblematischen Entscheidung vom 30. 6. 1977[21] gesagt: Auch angesichts des Grundrechts privater Meinungsfreiheit sei es „insbesondere das Recht des Gesetzgebers, bei dem Auftreten neuer technischer Formen der Äußerungsmöglichkeit der besonderen Sachstruktur solcher neuer technischer Formen Rechnung zu tragen und für ihre Nutzung Regeln aufzustellen, die zum gemeinen Besten ... geboten erscheinen". Die Worte klingen etwas weihevoll, das entspricht dem Stil des Gerichts, es weht durch sie ein angenehmer Wind altmodischer Ausdrucksweise, aber das macht sie nicht falsch. Wichtig ist dabei: Der Verfassungsgerichtshof hat diese seine Aussage über einen gewissen organisatorischen Spielraum des Gesetzgebers nicht allein auf den Rundfunkbereich begrenzt, er spricht allgemein den Bereich neuer Medien an. Folgt man dieser Rechtsansicht, so heißt das infolgedessen, daß auch außerhalb des rundfunkrechtlichen Tatbestandes dem Gesetzgeber das Vermögen zugemessen wird, bei Auftreten neuer medialer Formen jeweils sinnvoll und mediengerecht zu reagieren. Ob hierzu der Rückgriff auf das „allgemeine Gesetz" im Sinne des Art. 5 Abs. 2 GG ausreicht[22], scheint mir freilich problematisch. Aber es spricht tatsächlich ja wohl vieles dafür, trotz Achtung der prinzipiellen privaten Freiheit den Gesetzgeber nicht einfach dazu zu verurteilen, bei neu auftretenden Kommunikationstechniken die Dinge schlechthin laufen lassen zu müssen. — Bejaht man eine derartige begrenzte gesetzgeberische Organisationsmacht, so wird man mit um so mehr Recht wiederholen müssen: Auf diese dem Gesetzgeber zufallende Ordnung der neuen Kommunikations-

[20] Vgl. besonders (in der grundsätzlichen Tendenz) *Werner Weber,* Rundfunkfreiheit — Rundfunkmonopol, in: Festschrift für E. Forsthoff (Hrsg. R. Schnur). München 1972, S. 467 ff.; *W. Rudolf,* Über die Zulässigkeit privaten Rundfunks. Frankfurt am Main 1971; siehe in weiterem Zusammenhang *Chr. Pestalozza,* Erneuter Scheintod des Privatfernsehens, in: Archiv für Presserecht 1972, S. 265 ff.; *R. Scholz,* Private Rundfunkfreiheit und öffentlicher Rundfunkvorbehalt — BVerwGE 39, 159, in: JuS 1974, S. 299 ff. (mit zahlreichen Hinweisen); ferner — jeweils nicht ohne Differenzierungen — etwa *W. Geiger,* Sicherung der Informationsfreiheit des Bürgers als Verfassungsproblem, in: Archiv für Presserecht 1977, S. 256 ff.; *H. Klein,* Das Informationsrecht des Bürgers und die öffentlich-rechtlichen Rundfunkanstalten, in: Archiv für Presserecht 1977, S. 264 f.; *E. Kull* (s. Anm. 6), S. 253 ff.; etwas anders die Gewichte verteilend *G. Herrmann,* Fernsehen (s. Anm. 8), bes. S. 117 ff. Das Verhältnis zu Art. 12 GG beleuchtet z. B. *W. Fiedler,* Berufsfreiheit als Schranke der Verwaltungsmonopole, in: DÖV 1977, S. 390 ff.

[21] *BayVerfGH,* Bayerische Verwaltungsblätter 1977, S. 558 (560). In näherer rundfunkorganisatorischer Beziehung sprach z. B. schon die allerdings umstrittene Entscheidung *BVerwGE* 39, 159 (169 mit Nachweisen) von einem gesetzgeberischen „Ermessen".

[22] Dazu *BayVerfGH,* a. a. O. S. 560, 561 f.

formen mit hinzuwirken, dürfte sich dem Aufgabenbereich der Kirchen nicht von vornherein entziehen.

Herr Mikat hat in einem 1958 gehaltenen Vortrag [23] gesagt: „Die Sorge und Verantwortung der Kirche für die Freiheit des Menschen bedingt ihre Verantwortung für die Freiheit des Rundfunks". Man wird heute vielleicht ergänzen dürfen: Nicht nur Freiheit und Unabhängigkeit des Rundfunks und der Medien überhaupt gilt es heute zu sichern, man wird vielmehr eine Organisation zu entwerfen haben, die im Interesse der Menschen [24] der jeweils besonderen Sachstruktur der neuen medialen Formen Rechnung trägt, nicht zuletzt z. B. im Interesse eines ausreichenden Minderheitenschutzes, des Zurückdrängens rein ökonomischen Denkens usw.

V. Damit ist zugleich die Grenze durchstoßen zu dem weiteren, eingangs an erster Stelle genannten Hauptzug der Gesamtentwicklung, dem wir vor allem Aufmerksamkeit zuwenden müssen; d. h. zu den neuen Erscheinungen *innerhalb* des Rundfunktatbestandes selbst, insbesondere Kabelrundfunk und künftig Satellitenrundfunk („Rundfunk" wie stets rechtlich verstanden als Hörfunk wie Fernsehen, obwohl dadurch ja sehr verschiedene faktische Erscheinungen unter eine einzige rechtliche Klammer gezwängt werden — merkwürdig, daß sich die Nichtjuristen das schon so lange Zeit gefallen lassen).

9. Zunächst einige technische und begriffliche Details des Kabelrundfunks [25], also eines rundfunkmäßigen Vorgangs, bei dem nicht nur Texte, sondern Bewegtbilder bzw. Hörprogramme über ein Kabelnetz übertragen werden; bei Bewegtbildern ist ein entsprechendes Breitband-Kabelnetz erforderlich.

Der Rundfunktatbestand ist nach überwiegender Ansicht dann gegeben, wenn die Programmvermittlung — hier durch Kabelfunk — an jedermann erfolgt und für jedermann bestimmt ist, der die verbreiteten Sendungen aufnehmen will und technisch aufnehmen kann, sei es auch nur ein regional oder interessenmäßig begrenzter Empfängerkreis, wie z. B. bei Erreichbarkeit nur eines Stadtviertels [26]. Gleichwohl unterschei-

[23] A. a. O. (s. Anm. 13), S. 25.

[24] Der entscheidende Bezugspunkt der Freiheit (die Menschen, nicht die Institution, siehe *P. Mikat,* a. a. O.) kann nur derselbe bleiben.

[25] Technische und wirtschaftliche Angaben zum Kabelrundfunk (teilweise etwas überholt) etwa in *Bundesministerium für das Post- und Fernmeldewesen* (Hrsg.), Kabelfernsehen, Anlageband 5 zum Telekommunikationsbericht. Bonn 1976; *W. Kaiser u. a.,* Kabelkommunikation (s. Anm. 2), S. 23 ff., 59 ff.; *K. Brepohl,* Lexikon (s. Anm. 2), S. 115 ff.; *H. Decker, W. Langenbucher, G. Nahr,* Die Massenmedien in der postindustriellen Gesellschaft (Kommission für wirtschaftlichen und sozialen Wandel). Göttingen 1976, S. 217 ff.; *P. Menke-Glückert,* Der Medienmarkt im Umbruch. Frankfurt am Main 1978, S. 114 ff.; *D. Stammler,* Kabelrundfunk (s. Anm. 6), S. 3 ff. u. a. m.

[26] *BayVerfGH,* Entscheidung vom 30. 6. 1977, Bayerische Verwaltungsblätter 1977, S. 558 (561 mit weiteren Hinweisen).

det sich der Kabelrundfunk von den schon verbreitet vorhandenen Groß-Gemeinschaftsantennenanlagen. Die Stufe des Kabelrundfunks ist erst dann beschritten, wenn in den Kabelsystemen neben den ortsüblich empfangbaren Programmen weitere Programme übertragen werden; also erst dann, wenn normalerweise nicht empfangbare, auch etwa neu erstellte Programme bzw. Programm-Konserven vermittelt werden [27]. Auf die speziell damit verbundenen zahlreichen Rechtsprobleme rundfunkrechtlicher, urheberrechtlicher und sonstiger unterverfassungsrechtlicher Art kann hier nicht eingegangen werden; es sei nur etwa als Beispiel die Frage angedeutet, ob schon dann eine eigene Rundfunkdarbietung vorliegt, wenn keine neuen Programme erstellt, sondern nur andere, die sozusagen in der Luft sind, in notwendiger Auswahl per Kabel übermittelt werden. Stellt dieses Auswählen — so lautet dann die Frage — schon für sich selbst eine eigene rundfunkmäßige Veranstaltung dar? Wenn ja, so kollidiert eine solche Sendung mit dem Rundfunkmonopol, soweit dieses besteht und aufrechterhalten bleibt. Es ist klar, daß dieses Problem der Auswahl viel Sprengstoff enthält, besonders in Richtung ausländischer Programme und solcher aus der DDR. Es ist eben etwas anderes, ob ein Salzburger Glockenspiel oder ein Leipziger Allerlei oder Einerlei übertragen werden — oder ist es angesichts der Informationsfreiheit gerade nichts anderes? Die Informationsfreiheit stößt hier mit der gegebenen Rundfunkorganisation zusammen, wodurch zahlreiche ungelöste Probleme entstehen [28].

In technischer Beziehung sei für den Kabelrundfunk noch ergänzt, daß die Netzausdehnung angesichts der gegenwärtigen Bedingungen nach den Angaben der Techniker nur einen Durchmesser von höchstens 10 km haben könne; insofern stehen also immer nur lokale Systeme vor Augen. Sollten im Kabelrundfunk überregionale Programme geboten werden, so müssen diese Programme daher über Weitverkehrsverbindungen zugeführt werden, etwa durch Richtfunkverbindungen. Schon hier zeigt sich eine Berührung des Kabelrundfunks mit der Satellitentechnik; denn für eine derartige Zubringung werden in der Zukunft vor allem auch Fernsehsatelliten geeignet sein.

Von spezieller Bedeutung ist die Möglichkeit, einen sog. Rückkanal einzurichten. In diesem Falle können vom Teilnehmer Signale zurück zur Zentrale übertragen werden. Technisch vorstellbar ist auch die Verbindung eines Teilnehmers mit anderen Teilnehmern.

Damit ist schon angedeutet, daß die primär massenkommunikative Wirkung des Kabelfernsehens auf diese Weise, per Rückkanal, durch individualkommunikative Züge ergänzt werden kann. Zugleich aber lassen sich Wirkungen speziell des Rückkanals vorstellen, die auch verfassungspolitische Dimensionen erreichen; so ist es nicht auszuschließen,

[27] Das ist die inzwischen nahezu allseits rezipierte Definition; siehe etwa *D. Stammler,* Kabelrundfunk (Anm. 6), S. 9.

[28] Siehe andeutungsweise *P. Lerche,* Verfassungsrechtliche Aspekte, a. a. O. (s. Anm. 12), S. 532, Fußnote 15.

daß neuartige *plebiszitäre* Elemente in eine künftige Rundfunkwelt mit einfließen, eine Perspektive, die bislang noch wenig beachtet wird. Wenn Politiker heutzutage von Rückkanal hören, reagieren sie entweder begeistert oder nachdenklich. Ich teile die Politiker danach ein, zu welcher dieser beiden Kategorien sie gehören. Zur Förderung der Nachdenklichkeit führen auch finanzielle Dämpfungen. So rechnet man schon für die Errichtung von Verteilnetzen des Kabelfernsehens ohne Rückkanal mit Kosten von etwa 600,— bis 1 600,— DM je Teilnehmer.

10. Dasjenige technische Moment, das beim Kabelrundfunk die primären verfassungsrechtlichen Fragen emporhebt, ist naturgemäß die Vermehrung der Frequenzen. Bekanntlich hatte das Fernseh-Urteil des Bundesverfassungsgerichts im Zusammenhang mit der Rechtfertigung des Rundfunkmonopols — neben den Erfordernissen eines finanziellen Aufwandes — auf die bestehende Frequenzknappheit hingewiesen. Ob dieser Argumentation eine kausale Bedeutung für die Rechtfertigung der gegenwärtigen Rundfunkorganisation zukommt, ist umstritten. Wie immer man dies sieht, wird im Bereich des Kabelrundfunks die Frequenzknappheit zwar gelockert, aber nicht schlechthin beseitigt[29]. Das gilt jedenfalls für die gegenwärtigen technischen Bedingungen. Man rechnet praktisch mit etwa 30 Fernsehkanälen in einem Kabelverteilnetz. Sieht man von der Möglichkeit weiterer technischer Entwicklungen ab[30], so bleibt daher nach wie vor die Notwendigkeit einer Auswahl bestehen, falls die Zahl der potentiellen Anbieter entsprechend höher liegt. Sowohl der Bayerische Verfassungsgerichtshof als auch das Oberverwaltungsgericht Münster in einer wichtigen Entscheidung vom 24. 9. 1976 betonen daher, daß es sich beim Kabelfunk um keine Äußerungsform für jedermann handle[31]. Und überdies wird man zu bedenken haben: Auch dann, wenn alle relevanten technischen Hemmnisse wegfielen, ist damit allein ja noch nicht ausgemacht, daß sich auch faktisch, auch effektiv jene Meinungsvielfalt einstellt, die beide Gerichte in Verfolgung der Linie des Fernseh-Urteils dem Pressebereich attestieren[32]. Auch in einem solchen Fall kann daher die Betonung einer gewissen Organisationsmacht des Gesetzgebers, seiner Regelungsaufgabe sogar im privaten Bereich, von der schon früher die Rede war, relevant werden. Während das Mün-

[29] Zur Frage der Frequenzknappheit zurückhaltend *BayVerfGH,* a. a. O. (s. Anm. 8), S. 562 f.; *OVG Münster,* a. a. O. (s. Anm. 8), S. 552 f.; *D. Stammler,* Kabelrundfunk (s. Anm. 6), S. 12 ff. u. a. m. *BVerwGE* 39, 159 (vgl. bes. 165 ff.), hat den Bereich des Kabelrundfunks ausdrücklich ausgeklammert (161). Kritisch etwa *E. Kull,* Kommunikationsfreiheit (s. Anm. 6), S. 254 f.

[30] Bei einem „weiteren Fortschreiten der technischen Entwicklung" sieht der *BayVerfGH,* a. a. O., S. 563 die Möglichkeit einer Veränderung auch der verfassungsrechtlichen Situation.

[31] Nachweise s. Anm. 29.

[32] Ob hierbei auch der Hinweis in *BVerwGE* 39, 159 (164) sowie ähnlich *OVG Münster,* a. a. O., S. 553 auf die pressemäßigen Möglichkeiten auch kleinster Gruppen wirklich ins Gewicht fallen darf, ist wohl zweifelhaft.

steraner Urteil[33] die Frage letztlich unentschieden sein läßt, erklärt der Bayerische Verfassungsgerichtshof[34] mit der ihm gehörigen Portion Standfestigkeit: Selbst dann, wenn angesichts etwaigen Fortschreitens der technischen Entwicklung ein Verfassungs*zwang* auf Zulassung privater Rundfunkunternehmen entstehen sollte, selbst in einem solchen Fall wäre der Gesetzgeber befugt, gewisse organisatorische und sachliche Vorkehrungen zu treffen; als Beispiele führt der Gerichtshof an: Staatsaufsicht, Gewährleistung der Ausgewogenheit des Programms, Zugang Dritter zu den Veranstaltungen. Ich würde hinzusetzen: Nicht zuletzt die Rücksichtnahme auf das Gut einer funktionierenden Presse könnte entsprechende normative Vorkehrungen nahelegen; „funktionierende Presse" nicht verstanden als abschirmender Schutz der glücklich Besitzenden, wohl aber als ausreichender Entfaltungsraum der Presse als Verfassungsgut. — Das Bundesverfassungsgericht hat, wie man weiß, das Problem einer etwaigen Verfassungspflicht zur Privatisierung in jüngerer Zeit, seit dem Mehrwertsteuer-Urteil, nicht mehr aufgegriffen[35]. Vielleicht wartet das Gericht in Ruhe oder Unruhe ab, bis sich die Konturen der faktischen und technischen Verhältnisse stärker herausgeprägt haben werden.

Alles dies spricht für einen erheblichen Spielraum des Gesetzgebers gerade auch im Felde des Kabelrundfunks, zumindest für die gegenwärtige Situation. So sind denn auch allzu extreme Forderungen nur noch selten zu hören; an die Beseitigung der etablierten Rundfunkanstalten schlechthin denkt man wohl kaum. Ernsthaft ins Auge gefaßt[36] wird daher nur ein Nebeneinander öffentlich-rechtlicher und privater Gebilde bzw. ihre Kombination und vor allem auch ein Nebeneinander der etablierten Rundfunkanstalten mit neuen öffentlich-rechtlichen Trägern. Der Einwand, daß eine prinzipiell privatrechtliche Gestaltung der neuen Formen das bisherige Balancesystem der sog. publizistischen Gewaltenteilung zwischen Funk und Presse mit ihren angeblich austarierten Gewichten zum Einsturz bringen müßte, ist allerdings wohl nur rechtspolitischer, nicht verfassungsrechtlicher Natur[37].

In besonderer Weise wird dem regionalen und lokalen Bereich Bedacht zugewendet werden müssen. Bei der vielfach gehörten Vorstellung, daß das Anwachsen der sog. lokalen Monopolzeitungsgebiete nach Ermöglichung von Konkurrenz ruft, mag allerdings zu beachten sein, daß viele

[33] A. a. O., S. 553.

[34] A. a. O., S. 563.

[35] Der Vorlagebeschluß des *OVG des Saarlandes* vom 25. 4. 1974 — I R 77/72 — wurde als unzulässig betrachtet (*BVerfGE* 42, 42 (49 ff.).

[36] Außer dem in Anm. 6 zitierten Grundsatzpapier der *CDU/CSU* sind dafür aus jüngerer Zeit repräsentativ z. B. die Darlegungen bzw. Vorträge von *W. Geiger, H. Klein* und *E. Kull,* in: Archiv für Presserecht 1977, S. 256 ff., 264 ff., 251 ff. (s. oben Anm. 6, 20).

[37] Die *SPD*-Leitlinien, a. a. O., S. 26 vor I (s. Anm. 6) sprechen von dem Kommunikationssystem in der Bundesrepublik, das auf „zwei sich ergänzenden Grundprinzipien" aufgebaut sei.

sog. Monopolzeitungen nach vorhandenen Untersuchungen ohnehin durch einen Trend zu stärkerer Binnenausgewogenheit (in Gestalt einer Art „Selbstregulierung") bestimmt sein sollen[38]. [Die besondere Verflechtung der Aspekte des publizistischen und des wirtschaftlichen Wettbewerbs führt allerdings zu weiteren Fragestellungen.]

VI. Darf man also auch hier überall von einer beachtlichen Bewegungsbreite des Gesetzgebers ausgehen, so fragt es sich, in welcher Weise die *Kirchen* hiervon betroffen sein könnten.

11. Die gegenwärtige Rundfunkstruktur könnte in Gestalt von *drei Grundtypen* im Felde des Kabelrundfunks verändert werden, nimmt man als Unterscheidungsgesichtspunkt die Präsenz und Repräsentanz der Kirchen zur Grundlage, betrachtet man also die verschiedenen Gestaltungsmöglichkeiten speziell unter diesem Aspekt. Als Grundtypen derartiger Organisationsformen, deren Verhältnis zu den Kirchen überlegt werden muß, kommen wohl vor allem folgende in Betracht, soweit die bestehende Rundfunkstruktur überhaupt verändert werden sollte (es ist also nur von verändernden Modellen die Rede):

12. Einmal könnten derartige Sendungen innerhalb der gesetzlich festgelegten Grundorganisation der bestehenden Rundfunkanstalten vorgenommen werden, wobei die Veränderung darin bestünde, der Selbstdarstellung privater Kräfte und relevanter Gruppen und Einrichtungen größeren Raum zu gewähren, besonders auch im lokalen Bereich: Selbstdarstellung auch in Form von Eigensendungen. Zu den relevanten Gebilden, denen auf diese Weise ein größeres Tor als bisher aufgetan werden würde, rechnen jedenfalls auch die Kirchen. Es leuchtet zwar ein, daß sich die Kirchen nur mit gewisser Mühe in der Kategorie gesellschaftlich relevanter Gruppen denken lassen — ich brauche die Diskussion von gestern nicht zu wiederholen —, daß sie jedoch von einer derartigen Möglichkeit gesteigerter Selbstdarstellung nicht ausgeschlossen werden könnten, scheint sicher[39]. Davon dürfen wir ausgehen. Aber auch die Probleme nehmen hier erst ihren Ausgangspunkt.

[38] Zur „Selbstregulierung" vgl. *P. Lerche,* Verfassungsrechtliche Fragen zur Pressekonzentration. Berlin 1971, S. 69 f. (mit Nachweis).

[39] In diesem Zusammenhang siehe nur etwa allgemein *A. von Campenhausen,* Staatskirchenrecht. München 1973, S. 78; *R. Herzog,* Kirchen und Massenmedien, in: Handbuch des Staatskirchenrechts der Bundesrepublik Deutschland, 2. Bd. (Hrsg. E. Friesenhahn und U. Scheuner in Verbindung mit J. Listl). Berlin 1975, S. 417 ff. (419, 431); *K. Schlaich,* Der Öffentlichkeitsauftrag der Kirchen, in: Handbuch des Staatskirchenrechts, a. a. O., S. 231 ff. (255); besonders aber *U. Scheuner,* Christliche Wertvorstellungen als Beitrag zum öffentlichrechtlichen Rundfunkprogramm, in: Was sollen — was können religiöse Sendungen im Rundfunk? (Hrsg. Kirchliche Zentralstelle für Medien). Bonn 1977, S. 25 ff. (bes. S. 33 f.). *Scheuner,* a. a. O., S. 34 bemerkt treffend, daß die Kirchen hierbei in eine Kategorie (der „gesellschaftlichen Gruppen") eingereiht würden, „die ihrer besonderen Natur nicht völlig entspricht".

Für eine nähere Beurteilung dürften mehrere Umstände wichtig sein: vor allem die Frage, ob es sich um überregionale oder regionale bzw. lokale Programme handelt. Bei lokalen Programmen, namentlich auch mit den durch Rückkanal vermittelten Dialogmöglichkeiten, lassen sich vielleicht sinnvolle neue Nutzungsformen auch für die Kirchen vorstellen. Ob eine Verstärkung dieser Art kirchlicher Präsenz im Rundfunk aber überhaupt von den Kirchen her gesehen wünschenswert ist, ob z. B. dadurch zusätzliche negative Wirkungen für den Kirchenbesuch eintreten könnten [40], ist sehr zu überlegen.

Bei überregionalen Programmen muß bedacht werden, daß hier schon der künftige Satellitenrundfunk [41] seine Schatten vorauswerfen wird. Das heißt: Per Satellit wird voraussichtlich eine Anzahl weiterer Programme erschlossen werden, z. B. für Bildungszwecke und Wiederholungsprogramme, wie auch für grenzüberschreitende, großflächige Rundfunkdienste [42]. Nimmt man hinzu, daß das Kabelsystem, jedenfalls bei *diesem* ersten organisatorischen Grundtyp, zusätzlich durch eine Erhöhung des Angebots schon bestehender Rundfunkdienste genutzt werden kann, also etwa Empfang bisher nicht empfangbarer anderer Rundfunkprogramme, zeitversetzte und besonders zusammengestellte Programme, Wiederholungssendungen u. a. m.[43], so dürfte die Möglichkeit nicht von der Hand zu weisen sein, daß bei einer derartigen Vielfalt ein zusätzliches Angebot kirchlicher Sendungen überregionaler Art, neben den schon bestehenden Sendungen des Kirchenfunks, auf keine ausreichende Aufnahmebereitschaft stößt. Innerhalb von Pilotprojekten (die den Staat jeweils ca. 80—100 Millionen DM pro Jahr kosten sollen) wäre dies möglicherweise zu erproben. Eine allzu große Chance für die Kirchen dürfte darin aber kaum zu sehen sein. Der hier als erster vor Augen stehende organisatorische Grundtyp wird ja gerade dadurch charakterisiert, daß zunächst einmal das bestehende Potential der etablierten Rundfunkanstalten — Personal, Material, einschließlich etwa Urheberrechte — im

[40] Zur Fragestellung siehe *H. D. Osenberg,* in: Kirche und Rundfunk, epd, Nr. 57, 27. 6. 1977, S. 1 f.

[41] Bei der juristischen Erfassung mancher Probleme des Satellitenrundfunks (zu einigen internationalen Fragen vgl. z. B. schon *A. Scharf,* Aktuelle Fragen des Satellitenrechts unter internationalen Aspekten, in: Film und Recht, 1973, S. 205 ff.; *Klinter,* Satellitenrundfunk und die Problematik des internationalen Urheber- und Leistungsschutzes, 1973 u. a. m.) wird nicht zuletzt wichtig, daß nicht einfach die Konturen eines allgemeingültigen Rundfunkbegriffs zugrundegelegt werden können; vielmehr ist stets zu fragen, welche Konsequenzen es nach Sinn und Zweck der jeweils maßgebenden Rechtsnorm hat, wenn ein bestimmter Tatbestand (z. B. „Rundfunk" im Sinne des Art. 5 Abs. 1 GG) vorliegt. Diese methodische Überlegung liegt namentlich einer Reihe noch nicht veröffentlichter Arbeiten von *H. Jarass* zugrunde.

[42] Siehe etwa Antwort des *Chefs der Staatskanzlei Rheinland-Pfalz,* a. a. O. (s. Anm. 6), Zu Nr. 1 (S. 52). Einige sonstige Angaben zu den Möglichkeiten des Satellitenrundfunks etwa bei *H. Decker u. a.,* Massenmedien, a. a. O. (s. Anm. 25), S. 236 ff.

[43] *Chef der Staatskanzlei Rheinland-Pfalz,* a. a. O., zu Nr. 2 (S. 53).

Kabelbereich genutzt werden würde. Ob die Kirchen demgegenüber ein für weitere Sendungen ausreichendes Eigenpotential erstellen könnten und wie dies finanziert werden soll, ist wohl schwierig zu sagen. Man mag sich allenfalls entsinnen der Anfangsjahre des Rundfunks, in denen der Gedanke einer eigenen kirchlichen Welle (evangelischer Prägung) immerhin debattiert worden war, wiewohl mit negativem Ausgang[44]. Auch später gab es einige Tendenzen in dieser Richtung. Heute jedenfalls wird man schon über die Frage nach ausreichendem Eigenpotential der Kirchen für derartige zusätzliche Sendungen kaum hinwegkommen. Insoweit bleibt es auch gleich, ob diese Sendungen in das allgemeine Programmschema, also sozusagen in das Normalprogramm, integriert werden würden und dürften oder ob etwa ein offener Kanal „für jedermann" zur Benutzung frei wäre.

Sollte es gleichwohl zu derartigen Sendungen kommen und würde die Organisation eines offenen Kanals oder einer ähnlichen Gestaltungsform gewählt werden, so könnte sich eine besondere Problematik um das Gebot der *Ausgewogenheit* ranken, das für die gegenwärtige Organisationsform des Rundfunks eine schon gestern näher diskutierte Verfassungsverpflichtung darstellt; eine Verpflichtung freilich, die gegenwärtig zu einer derartigen Überfülle an Erörterungen[45] geführt hat, daß der normale Rezipient nicht mehr weiß, was er damit anfangen soll — oder anders ausgedrückt, man hat den Eindruck, daß sich das Gebot der Ausgewogenheit wie ein scheues, nobles Wesen, eine Art Reh, angesichts dieses Gelärmes in eine stille Ecke verkrochen hat, um nach seinem Selbstverständnis zu suchen.

Derartige Sendungen, also Eigensendungen relevanter Gruppen einschließlich der Kirchen, wären — von der Rundfunkanstalt her gesehen — nicht nur fremdgestaltet, sondern auch fremdverantwortet[46].

[44] Dazu neuerdings *A. Diller,* in: Kirche und Rundfunk, epd, Nr. 58, 30. 7. 1977, S. 4 f.

[45] Dem Thema „Ausgewogenheit" sind z. B. die zahlreichen Beiträge gewidmet, die in Heft 1 der neuen Zeitschrift „Medien" (1977) veröffentlicht sind, darunter aus juristischer Sicht besonders bemerkenswert *M. Stock,* „Ausgewogenheit, Sachlichkeit" — das umstrittene Grundgesetz des westdeutschen Integrationsrundfunks, a. a. O., S. 9 ff.; ferner *ders.,* „Ausgewogenheit, Sachlichkeit" durch Rechtsaufsicht?, in: Rundfunk und Fernsehen, 1977, S. 1 ff.; vgl. besonders gewichtig auch etwa *F. Ossenbühl,* Rundfunkprogramm — Leistung in treuhänderischer Freiheit, in: DÖV 1977, S. 381 ff. (386 ff.); *G. Deetjen,* Ausgewogenheit in Rundfunk und Fernsehen und die Frage ihrer Meßbarkeit, ebendort, S. 56 ff. Im Bereich Rundfunk und Kirchen etwa *U. Scheuner,* Christliche Wertvorstellungen, a. a. O. (s. Anm. 39), S. 31 f. Zur Ausgewogenheit im niederländischen Rundfunk vgl. kürzlich *E. Jurgens* und *Chris Vos,* in: Kirche und Rundfunk, epd, Nr. 84, 29. 10. 1977, S. 1 ff.

[46] Eine gewisse reduzierte Eigenverantwortung trifft die Rundfunkorgane allerdings auch bei den „fremdverantworteten" Sendungen (wie etwa bei Sendungen der politischen Parteien).
Die Unterscheidung zwischen fremd- und eigenverantworteten Sendungen ist m. E. primär eine Unterscheidung nach der rechtlichen *Zurechenbarkeit;* vgl.

Die Anforderungen an Ausgewogenheit dürften sich daher hier reduzieren auf die Beachtung der Grundsätze gleicher Zuteilung, gleicher Chance, da immerhin die Rundfunkapparatur zur Verfügung gestellt wird, aber mehr nicht.

Im besonderen Maße delikat ist in diesem Zusammenhang die Frage, ob die bestehenden Rundfunkgesetze verändert werden müßten, um solche Eigensendungen innerhalb der bestehenden Anstalten zu ermöglichen: Problem des Gesetzesvorbehalts, wichtig vor allem in Wahljahren angesichts einer so sensiblen Materie. Nicht alle schon bisherigen Sendungen dieser Art verfügen über eine einwandfreie, klare formellgesetzliche Grundlage [47]. Das ist gestern schon deutlich geworden. Andererseits wird man Bedenken haben müssen gegenüber einer neuerdings im Vordringen begriffenen Auffassung [48], die den Rundfunkanstalten in dieser Hinsicht eine recht freie Hand lassen will. Diese Auffassung rückt die Rundfunkanstalten unzulässigerweise geradezu in die Sphäre der Kirchen, die keine staatliche Ableitung vertragen [49]. Die Staatsunabhängigkeit des Rundfunks ist dafür kein ausreichendes Argument. Anders als die Kirchen bedürfen die Rundfunkanstalten als weltliche öffentlichrechtliche Kompetenzträger doch einer formellgesetzlichen Grundlage für die Hauptformen ihrer Agenden; die Anstalten sind trotz ihrer Staatsunabhängigkeit wohl nicht aus sich selbst heraus befugt, alles zu liefern, was nur irgendwie in Form luftig-lockerer Girlanden mit ihrem allgemein-formulierten Aufgabenkreis zu tun hat. Doch über die näheren Grenzen einer solchen Gesetzesbedürftigkeit [50], das sei gern eingeräumt,

auch etwa die von *G. Krause-Ablaß,* Die Neutralitätspflicht der Rundfunkanstalten, in: Rundfunk und Fernsehen 1962, S. 113 ff. näher dargestellte Unterscheidung zwischen instrumentalem Programm und medialem Eigenprogramm des Rundfunks (siehe hierzu auch etwa *U. Unger,* Haben Parteien außerhalb von Wahlkampfzeiten oder außerparlamentarische Gruppen Anspruch auf Sendezeit?, in: Rundfunk und Fernsehen 1969, S. 352 ff., 356 f.); eine Unterscheidung, die von *O. Bachof,* Verbot des Werbefernsehens durch Bundesgesetz? Frankfurt am Main, Berlin 1966, S. 30 f. und insbesondere von *G. Herrmann,* Fernsehen (s. Anm. 8), S. 30 in Fußnote 20 dahin fortgebildet wurde, daß zwischen fremdverantworteten und eigenverantworteten Programmbestandteilen geschieden wird. Siehe auch zu den Abgrenzungsfragen des Rundfunks als „Herrn der Sendung" trotz Ermöglichung eines bloßen „Marktes" der verschiedenen Meinungen *BGH,* Urteil vom 6. 4. 1976, in: DVBl 1976, S. 579 (S. 580 mit Nachweisen).

47 Hierzu näher z. B. mein der CDU-Fraktion des Abgeordnetenhauses von Berlin erstattetes — unveröffentlichtes — Gutachten zur Sendereihe im Sender Freies Berlin „Wo uns der Schuh drückt", 1976; ein dem Sender Freies Berlin in derselben Sache erstattetes — ebenfalls unveröffentlichtes — Gutachten von *F. Ossenbühl* kommt zu einem teilweise anderen Ergebnis.

48 Vgl. *F. Ossenbühl,* a. a. O. (s. Anm. 47).

49 *BVerfGE* 42, 312 (330 ff., 332 mit Hinweis auf *BVerfGE* 18, 385, 386).

50 Diese ist aber keineswegs gleichbedeutend mit der — engeren — Reichweite des klassischen Gesetzesvorbehalts für „Eingriffe" (in Freiheit und Eigentum). Hier geht es vielmehr um die Installierung der sog. Verbands- und Organkompetenz (im Sinne von *Hans J. Wolff* und *O. Bachof,* Verwaltungsrecht I. 9. Aufl. Mün-

läßt sich gut streiten und dabei vielleicht auch einmal ein Auge zudrücken, aber eben nur eines, nicht zwei. Wenn daher z. B. solche fremdgestalteten Sendungen in das Normalprogramm integriert werden würden — das müßte an sich möglich sein, hieße allerdings, daß das Ausgewogenheitspostulat sich nicht abschwächt, nicht zur bloßen Chancengleichheit zurücksinkt — bedarf es wohl keiner zusätzlichen gesetzlichen Grundlage; aber es ist dann sehr wohl die Frage, ob der Charakter speziell kirchlicher Sendungen [51] eine solche Integration überhaupt zuläßt.

13. Dies zu dem ersten Grundtyp: also Veränderungen *innerhalb* der bestehenden Anstalten, die ihrerseits pluralistisch organisiert sind.

Ein zweiter vorstellbarer Grundtyp würde ebenfalls eine pluralistisch organisierte Trägerschaft bejahen, diese aber von den bestehenden Rundfunkanstalten samt ihrem vielfältigen Potential prinzipiell lösen. Die Trägerschaft könnte, müßte aber nicht speziell öffentlich-rechtlich organisiert sein. Entscheidend ist nicht die öffentlich-rechtliche oder privatrechtliche Form der Trägerschaft, sondern ihre pluralistische Organisation, wie immer diese im einzelnen verwirklicht werden mag. Daß schon die gegenwärtige Organisation des Rundfunks in dieser Hinsicht einige Fragenpfeile zugespitzt hat, ist bekannt; im besonderen Hinblick auf die Kirchen genüge der Hinweis auf die gestern andeutungsweise berührten Auseinandersetzungen im Zusammenhang besonders mit den NDR-Gremien, Auseinandersetzungen, deren Wurzeln weiter zurückreichen [52].

Auch der jetzt vor Augen stehende zweite Grundtyp möglicher Organisationsformen wäre also durch eine pluralistische Trägerschaft gekennzeichnet, aber nicht im Gehäuse der bestehenden Anstalten. Sollen nun dadurch nicht einfach lauter neue kleine Rundfunkanstalten letztlich

chen 1974, S. 180 f.). Aus der Tatsache, daß nach h. M. die sog. gewährende Verwaltung nicht durchwegs einer *speziellen* gesetzlichen Grundlage (im Sinne des klassischen Prinzips der Gesetzmäßigkeit der Verwaltung) bedarf, kann daher nicht geschlossen werden, daß für Nicht-Eingriffstätigkeiten öffentlich-rechtlicher Kompetenzträger auch das Erfordernis jener *allgemeinen* normativen Grundlage entfällt (vgl. z. B. auch den Hinweis auf die Bindung durch die zugewiesenen Aufgaben — auch — bei der Leistungsgewährung bei *Wolff-Bachof,* a. a. O., S. 182).

[51] Speziell zu kirchlichen Sendungen siehe insbesondere *O. Roegele,* Sinn, Aufgabe und Maßstäbe kirchlicher Sendungen, in: Was sollen — was können religiöse Sendungen im Rundfunk? (Hrsg. Kirchliche Zentralstelle für Medien). Bonn 1977, S. 9 ff.; *U. Scheuner,* ebendort (s. Anm. 39), S. 34 ff., 36 ff., 42 f.; siehe auch *R. Herzog,* Kirchen und Massenmedien, a. a. O. (s. Anm. 39), bes. S. 432 ff. (zur Ausgewogenheit).

[52] Zur Problematik siehe aus der Fülle des Schrifttums nur etwa *Chr. Starck,* Rundfunkräte und Rundfunkfreiheit, in: ZRP 1970, S. 217 ff.; *ders.,* Rundfunkfreiheit als Organisationsproblem. Tübingen 1973; *W. Rudolf,* Aufsicht bei Funk und Fernsehen, in: ZRP 1977, S. 213 ff.; sowie (unveröffentlichte) Rechtsgutachten von *W. Kewenig, P. Lerche* u. a. m. Weitere Literatur ist zuletzt zusammengestellt bei *J. Lücke,* Die Rundfunkfreiheit als Gruppengrundrecht, in: DVBl 1977, 977 ff. (983, Fußnote 109).

alten Stils entstehen mit lauter neuen kleinen Intendanten, so dürfte der Träger nicht selbst als Programmbetreiber erscheinen; er würde sich daher, in Anlehnung an gewisse ausländische Modelle[53], darauf beschränken, Programmrichtlinien zu erlassen, Lizenzen zu vergeben, etwa auch zeitlich befristet, um auf diese Weise die Einhaltung der Programmrichtlinien effektiver durchsetzen zu können; die potentiellen Anbieter würden nach gleichem Maßstab Zugang finden; zu ihnen könnten auch die etablierten Rundfunkanstalten rechnen, *wenn* sie es wollten.

Das so vorgestellte Modell schließt wie das erste, wie gesagt, eine pluralistisch organisierte Trägerschaft ein, sei es, daß der Träger unmittelbar so zusammengesetzt ist oder daß die ihn bestimmenden Kontrollgremien entsprechend organisiert sind. Hierbei scheint mir aber für die Kirchen von besonderer Bedeutung zu sein: Eine derartige pluralistische Organisation ist nicht schon als Selbstzweck sinnvoll. Sie ist nur dann in sich schlüssig, wenn der Träger, der die Lizenzen vergibt, bzw. die Aufsichtsgremien über eine wirkliche eigene inhaltliche Einwirkungs- und Gestaltungskraft verfügen, die mehr ist als nur eine Fassade.

Dieser Gedanke, daß eine pluralistische Organisation nur sinnvoll sein kann, wenn diese Organisation auch inhaltlich gestaltende Kompetenzen besitzt, dieser doch naheliegende Gedanke ist gegenwärtig, wie mir

[53] Einen kurzen Überblick über Grundprinzipien ausländischer Organisationsgebilde bietet *K. Brepohl,* Lexikon, a. a. O. (s. Anm. 2), S. 170 ff. Eine breitangelegte Darstellung und Analyse ausländischer Strukturen enthält die im Auftrage der Kommission für den Ausbau des technischen Kommunikationssystems durchgeführte (vervielfältigte) Studie „Organisation der technischen Kommunikationssysteme im internationalen Bereich" der *P. A. Management Consultants GmbH* (Mai 1975). Zu den Strukturprinzipien des Integrations- oder Koordinationsmodells und dem (holländischen) „Säulenmodell" siehe etwa *D. Stammler,* Kabelrundfunk, a. a. O. (s. Anm. 6), S. 34 ff., 41. Die von der amerikanischen Judikatur teilweise herausgestellte „starke öffentlich-rechtliche Bindung des Rundfunk- und Fernsehwesens im Unterschied zu anderen privaten Wirtschaftszweigen" in den USA beleuchtet *H. Steinberger,* Grundrecht der Pressefreiheit und publizistische Kompetenz im gegenwärtigen Recht der Vereinigten Staaten von Amerika, in: Pressefreiheit und innere Struktur von Presseunternehmen in westlichen Demokratien (Hrsg. K. Doehring u. a.). Berlin 1974, S. 263 ff., bes. S. 294 ff. Siehe zur amerikanischen Situation auch *J. Lücke,* Die Programmfreiheit des Rundfunks und das Informationsrecht des Bürgers, in: Die Verwaltung 1977, S. 83 ff.; *H. Kellner,* Public Access Kabelfernsehen in New York, in: Media Perspektiven 1978, S. 91 ff. sowie zum Pay-TV in den USA jüngst den Bericht in: Media Perspektiven 1978, S. 159 ff. Zum Kabelfernsehen in Kanada vgl. zuletzt den Bericht in: Media Perspektiven 1978, S. 151 ff. Besonders bemerkenswert ist die Kabelrundfunk-Verordnung des Schweizerischen Bundesrats vom 6. 7. 1977.
Eine systematische Übersicht über die verschiedenen organisatorischen Möglichkeiten bei *W. Kaiser u. a.,* Kabelkommunikation, a. a. O. (s. Anm. 2), S. 127 ff., ausgehend von dem Prinzip, daß nur eine pluralistische Struktur den Erfordernissen des freiheitlichen Staates entspricht (mit Hinw.). Siehe ferner die systematische Übersicht in *H. Decker u. a.,* Massenmedien, a. a. O. (s. Anm. 25), S. 316 ff. (darin S. 317 ff. Näheres zum holländischen Modell).

scheint, weithin zu vermissen. Man macht überall — in Erinnerung an das Fernseh-Urteil — tiefe Respekterweisungen vor der pluralistischen Struktur, aber man fragt zu wenig, ob es damit sein Bewenden haben darf. Was soll der ganze pluralistische Aufwand, wenn sein Träger nur formale Kompetenzen besitzt! Pluralismus als Selbstzweck, was soll's? Eine Fassade kann schön sein; dies gerade ist ihr Selbstzweck; aber den Pluralismus in ästhetischen Kategorien zu denken, überlasse ich den Gegnern meiner Auffassung.

Die Betonung dieser Umstände ist für die Position der Kirchen unter einem solchen Modell wichtig. Beschränkt sich der Träger auf mehr oder minder formale Funktionen, so wäre die Funktion auch der Kirchen in den Kontrollgremien in Frage gestellt. Verfügt der Träger dagegen über eine substantielle Einwirkungskraft, etwa bei der Festlegung und Durchsetzung eben nicht nur ganz allgemein gehaltener Programmrichtlinien, verbunden z. B. mit dem Erfordernis, die Lizenzinhaber in ausgewogener Weise auszuwählen usw., in diesem Falle substantieller Einwirkungsmacht wäre eine Mitwirkung der Kirchen in den entscheidenden Gremien legitim, sinnvoll und geboten.

In diesem Falle könnte auch nicht etwa folgende Rechnung aufgemacht werden. Man könnte behaupten: Wenn schon die Kirchen in diesem Modell wie andere private Veranstalter, wie jedermann Lizenzen erhalten könnten, also eigenverantwortete Sendungen anbieten dürften, ohne nur auf bestimmte Kirchenfunksendungen der bisherigen Art beschränkt zu sein, so entfiele der Grund, warum sie dann auch noch zusätzlich in den Kontrollgremien vertreten sein müßten; eine Art doppelte Repräsentation — so könnte behauptet werden — wäre ohne Legitimation.

Eine solche Vorstellung ist verfehlt. Sie übersieht, daß sich die Rolle der Kirchen im Rundfunk nicht nur einlinig begreifen läßt. Im Blick auf die gegenwärtige Rundfunkordnung hat Herr Scheuner schon an früherer Stelle [54] dargelegt, daß die Gewährung von Sendezeiten für Sendungen, die die Kirchen selbst gestalten, nicht bedeuten kann, damit sei das gesamte Erscheinungsbild der Kirchen im Rundfunk abgefunden. Nicht abgefunden ist damit jedenfalls die legitime kirchliche Einflußnahme auf das allgemeine Rundfunkprogramm, soweit die gegenwärtige Rundfunkorganisation vor Augen steht. Hier wendet sich die Kirche nicht nur in einem näheren Sinn der christlichen Gemeinde zu, sondern übt eine umfassendere Verantwortung, eine Ausprägung jener Gesamtverantwortung, von der schon früher die Rede war [55].

[54] *U. Scheuner,* Christliche Wertvorstellungen, a. a. O. (s. Anm. 39), bes. S. 42 (vgl. zu den verschiedenen Rollen der Kirche im Rundfunk, a. a. O., S. 36 ff.; dazu auch *O. Roegele,* ebendort, s. Anm. 51, bes. S. 23 f.).

[55] Damit hängt die — gleichwohl hiervon zu unterscheidende — Forderung zusammen, daß „die redliche Vermittlung der Sachverhalte", die unter das Stichwort „religiöse Dimension" fallen, zum Programmauftrag der (gegenwärtigen) Rundfunkanstalten gehören, so *O. Roegele,* a. a. O., S. 13; vgl. auch die kürzliche Äußerung des *Präsidenten des Zentralkomitees der Deutschen Katholiken,*

In dem jetzt vorgestellten Modell einer Kabelrundfunkorganisation entfällt zwar jenes allgemeine, integrierte Programm (soweit es nicht über die etablierten Anstalten eingespeist wird), aber es entfallen nicht die erwähnten substantiellen Einwirkungen, die der Träger bzw. die Kontrollorgane auf die Programmgestaltung vornehmen. Gegenüber der gegenwärtigen Organisation mag dieser Einfluß reduziert sein, aber er ist nicht verschwunden. In dem Maße, in dem er besteht, findet sich daher auch bei diesem möglichen Grundtyp der Kabelrundfunkorganisation ein legitimer Ansatz für die Wahrnehmung inhaltlich umfassender kirchlicher Verantwortung.

Konkret heißt das, daß auch bei einer solchen Organisation die Repräsentanz der Kirchen in den Kontrollgremien ihren guten Sinn behält. Verworfen ist damit das Bild sozusagen kommunizierender Röhren, wonach bei Freigabe der Sendungen für prinzipiell jedermann und damit auch für die Kirchen, die Notwendigkeit kirchlicher Repräsentanz in den Kontrollgremien zurückginge oder gar entschwände. Ein solches Bild muß trügen. Die Kirchen sind eben nicht nur ein „Jedermann".

Es kommt hinzu, daß auch innerhalb dieses Grundmodells die Kirchen vor nicht einfachen Fragen stünden, ob und in welcher Weise und mit welchem Potential sie die ihnen zusätzlich möglichen Sendungen überhaupt füllen sollten. Und eines muß man mit Deutlichkeit sehen: Soweit auch in diesem Modell ein gestaltender und nicht nur formaler Einfluß des Trägers reicht, soweit wird stets das Problem entstehen, inwieweit dadurch Abstriche am Profiliertsein der einzelnen angebotenen Sendungen bedingt werden. Die Kirchen würde dies wohl weniger treffen als etwa die freie private Presse, falls sie sich an einem solchen Modell beteiligen wollte. Es kann paradoxerweise sein, daß eine scheinbare Großzügigkeit in der Zulassung eigengestalteter Sendungen unter dem attraktiven Etikett: Vermehrte Selbstdarstellung der gesellschaftlich relevanten Kräfte, in Wahrheit zu einem starken Profilverlust zwingt, je nachdem, welche Inhalte in den Programmrichtlinien bzw. Lizenzbedingungen festgelegt werden und in welch konkretem Maß dies geschieht.

14. Der dritte und letzte vorstellbare Grundtyp — sieht man von gewissen Kombinationsmöglichkeiten der einzelnen Typen untereinander ab — vermeidet die zuletzt genannte Schwierigkeit, eröffnet aber anderweitige. Er besteht in einer grundsätzlichen Zurücknahme der Einflußmöglichkeiten des Trägers. Im extremen Fall könnte sich dieser Einfluß beschränken auf die effektive Abwehr von Monopolbildungen mit formalen Mitteln und die Durchsetzung der allgemeinen Rechtsordnung. Garantiert werden müßte in diesem Sinn der gleiche Zugang für prinzipiell jedermann, entweder unter der Voraussetzung, daß die Zahl der

Prof. Hans Maier, worin auf die Gefahr hingewiesen wird, „daß der Kirchenfunk zu einem Getto und Alibi für jede kirchliche und religiöse Aussage wird" (laut Kirche und Rundfunk, epd, Nr. 69, 7. 9. 1977, S. 13a). — Zu vergleichbaren Mangelerscheinungen in der Presse vgl. zuletzt *S. Schelz,* Kirche in der Presse Mangelware, in: Die Zeitung, Jahrgang 5, Nr. 11, November 1977, S. 3.

verfügbaren Kanäle ohnehin nicht voll ausgenutzt werden würde, oder — im umgekehrten Fall — die Zuteilung von Sendelizenzen unter allseits gleichen formalen Bedingungen. Zumindest im lokalen Bereich müßte überdies für einen durchaus möglichen Fall Vorsorge getroffen werden; es könnten unter Umständen so wenige Programme angeboten werden, daß das notwendige Mindestmaß an Meinungsvielfalt nicht erreicht werden würde. Dann könnte an Verpflichtungen zusätzlicher Art gedacht werden, etwa daran, daß der Programmanbieter seinerseits sein Programm den verschiedenen lokalen Kräften öffnen muß.

Die verfassungsrechtliche Zulässigkeit eines solchen Grundmodells hinge wohl davon ab, ob die so verfügbaren Instrumente so eingeschätzt werden dürfen, daß eine ausreichende Sicherheit dafür angenommen werden könnte, *effektiv* würde sich ein ausreichendes Wettbewerbsbild entwickeln. Es kann nicht verkannt werden, daß man sich in einer Startsituation fände, die eine glatte Vorwegnahme dieser Annahme ausschließen dürfte. Daß in einer Versuchsphase, die keine vollendeten Tatsachen schaffen sollte, auch ein solches Modell erprobt werden darf, scheint mir bejaht werden zu können; ob aber aus einem so organisierten Pilotprojekt genügend aussagekräftige und verallgemeinerungsfähige Erkenntnisse und nicht nur aufwendige Zufallsresultate gewonnen werden würden, mag fraglich sein.

Die kirchliche Position ist hier grundsätzlich anders zu sehen als bei den vorgenannten Modellen. Denn je mehr die gestaltende Funktion des Trägers schwindet, desto gleichgültiger wird seine rechtliche Konstruktion und desto mehr verflüchtigt sich die Legitimität einer binnenpluralistischen Struktur des Trägers bzw. seiner Kontrollgremien, eines Pluralismus, in dem die Kirchen einen eigenständigen Platz einnehmen. Ich möchte so weit gehen zu sagen, daß bei einem solchen in Reinheit gedachten Modell in dieser Richtung allein die Unabhängigkeit der Trägerstelle zu sichern wäre, mehr nicht. Dazu bedürfte es aber keineswegs eines binnenpluralistischen Aufwands, sogar eine staatliche Stelle wäre, ihre Unabhängigkeit vorausgesetzt, hierzu denkbarerweise in der Lage. Denn die Aufgabe des Trägers in diesem bewußt in Reinkultur, um nicht zu sagen: in Karikatur, vorgestellten Modell beschränkte sich ja auf formale Vergabefunktionen, die Überwachung der Einhaltung der allgemeinen Rechtsordnung und den Ausschluß von Monopolbildungen mit wesentlich formalen Mitteln. Verfassungsrechtlich undenkbar ist das nicht. Aus der Judikatur des Bundesverfassungsgerichts ist nicht etwa zu entnehmen, daß stets pluralistische Gremien existieren müßten. Das Gericht betont vielmehr, daß das nur *eine* der möglichen Organisationsformen darstellt, um Meinungsmonopole zu verhindern [56]. Das Gegenteil wird zwar erst kürzlich wieder behauptet [57], indes zu Unrecht. Pluralistische Gremien haben, wenn sie nicht nur der befriedenden Unterbringung sonst unfriedlich werdender Leute dienen sollen, nur dann einen Sinn,

[56] *BVerfGE* 12, 205 (261 f.). Darüber pflegt man vielfach hinwegzulesen.

[57] So *J. Lücke,* Rundfunkfreiheit, a. a. O. (s. Anm. 52), S. 977 ff. (978).

wenn das betreffende Gremium über mehr als nur eine formale Funktion verfügt.

Die Realisierung eines derartigen Modells böte den intensivsten Konkurrenzcharakter zum bisherigen System. Auf der anderen Seite verminderte sich dadurch die Möglichkeit kirchlicher Einflußnahme in der bezeichneten Richtung. Nicht nur gäbe es kein integriertes Gesamtprogramm, auch in der Organisationsstruktur fände das Gewicht der Kirchen keine rechte Tragfläche. In diesem Falle würden daher die Kirchen möglicherweise zu einer stärkeren Bereitschaft zu eigengestalteten Sendungen gedrängt als in den zuvor besprochenen Grundtypen. Sie hätten vielleicht mit zusätzlichen Schwierigkeiten zu kämpfen, sollte zur Finanzierung der Sendungen auch Werbung zugelassen werden. Es entzieht sich meiner Kenntnis, ob, schätzt man die Realisation eines derartigen Modells ihrerseits als realistisch ein, die Kirchen ausreichende Vorsorge für eine derartige Situation getroffen haben und überhaupt treffen können, nicht zuletzt im personellen Bereich bis hin zu Ausbildungsfragen.

Deutlich verneinen würde ich die naheliegende Frage, ob dieses Grundmodell (in reiner oder weniger reiner Form) verfassungs*geboten* ist, wenn man von einer ausreichenden Frequenzzahl ausgehen kann. Schon die früheren allgemeinen Erwägungen, die für einen begrenzten staatlichen Gestaltungsraum sprechen, legen Behutsamkeit nahe. In der jüngsten Literatur wird allerdings die Ansicht geäußert, zwar nicht im überregionalen, wohl aber im regionalen und lokalen Bereich seien die gesellschaftlich relevanten Gruppen als die wahren Träger der Rundfunkfreiheit, die eben ein Gruppenrecht darstelle, kraft Verfassungszwangs als Rundfunkunternehmer zuzulassen [58]. Diese Ansicht überspannt nach meinem Eindruck den Bogen. Sie überspannt ihn nur nicht so sehr, wie dies die Anhänger jener Auffassung tun, wonach bei Wegfall der Frequenzknappheit überall individuelle Freiheiten auftauten, die vorher (als Individualgrundrechte) nur eingefroren gewesen seien [59]. In ihrer Konsequenz müßten diese Vorstellungen zumindest im regionalen und lokalen Bereich zwangsläufig zu dem hier referierten dritten Grundtyp hinführen, obwohl andererseits — wenig folgerichtig — doch wieder auf den Einfluß der Gruppen in den Rundfunkgremien Wert gelegt wird [60]. Klar gesagt: Von einem angeblichen Verfassungszwang in dieser oder jener Richtung halte ich nichts. Wenn es auch richtig sein dürfte, daß den gesellschaftlich relevanten Gruppen im Rundfunkbereich eine besondere Gestaltungsmacht zukommt, so lassen sich doch sehr verschiedene Organisationsformen vorstellen, in denen sich eine solche Kompetenz Sprache und

[58] *J. Lücke,* a. a. O., vgl. S. 979 ff., 982 ff.

[59] Kritisch zur These vom „eingefrorenen Individualrecht" *J. Lücke,* a. a. O., S. 978 ff.; zur Problematik siehe auch *ders.,* Die Rundfunkfreiheit als individuelles Zugangsrecht, in: JZ 1977, S. 41 ff. Sonstige Literatur zur Gesamtfrage siehe oben Anm. 20.

[60] Siehe anscheinend auch *J. Lücke,* a. a. O. (DVBl 1977), S. 983 f.

Wirkung verschafft. Gerade der Blick auf die Kirchen lehrt, daß ihr Einfluß in anderen Organisationsformen als in diesem dritten Typ wohl besser zur Geltung kommen könnte.

Gerechterweise wird man Nutzen und Nachteil derartiger Organisationsformen allerdings nicht ausschließlich in diesem Lichte beurteilen dürfen. Es kann auch etwas Befreiendes an sich haben, sich von pluralistischen Gremien probeweise überhaupt zu lösen, anstatt in immer wieder neuen Gebilden dieser prächtigen Art immer wieder Parteigänger mit Funktionen zu betrauen, die besser in größerer Unabhängigkeit wahrgenommen werden sollten. Von der verbreiteten Selbstblockade und ähnlichen Schattenseiten solcher Gremien war in jüngster Zeit oft die Rede [61]. Es sitzen ja nicht nur die Kirchen in ihnen. Es sitzen solche und solche in ihnen, aber wohl mehr solche als solche. In Bezug auf die Kirchen ist zu sagen: Sollte die Tendenz tatsächlich entgegen der Wahrscheinlichkeit in Richtung dieses dritten Grundtyps zielen, so mag sich ein gesteigertes Bedürfnis für kirchlich eigengestaltete Sendungen einstellen. Vor allem aber mag sich in diesem Fall der allgemeine Anspruch der Kirchen auf angemessene Beteiligung innerhalb der maßgeblichen Gremien der *bestehen*bleibenden Rundfunkanstalten noch erhärten und zugleich konkretisieren. Die Angemessenheit dieser Beteiligung läßt sich kaum isoliert sehen, nicht nur bezogen auf die Situation der einzelnen Anstalt. Vielmehr muß die Gesamtlage des Rundfunkbereichs mitbedacht werden: Es gibt zwar keine Aufrechnung der kirchlichen Präsenz in der einen Rolle mit kirchlicher Präsenz in einer anderen Rolle oder anderen Funktion; wenn es aber um die Frage geht, welchen Mindestanspruch auf Beteiligung in pluralen Gremien die Kirchen verfassungsrechtlich geltend machen können, so wird nicht übersehen werden dürfen, daß die einzelne Rundfunkanstalt ihre Aufgaben im Gefüge mit den anderen in Betracht kommenden Sendern, im gewollten oder ungewollten Zusammenhalt mit ihnen erfüllt. Daher läßt sich das Mindestmaß an Angemessenheit kirchlicher Beteiligung wohl kaum isoliert festlegen. Zugleich ist dieser Anspruch normativ zu sichern und dem Wechselspiel zufälliger parlamentarischer Konstellationen ausreichend zu entziehen.

[Daß auch für diese Fragen die künftigen Entwicklungen des Satellitenrundfunks mit der besonderen Zuspitzung der Auslandszugewandtheit der Informationsfreiheit wichtig werden könnten, sei nur am Rande vermerkt.]

VII. 15. Vielleicht gestatten Sie mir noch einige kurze abschließende Worte zu den berühmten Pilotprojekten, also zu den erneut vertagten

[61] Besonders eindringlich etwa *H. Klein,* Informationsrecht, a. a. O. (s. Anm. 20), S. 264 f.; *F. Ossenbühl,* Rundfunkprogramm, a. a. O. (s. Anm. 45), S. 381 ff.; *Chr. Starck,* Rundfunkfreiheit als Organisationsproblem, a. a. O. (s. Anm. 52), S. 27 ff. Vgl. im übrigen, das grundsätzliche Meinungsspektrum referierend, *H. Bethge,* Rechtsschutzprobleme eines rundfunkspezifischen Pluralismus, in: UFITA, Archiv für Urheber-, Film-, Funk- und Theaterrecht, 1978, S. 75 ff.

Bemühungen, neue mediale Formen zunächst einmal zu erproben[62]. (Sehen Sie es mir nach, wenn ich hier das Wort „Pilotprojekte" verwende, anstatt schlicht von Experimenten zu sprechen. Das Wort „Pilotprojekt" ist inzwischen zu einem terminus technicus geworden und hört sich vielleicht immer noch besser an als das Wort „Test-Strategien" und dergleichen Modisches mehr.)

Das Unvorhersehbare der Entwicklung würde allerdings durch die Realisierung von Pilotprojekten allenfalls gemindert, nicht aufgehoben werden. Das Ergebnis eines Sprungs in ungewisse Tiefen wird nicht dadurch berechenbarer, daß sich die ersten Sekunden des Sprungs in Metern berechnen lassen. Was folgt bleibt dunkel. Aber damit soll nicht verkannt werden, daß der möglichen Organisation derartiger Pilotprojekte eine große Bedeutung zukommen wird, möglicherweise sogar — hoffentlich ungewollt — ein fait accompli-Charakter.

Infolgedessen darf nicht verschwiegen werden, daß die im Vorstehenden dargelegten drei Grundtypen mit Kriterien arbeiten, die sich nicht vollständig mit den Kriterien decken, die zur Zeit auf der Börse für Pilotprojekte gehandelt werden; also keine vollständige Deckung mit den tatsächlich erwogenen Vorschlägen der politischen Parteien[63], Staatskanzleien[64], Rundfunkanstalten[65], privaten Projektschöpfern, wissenschaftlichen Anregungen[66].

Nicht wenige Vorschläge beachten zu wenig den angedeuteten Umstand, daß die Legitimation einer pluralistisch organisierten Trägerschaft nicht ohne Blick auf deren Funktion gewonnen werden kann und lassen daher die Grenzlinie etwa zwischen dem zweiten und dem dritten

[62] Pilotprojekte wurden bekanntlich im Telekommunikationsbericht (s. Anm. 1) vorgeschlagen: vgl. dort S. 123 ff. sowie Anlageband 7 (s. Anm. 4), S. 63 ff. Der Vorschlag war aus Kompetenzgründen beschränkt auf alternative Organisationstypen im Netzbereich, nicht im Programmbereich.
Bisherige Erfahrungen mit Pilotprojekten in USA, Japan und Europa sind dargelegt in: Two-Way-Cable Television (Hrsg. W. Kaiser, H. Marko, E. Witte). Berlin—Heidelberg—New York, 1977.

[63] Siehe im einzelnen die Medienpapiere der Parteien (Nachweise oben Anm. 6).

[64] Hinweise etwa in der oben Anm. 6 zitierten Antwort des *Chefs der Staatskanzlei Rheinland-Pfalz,* a. a. O., Zu Nrn. 8 bis 10 und 13 (S. 54 ff.). Der (nahezu) jüngste Stand ist kurz referiert, in: Die Zeitung, Jahrg. 6, Nr. 1, Januar 1978, S. 1, 6.

[65] Beispiele: *Westdeutscher Rundfunk,* Überlegungen für ein Kabel-Pilotprojekt in Köln, (vervielfältigte) Studie vom 21. 11. 1977; *Hessischer Rundfunk,* Lokales Kabelfernsehen Kassel (Gedankenskizze zu einem Versuchsprojekt), in: Media Perspektiven 1976, S. 41 ff.

[66] Beispiele: *W. Kaiser u. a.,* Kabelkommunikation (s. Anm. 2), S. 89 ff., 169 ff.; *E. Witte,* Aufgaben für Pilotprojekte, (vervielfältigte) Studie aus dem „Münchner Kreis", übernationale Vereinigung für Kommunikationsforschung, Januar 1978; *B. P. Lange,* Kabelfernsehen- und Pilotprojekte und KtK-Bericht, in: Media Perspektiven 1976, S. 93 ff.; siehe jüngst auch *ders.,* Die Finanzierung von Kabelfernseh-Pilotprojekten, in: Media Perspektiven 1978, S. 133 ff.

Grundtyp verschwimmen. Gerade diese Grenzlinie ist aber für die kirchliche Situation, wie dargelegt, wichtig.

Auf der anderen Seite wird die Unterscheidung zwischen öffentlich-rechtlichen und zivilrechtlichen Organisationsformen wohl überbetont. Zwar ist diese Unterscheidung relativ bedeutsam; so etwa für die Frage späterer Veränderbarkeit durch staatliche Einwirkungen. Auch gilt es in Bayern, die landesverfassungsrechtliche Festlegung öffentlich-rechtlicher Trägerschaft [67] zu beachten. Aber die Funktion der Unterscheidung zwischen öffentlich-rechtlicher und privatrechtlicher Organisation darf nicht ihrerseits zum Selbstzweck erhoben werden [68]. Wenn es zur Zeit so scheint, daß sich in der Bejahung der öffentlich-rechtlichen Trägerschaft für Pilotprojekte die einzelnen Medienpapiere der verschiedenen politischen Parteien in schein-schöner Harmonie die Hände reichen (wobei das kürzliche Papier der CDU/CSU [69] vielleicht ein wenig in die Höhle des Bayerischen Löwen hineinlugt, vielleicht von diesem aber auch blitzartig verschlungen werden wird), wenn also neuerdings allüberall eine wundersame Begeisterung für öffentlich-rechtliche Trägerschaft der neuen Medien ausgebrochen ist, so werden die tatsächlich bestehenden fundamentalen Unterschiede im Übrigen und Eigentlichen nur verhüllt.

Wie relativ die Unterscheidung zwischen öffentlich-rechtlicher und zivilrechtlicher Organisation demgegenüber ist, wird spürbar, macht man sich klar, daß nach überwiegender Auffassung die Hauptfunktion schon des gegenwärtigen öffentlich-rechtlichen Rundfunks, also die Programmgestaltung, regelmäßig privatrechtlicher Natur sein soll [70]. Man wird allerdings zu dieser Rechtsprechung einige Fragezeichen hinzudenken müssen [71]. Wie immer dem sei, dieser Materie wird schwerlich eine Betrachtungsweise gerecht, die letztlich die Dinge von prozessualen Rechtswegsproblemen her sieht, statt von der materiellen Substanz.

[67] Art. 111a Bay.Verfassung.

[68] Dem widerrät auch die Betrachtung ausländischer Strukturen (vgl. z. B. zu den USA die oben in Anm. 53 zitierten Arbeiten von *H. Steinberger* und *J. Lücke,* insbesondere unter Einschluß der „fairness doctrine").

[69] Näheres oben in Anm. 6. Im übrigen hat sich auch die *Kammer der evangelischen Kirche in Deutschland (EKD) für publizistische Arbeit* in ihrer Stellungnahme vom 8. 3. 1976 zum KtK-Abschlußbericht (s. Anm. 6) für eine öffentlich-rechtliche Organisationsform ausgesprochen und zugleich betont, dies schließe die Forderung nach verstärkten Bemühungen um die Behebung der gegenwärtigen Schwächen ein (Media Perspektiven 1976, S. 129).

[70] Siehe die Angaben bei *F. Ossenbühl,* Rundfunk zwischen Staat und Gesellschaft. München 1975, S. 40. Gegenteiliger Ansicht ist *R. Herzog,* Kirchen und Massenmedien, a. a. O. (s. Anm. 39), S. 422 mit weiteren Hinweisen.

[71] Diese unausgelotete Frage führt unmittelbar in die Tiefen (bzw. Scheintiefen) der Unterscheidung zwischen privatem und öffentlichem Recht. Sieht man das Entscheidende in der besonderen *Nähe* der Verwirklichung „öffentlicher" Zwecke (also in der Intensität ihrer Realisierung, nicht im Vorliegen solcher Zwecke schlechthin), so wird man für die gegenwärtige Programmstruktur den öffentlich-rechtlichen Charakter kaum abweisen können.

16. Und vielleicht noch eine zweite abschließende Bemerkung: Substantiell wichtig ist, daß sich die in Pilotprojekten zu testenden Fragen nicht nur in der ökonomischen Dimension erschöpfen, namentlich nicht nur in der Feststellung des Umfangs der zu erwartenden Akzeptanz in der Bevölkerung. Die Frage, ob die neuen medialen Techniken auch den *geistigen* Kräften in der Gesellschaft Anreiz, Sprachform und Resonanz zu verschaffen vermögen, diese Frage ist zu stellen[72]. Sie zu stellen ist jedenfalls dann sinnvoll, folgt man der hier bevorzugten Betrachtungsweise, daß der Gesetzgeber angesichts der neuen Medien über einen wirklichen Gestaltungsraum verfügt und nicht einfach einem einlinigen Verfassungszwang unterworfen ist. Ob die Pilotprojekte samt mächtigem wissenschaftlichen Begleitgeschwader[73] überhaupt faktisch in der Lage sind, über ökonomische Daten hinaus auswertbare Antworten zu erhalten, steht auf einem anderen Blatt; die Frage sollte nicht mit Resignation, wohl aber mit Skepsis betrachtet werden.

Im übrigen können solche mehr allgemeine und abstrakte Forderungen bis ins Detail wirken. Wenn z. B. neue Techniken dazu führen sollten, daß der einzelne Rezipient im wesentlichen nur noch mehr dasjenige in einem engen Sinn auswählt und sieht, was nach seinem Geschmack ist, nach einem jeweils engen Geschmack ist, so würde ein wertvoller Baustein heutiger, breiter angelegter medialer Formen verloren gehen: die schlichte Tatsache, daß man heute während der Aufnahme des primär Bevorzugten vielfach zugleich Informationen und Meinungen geistig sozusagen mitnimmt, die man nicht unmittelbar und final ausgewählt hat, die aber durch diese Mitlieferung das Weltbild des Rezipienten mittelbar verbreitern und vertiefen; auch dies eine Art Huckepackverfahren, dessen Wert nicht verkannt werden sollte.

Vielleicht gehört es zu den Aufgaben der Kirchen, ihren Teil dazu beizutragen, daß die Welt der Kommunikation nicht zu einer Technik des bloßen Abrufens spezieller vorfixierter Informationen verkümmert. Nicht zuletzt diese Gefahr einer geistigen Verengung trotz äußerer Anreicherung wird es zu bannen gelten.

[72] Hierzu siehe die in Anm. 6 zitierte Stellungnahme des *Vorsitzenden der Publizistischen Kommission der deutschen Bischofskonferenz, Bischof Dr. Georg Moser, Rottenburg,* in: Media Perspektiven 1976, S. 76 f. (bes. S. 77) sowie die ebendort zitierte Stellungnahme der *Kammer der evangelischen Kirche in Deutschland (EKD) für publizistische Arbeit,* in: Media Perspektiven 1976, S. 128 ff. (bes. S. 130 f.).

[73] Dazu gibt es schon manche Anregungen; siehe etwa *E. Witte,* Leitlinien für die wissenschaftliche Begleitung von Pilotprojekten der Kabelkommunikation, (vervielfältigte) Studie aus dem „Münchner Kreis" (s. Anm. 66), Januar 1978; *H. Dunckelmann,* Kabelfernsehen im Modellversuch. Konzept für eine sozialwissenschaftliche Begleitung („Vorstudie" des Deutschen Instituts für Urbanistik). Berlin 1977; zuletzt *U. Pätzold,* Ziele und Ansätze für kommunikationswissenschaftliche Vor- und Begleituntersuchungen der Kabelpilotprojekte, in: Media Perspektiven 1978, S. 163 ff.

Leitsätze zum Vortrag von Prof. Peter Lerche, München

Die Kirchen und die neuen Entwicklungen im Rundfunkbereich – verfassungsrechtlich gesehen

I. Maßgebliche technisch bedingte Entwicklungen im Rundfunkbereich:

1. Entwicklungen, die nicht nur der technischen Verbesserung der Empfangsqualität u. ä. dienen, sondern einen selbständigen Bezug zur Programmgestaltung aufweisen, insbes. Kabelrundfunk, Satellitenrundfunk.

2. Entwicklungen, welche die Grenzen zwischen Rundfunk (Hörfunk, Fernsehen) und anderen Medien (Presse, neue Medien) fragwürdig werden lassen, insbes. Textkommunikation via Bildschirm („elektronische Textkommunikation").

II. Insbesondere Erscheinungsformen elektronischer Textkommunikation

3. Herauszuheben sind einmal Kommunikationsformen dieser Art, die im Verbund mit schon bestehenden technischen Diensten und Einrichtungen genutzt werden: „Bildschirmtext" (via Fernsprechnetz), „Videotext" (unter Ausnutzung der Austastlücken im Fernsehen). Per Videotext könnten bis zu etwa 1000 Anbieter Textinformationen verbreiten (nicht kleinregionaler Art, nicht dialogfähig).

4. Davon zu unterscheiden „Kabeltext" (Textinformationen per Bildschirm über eigene Kanäle). Der Inhalt sämtlicher Zeitungen der Bundesrepublik könnte, sind die technischen Voraussetzungen geschaffen, auf wenigen Breitbandkanälen übertragen werden.

III. Verfassungsrechtliche und rechtspolitische Fragen, aufgeworfen durch elektronische Textkommunikation

5. Evidente Kriterien, mit deren Hilfe eine Zuordnung dieser Kommunikationsformen zu den Rechtsgebieten der Presse, des Rundfunks oder neuartiger Medien vorgenommen werden könnte, sind weithin nicht ersichtlich. Das Text-Kriterium als solches (= „Lesen" = Presse?) ist eines unter mehreren gleichermaßen vertretbaren Kriterien. Auch die Möglichkeit, nach Kombination mit weiteren (judikativ teilweise schon abgesicherten) Gesichtspunkten zu suchen, um Einseitigkeiten zu dämpfen (z. B. Unterscheidung Massenkommunikation — Individualkommunikation, Einwirkung auf die öffentliche Meinungsbildung), erspart nicht gestaltende Entscheidungen.

6. Infolgedessen ist hier Raum und Anlaß für normative Festlegungen (im Rahmen des Vertretbaren). Die jeweilige Kompetenz der Normgeber (Bund, Länder) hängt aber teilweise ihrerseits von einer entsprechenden Zuordnung der einzelnen technischen Erscheinungen ab. (Ein gewisses Plus für den „handelnden" Normgeber mag durch die Judikatur honoriert werden können.) Da die Rechts- und Interessenstandpunkte nach wie vor voneinander abweichen, auch im Grundsätzlichen, bietet sich

vorerst wohl nur der Weg eines modus vivendi an — zumindest für eine Übergangsphase —, soll die Rechtssituation von ihren andauernden Lähmungserscheinungen befreit werden.

IV. Kirchlicher Beitrag zu den Fragen der elektronischen Textkommunikation?

7. Auch in diesem Bereich wird sich die Beanspruchung einer Gesamtverantwortung der Kirchen (im allgemeinen Sinne von BVerfGE 42, 312, 331, 333) äußern; unmittelbare kirchliche „Interessen" dürften aber nur sektoral berührt sein (z. B. technisch erleichterter Zugang zu körperlich Behinderten; zusätzliche Verwertbarkeit christlich orientierender Sammelwerke, etwa lexikalischen Charakters; Veranstaltungsübersichten u. ä. m.). Dies erschöpft das Problem indes nicht: Wie immer die begrifflichen Grenzen der jeweiligen Materien und demgemäß die Kompetenzgrenzen der Normgeber verlaufen mögen, jedenfalls besteht ein vordringliches Allgemeininteresse an einer materiell sachgerechten, medienspezifischen und verfassungsrechtlich vertretbaren Gesamtordnung dieses Feldes. Die doppelte Tatsache einer grundsätzlichen, tiefen Verwobenheit der Kirchen mit dem gesamten Medienbereich einerseits, ihrer Distanz vor allzu konkreter Interessenlage bei elektronischer Textkommunikation andererseits, rückt die Frage nahe, ob es die Kirchen als Aufgabe sehen könnten, auf eine derartige sachgerechte Gesamtordnung mit hinzuwirken.

8. Verfassungsrechtlich ist für eine materielle Ordnung der hier auftretenden medienspezifischen Probleme ein beachtlicher Spielraum für den (bzw. die) Normgeber verfügbar; auch angesichts der gebotenen Achtung privater Freiheit. Dies insbesondere dann, folgt man in diesem Punkte der (wohl nicht durchwegs unproblematischen) Entscheidung des Bayerischen Verfassungsgerichtshofs vom 30. 6. 1977, die das „Recht des Gesetzgebers" anerkennt, „bei dem Auftreten neuer technischer Formen der Äußerungsmöglichkeit" (auch außerhalb des eigentlichen Rundfunkbereichs) „der besonderen Sachstruktur solcher neuer technischer Formen Rechnung zu tragen und für ihre Nutzung Regeln aufzustellen ...".

V. Insbesondere Verfassungsfragen des Kabelrundfunks

9. Kabelrundfunk (Übertragung von Rundfunkprogrammen über Kabelnetz; bei Bewegtbildern über ein Breitbandkabelnetz entsprechender Kapazität) hebt sich von (Groß-)Gemeinschaftsantennenanlagen dadurch ab, daß neben den ortsüblich empfangbaren Programmen weitere Programme, etwa neu erstellte, eingespeist werden (fraglich ob z. B. schon das Auswählen der Programme als solches eine eigene rundfunkmäßige Veranstaltung darstellt). Bei Einspeisung überregionaler Programme sind Weitverkehrsverbindungen (z. B. Richtfunk, Fernsehsatelliten) erforderlich. Mit der Möglichkeit, einen Rückkanal einzurichten, eröffnen sich zusätzliche Nutzbarkeiten (bis hin zu „plebiszitären" Konsequenzen?).

10. Im Felde des Kabelrundfunks wird die Frequenzknappheit zwar (nach den gegenwärtigen technischen Bedingungen) vermindert, indes nicht beseitigt. Daher bleibt bei entsprechender Anbieterzahl das Auswahlerfordernis bestehen; auch unabhängig davon kann relevant werden, ob sich Meinungspluralität effektiv einstellt. Diese wie weitere Umstände (z. B. schutzwürdige Schutzbedürfnisse aus dem Funktionsraum freier Presse) sprechen auch in diesem Bereich für einen erheblichen organisatorischen Bewegungsraum.

Extreme Forderungen, etwa nach vollständiger Privatisierung, sind in den Hintergrund getreten. Ein Nebeneinander öffentlich-rechtlicher und privater Formen wird aber ins Auge gefaßt (prinzipielle Erhaltung der etablierten Anstalten; Konkurrenz- und Balance-Problem). Schon nach der gegenwärtigen Rechtslage im Rundfunkgebiet sind öffentlich-rechtliche und privatrechtliche Strukturen miteinander verflochten (z. B. soll sich nach überwiegender Ansicht die Hauptfunktion des öffentlich-rechtlich organisierten Rundfunks, die Programmgestaltung, regelmäßig in privatrechtlichen Bahnen vollziehen). Der lokale Bereich weist Besonderheiten auf (z. B. Verhältnis zu sog. lokalen Monopolzeitungen).

VI. Organisationsmodelle des Kabelrundfunks und die Position der Kirchen

11. Die Grundtypen möglicher Organisationsmodelle sollten nicht allein unter der beherrschenden Unterscheidung zwischen privatrechtlichen und öffentlich-rechtlichen Formen gesehen werden, soweit nicht (landes-)verfassungsgesetzliche Vorgaben dieser Art zu beachten sind. Unter dem Gesichtspunkt der Präsenz und Repräsentanz der Kirchen lassen sich vielmehr folgende Grundtypen möglicher, verändernder Organisationsformen unterscheiden — in der Reihenfolge des Grades der Veränderung — und u. U. in Gestalt von Pilotprojekten (mit der Gefahr eines ungewollten fait accompli?) erproben:

12. Erster Organisationstyp: Kabelrundfunk innerhalb der gesetzlich festgelegten Grundorganisation bestehender Rundfunkanstalten, wobei der Selbstdarstellung gesellschaftlich relevanter Gruppen (und privater Kräfte) größerer Raum gewährt wird, darunter auch den Kirchen. Soweit sich hierdurch gesteigerte Nutzbarkeiten im lokalen Bereich ergeben (einschließlich Dialog-Möglichkeiten), dürften sich auch für die Kirchen zusätzliche Aufgaben eröffnen.

Für überregionale Programme wird die Konkurrenz insbesondere mit künftigen Satellitenprogrammen und einem erhöhten Angebot bestehender Rundfunkdienste einzuberechnen sein, so daß eine ausreichende Aufnahmebereitschaft für zusätzliche (kirchlich selbstgestaltete) Sendungen nicht ohne weiteres vorausgesetzt werden darf, selbst wenn das notwendige Eigenpotential (samt Finanzierung) vorhanden wäre.

Spezielle Fragen ergäben sich unter dem Gesichtspunkt der Ausgewogenheit des Programms, soweit derartige Sendungen nicht in das „Normalprogramm“ integriert werden würden.

13. Zweiter Organisationstyp: Kabelrundfunk in pluralistisch organisierter Trägerschaft (gleich ob öffentlich-rechtlich oder privatrechtlich) außerhalb der etablierten Anstalten, wobei der Träger nicht zugleich Programmbetreiber wäre (Lizenzvergabe). In sich schlüssig könnte aber ein solches Modell nur sein, wenn dem Träger (bzw. dessen Kontrollgremien) gleichwohl erhebliche eigene Einwirkungs- und Gestaltungsmöglichkeiten verblieben (etwa bei Festsetzung und Durchsetzung von Programmrichtlinien, u. U. auch ausgewogener Auswahl der Lizenzträger), da andernfalls die pluralistische Organisationsform ohne innere Rechtfertigung wäre.

Nur so könnte daher auch den Kirchen in den pluralistisch zusammengesetzten Gremien ein relevanter Einfluß erhalten bleiben.

Die Mitgliedschaft der Kirchen in diesen Gremien könnte nicht dadurch in Frage gestellt werden, daß auf die Möglichkeit der Kirchen verwiesen werden würde, als Programmanbieter zu erscheinen wie prinzipiell jeder andere. Der Versuch einer solchen Aufrechnung müßte scheitern, da die Rolle der Kirchen in den pluralistischen Gremien (Gesamtverantwortung) von ihrer Rolle als Programmeigengestalter zu unterscheiden ist. Das müßte auch dann gelten, wenn sich die eigengestalteten Sendungen nicht nur auf einen im engeren Sinn religiösen Bereich beschränkten: Die Kirchen sind kompetent, auf die Organisation bzw. Gestaltung des Gesamtprogramms auch im Rahmen dieses Modells legitimen Einfluß zu nehmen. Die möglichen Schwierigkeiten eines vermehrten kirchlichen Eigenangebots entsprächen weitgehend jenen des ersten Typs.

Je intensiver der Einfluß der pluralistischen Kräfte in diesem Modell angesetzt wird, desto mehr spitzt sich das Problem zu, wie die Profiliertheit eigenverantwortlicher Sendungen gewährleistet werden kann.

14. Dritter Organisationstyp: Kabelrundfunk ohne substantiellen Einfluß pluralistisch organisierter Träger bzw. Gremien, abgesehen von der Abwehr von Monopolbildungen (besonders im lokalen Bereich) mit formalen Mitteln und der Durchsetzung der allgemeinen Rechtsordnung. Diesem Modell, dessen tatsächliches Funktionieren nicht ohne weiteres vorausgesetzt werden kann, kommt in besonderem Maße Konkurrenzcharakter zum bisherigen System zu. Verfassungsrechtlich erzwungen wird es nicht.

Mit Schwinden von Funktion und Legitimation pluralistisch zusammengesetzter Träger (bzw. Kontrollgremien) mindert sich entsprechend die darauf bezogene Komponente des kirchlichen Einflusses. Bei extrem reiner Ausbildung dieses Typs könnten die verbleibenden Kontrollfunktionen im Grunde einer nicht pluralistisch organisierten Stelle, deren Unabhängigkeit zu sichern wäre, übertragen werden.

Aus den oben (13.) angegebenen Gründen könnte diese Reduzierung der kirchlichen Repräsentation nicht einfach durch verstärkte Produzierung kirchlich eigengestalteter Sendungen aufgefangen werden (mag sich auch ein gesteigertes Bedürfnis im letzteren Bereich ergeben). Wohl aber erhärtet und konkretisiert sich der (normativ zu sichernde) Anspruch der Kirchen auf angemessene Beteiligung innerhalb der Pluralstruktur der bestehenbleibenden Anstalten: Die „Angemessenheit" des Grades der Beteiligung läßt sich nur mit Rücksicht auf die Gesamtsituation des Rundfunkbereichs bestimmen. Auch diese Frage muß nicht zuletzt die künftige Bedeutung und Wirkung des Satellitenrundfunks (mit besonderer Aktualisierung der Auslandsoffenheit der Informationsfreiheit) einrechnen.

VII. Pilotprojekte und die Kirchen

15. Die gegenwärtig tatsächlich erwogenen Organisationsmodelle für Pilotprojekte, insbesondere auch die Vorstellungen der politischen Parteien, verwenden Kriterien, die sich nicht voll mit den vorstehenden, aus dem Aspekt der kirchlichen Position entwickelten Organisationskriterien decken.

16. Pilotprojekte sollten nach Möglichkeit so ausgelegt werden, daß nicht nur die zu erwartende Akzeptanz, die ökonomische Nutzbarkeit, ökonomische Folgen u. ä. getestet werden können; vielmehr sollte auch die Beantwortung der Frage, ob bzw. wie die neuen Telekommunikationsformen den geistigen Kräften in der Gesellschaft zugute kommen können, zu erleichtern gesucht werden. Die tatsächlichen Möglichkeiten auswertbarer und kontrollierbarer Tests dürfen allerdings nicht überschätzt werden.

Diskussion über den Vortrag von Prof. Peter Lerche, München

Diskussionsleiter: Prof. Scheuner, Bonn

Prof. Scheuner, Bonn:

Wir werden zunächst die Freude haben, einen kurzen Bericht von Herrn Professor Metz über die französischen Probleme des Rundfunks zu hören.

Prof. Metz, Strasbourg:

Das Verhältnis von Kirche und Staat in bezug auf Hörfunk und Fernsehen beruht in Frankreich auf keiner juristischen Basis. Es hat sich auf ganz empirische Weise gestaltet. Das läßt sich folgendermaßen erklären:

Zu Beginn war der Rundfunk praktisch eine private Einrichtung. Und in diesem Zusammenhang war es möglich, religiöse Sendungen auszustrahlen. Und so geschah es auch, daß religiöse Sendungen den Zuhörern regelmäßig zur Verfügung standen. Als 1933 der Rundfunk in staatliche Hände kam, wurden die kirchlichen Sendungen eingestellt aufgrund der Laizität des Staates. Man nahm damals an, daß infolge der Trennung von Staat und Kirche der Staat keinen Kult oder keine religiöse Gemeinschaft fördern dürfe und deshalb sich an eine strikte Neutralität halten müsse. Aber dieses Verhalten rief Proteste hervor, so daß man ausnahmsweise einige kirchliche Sendungen wieder zuließ; nämlich während der Fastenzeit wurde sechs Sonntage hintereinander jeweils eine katholische und eine protestantische Sendung eingeschaltet in der Form von Fastenpredigten. Mehr konnte man damals nicht erreichen bis zum Zweiten Weltkrieg.

Nach dem Zweiten Weltkrieg änderte sich die Lage. Die sogenannte negative Neutralität des Staates wurde allmählich durch eine positive Neutralität abgelöst. Mit anderen Worten: Man legte den Schwerpunkt nicht mehr wie vor 1940 auf die Neutralität des Staates — Neutralität verstanden als Laizität —, sondern man legte ihn auf die Religionsfreiheit. Und nach dieser neuen Auffassung der Trennung versuchte man, allen gesellschaftlich relevanten Gruppen — und hier scheint mir der Ausdruck am Platze — gerecht zu werden und nicht nur die Nichtgläubigen zu begünstigen, wie man es vorher tat aufgrund des negativ verstandenen Neutralitätsprinzips. Also: nach 1945 wurden religiöse Sendungen sowohl im Hörfunk wie im Fernsehen aufgenommen. Die Zahl dieser Sendungen wurde vermehrt mit dem neuen Status, den der Rundfunk 1959 erhielt und der ihm mehr Unabhängigkeit dem Staat gegenüber gewährt. Und die Lage wurde dann noch besser 1974 mit der neuen Reorganisation des Rundfunks. Jetzt wird der Rundfunk als eine Einrichtung betrachtet, die im Dienst der Allgemeinheit steht. Alle gesellschaftlich relevanten Gruppen haben ein gewisses Recht auf den Gebrauch dieses Rundfunks. Wollte man die Kirchen ausschließen, würde das einen Verstoß gegen die Religionsfreiheit bedeuten, besser noch:

einen Verstoß gegen die Freiheit als solche. Und mit diesem Ziel der Realisierung der Freiheit werden zur Zeit nun die Programme aufgestellt. Alle verschiedenen weltanschaulichen Gruppen haben Recht auf Sendungen im Hörfunk und im Fernsehen, so daß man neben den katholischen, protestantischen, israelitischen sogar muselmanische Sendungen, Sendungen der Freimaurer, der Freidenker usw. findet. Der Staat stellt allen diesen Gruppen eine Sendungszeit zur Verfügung. Er verlangt keinen Dienst von diesen Gruppen, bezahlt sie aber auch nicht.

Zum Schluß muß noch angemerkt werden, daß bis jetzt keine juristische Regelung stattgefunden hat. Die jetzige Situation ist einfach das Resultat einer empirischen Entwicklung, die sich ganz und gar in die allgemeine Entwicklung der Dinge in Frankreich einreiht. Praktisch findet man zur Zeit im Programm sowohl im Hörfunk wie im Fernsehen jeden Sonntag einen katholischen und einen protestantischen Gottesdienst; beide stehen auf einem sehr hohen Niveau. Zudem kommt noch während der Fastenzeit jeweils am Sonntag eine Stunde Fastenpredigt für die Protestanten und für die Katholiken hinzu.

So ist ungefähr die Lage in Frankreich.

Prof. Scheuner, Bonn:

Wir sind sehr dankbar für diesen Bericht. Ich darf zur Eröffnung der Diskussion über den Vortrag von Herrn Professor Lerche vielleicht wieder ein paar einleitende Worte sagen.

Herr Professor Lerche hat uns die Probleme, die sich aus den neuen Gestaltungsmöglichkeiten des Rundfunks ergeben, in einer außerordentlich eindringlichen und scharfsinnigen Form vor Augen geführt. Wir sollten uns bei unserer Diskussion auf unseren Tagungsgegenstand beschränken, d. h. wir sollten nicht diskutieren diejenigen Fragen, die sich vielleicht den anwesenden Staatsrechtlern aufdrängen könnten, ob und wie die Verfassung eine bestimmte Gestaltung festlegt. Das ist eine Diskussion, die — wie Herr Professor Lerche mit Recht ausgeführt hat — bereits heftig im Gange ist und die wie hier — glaube ich — nicht verbreitern oder ergänzen sollten. Wir sollten vielmehr davon ausgehen, daß voraussichtlich technische und wirtschaftliche Zwänge eine Ausdehnung der heutigen Sendemöglichkeiten herbeiführen werden — ob wir das begrüßen oder nicht. Wir sollten davon ausgehen, daß die verschiedenen Gestaltungsmöglichkeiten offen wären — wir wollen uns hier nicht für die eine oder andere entscheiden —, und sollten prüfen, welche Konsequenzen sich für das Verhältnis der Kirche zum Rundfunk daraus ergeben. Hier würde ich meinen, sollte der Schwerpunkt unserer Überlegungen darin liegen, uns zu verdeutlichen, was für die Kirchen wohl wünschenswert sein könnte. Herr Professor Lerche hat uns sehr eindringlich vor Augen geführt, daß die vielleicht in manchen kirchlichen Kreisen zunächst vorhandene Neigung, eine Lösung besonderer Freiheit für alle Gruppen zu empfehlen, weil man damit meinen könnte, einen größeren Spielraum zu gewinnen, negativ erkauft wird durch den Verlust der jetzigen Einflußmöglichkeiten auf die organisierten Anstalten. Dieser Gesichtspunkt sollte einmal unsere Aufmerksamkeit erregen.

Und zum zweiten sollten wir — wenn das hier auch natürlich nur in einem ersten versuchsartigen Ansatz der Fall sein kann —, uns klar machen, welche Aufgaben für die Kirchen daraus entstehen können, daß in jedem Fall — auch wenn eine öffentlich-rechtliche Struktur der Anstalten dieser lokalen Möglichkeiten beibehalten wird — den Kirchen erweiterte Sendezeiten und Sendemöglichkeiten eröffnet werden. Sind die Kirchen wirklich organisatorisch, geistig und auch personell auf diese erweiterten Möglichkeiten vorbereitet? Und was müßten sie tun, um ihnen zu begegnen?

Schwarzkopf, Stellvertretender Intendant des NDR, Hamburg:

Die technisch interessantesten Möglichkeiten unter den neuen Medien ergeben sich zweifellos in dem Bereich, in dem eine Zweiweg-Kommunikation möglich ist zwischen dem Teilnehmer und einer Quelle der Information. Hier sind ganz zweifellos außerordentliche technische Möglichkeiten und eine außerordentliche Intensivierung des technischen Aspekts der Kommunikation vorstellbar.

Zum anderen muß man sich aber auch fragen, und das ist sicher ein Aspekt, der die Kirche interessieren sollte und müßte, ob nicht diese ungeheure Intensivierung des technischen Aspekts der Kommunikation — sehr überspitzt und etwas pathetisch gesagt — zu einer Demontage des humanen Aspekts der Kommunikation führen könnte. Denn die Extremvision ist, bei mir zumindest, die von einem Menschen, der völlig isoliert in seinem Zimmer sitzt und sämtliches — von Bestellungen bis hin zur Erbauung, Belehrung, Tröstung — über sein Fernsehgerät erfährt, das für ihn praktisch der letzte Weg der Kommunikation ist und ihm den Umgang mit Menschen entbehrlich macht. Überspitzt weiter gefragt: Hat nicht die Kirche vielleicht Anlaß, darüber nachzudenken, ob sie hier so das Banner ergreifen sollte einer Art von Nonproliferation solcher extremen Möglichkeiten? Das war meine erste Anmerkung, die sich ausdrücklich auf das von Herrn Professor Scheuner genannte Thema und das unserer Tagung bezieht.

Eine zweite Anmerkung hat weniger unmittelbar damit zu tun. Ich will sie gleichwohl machen. Herr Professor Lerche hat darauf hingewiesen, daß sich nach überwiegender Ansicht die Hauptfunktion des öffentlich-rechtlich organisierten Rundfunks, nämlich die Programmgestaltung, regelmäßig in privatrechtlichen Bahnen vollzieht. Sicherlich ist es richtig, daß, wenn eine Rundfunkanstalt einen Vertrag mit einer Filmfirma schließt, einen Film ankauft, eine ausländische Serie ankauft, einen Autor beauftragt, einen Schauspieler beschäftigt, das alles Vorgänge sind, die sich privatrechtlich vollziehen. Aber ganz wesentliche Elemente, und vielleicht sogar noch wesentlichere der Programmgestaltung und insbesondere der Ausübung der Programmverantwortung sind eben nicht privatrechtlicher Natur. Wenn der Intendant dem Redakteur die Genehmigung für die Produktion eines Fernsehstückes erteilt oder versagt, dann ist das sicherlich kein privatrechtlicher Vorgang. Wenn der Intendant oder sein Beauftragter eine Sendung wegen Verstoßes gegen die Rundfunkgesetzte absetzt, ist auch das sicher kein privatrechtlicher Vorgang. Die Entscheidung der Fernsehprogrammkonferenz der Landesrundfunkanstalten über das Gemeinschaftsprogramm geschieht aufgrund eines Verwaltungsabkommens zwischen diesen Anstalten. Ein Verwaltungsabkommen ist ebenfalls die Koordinationsvereinbarung zwischen ARD und ZDF, die die Programmstruktur festlegt, ein ganz wesentliches Element der Programmgestaltung. Deswegen glaube ich, daß die These, die Programmgestaltung vollziehe sich regelmäßig oder gar überwiegend privatrechtlich, dieses ergänzenden Hinweises sicher bedurfte.

Prof. Schnizer, Graz:

Ich möchte einen kurzen Versuch unternehmen, die Situation in Österreich zu schildern. Wir hatten in Österreich aufgrund eines Volksbegehrens, in das sich die Zeitungen eingeschaltet hatten, eine Lösung, die einen staatsfreien Rundfunk garantieren sollte. Es wird Sie nicht sehr wundern, daß es 1974 zu einer anderen Lösung kam. Die frühere Lösung bestand darin, daß eine GmbH, also ein Rechtsträger des privaten Rechtes, Träger war. Eine freie Trägerschaft kommt auch im österreichischen Recht nicht infrage. Es besteht eine Art Monopol, Ansatzpunkt auch hier die technische Kompetenz.

Dieser Träger hat eine sehr anerkannte, wenn auch nicht widerspruchsfreie Aufwärtsentwicklung genommen. Die Zusammenarbeit mit den Kirchen war nicht schlecht, wenn auch durchaus Wünsche offenblieben. Dieser Träger wurde nach starken Vorstößen, die vor allem von Gewerkschaftsseite kamen, 1974 durch ein neues Rundfunkgesetz umgeformt. Man hat auch den Verfassungsgesetzgeber bemüht und damit manche technisch-legistischen Probleme ganz gut in den Griff bekommen, etwa einen einheitlichen Tatbestand des Rundfunkwesens damit konstituiert. Man hat den Anlaß aber auch benützt, das, was heute so gerne, nicht ganz unzutreffend, Staatsrundfunk genannt wird, einzurichten. Die Rechtsform verrät wenig. Es handelt sich hier um einen Wirtschaftskörper mit eigener Rechtspersönlichkeit — für Nichtösterreicher übersetzt: ein staatliches Sondervermögen, das aber per se nicht öffentlichrechtlich ist. Es hat zweifellos aber eminent staatliche Aufgaben. Es hat das Monopol für das gesamte Rundfunkwesen, Hörfunk ebenso wie Fernsehen, wahrzunehmen. In der Innenstruktur ist es ein legistisch unvollkommenes, aber eigentlich in seinen Tendenzen geschickt angelegtes Gesetz. Es bringt — um dies vorwegzunehmen — den Religionsgemeinschaften einen ganz guten Stand. Es enthält — das ist wichtig — die Verpflichtung, im Gesamtprogramm dem Standpunkt der gesetzlich anerkannten Kirchen und Religionsgemeinschaften angemessen Rechnung zu tragen. Das kann eine schöne Basis oder auch nur eine Leerformel sein. Es hängt davon ab, was man daraus macht.

Die Beteiligung an der Willensbildung ist zwar zahlenmäßig schwach; es gibt im entscheidenden Kuratorium nämlich zwei Sitze für die Religionsgemeinschaften, verbis expressis einen für die katholische und einen für die evangelische Kirche. Hierbei ist erfreulich, daß diese Sitze nicht auf Umwegen über irgendwelche anderen Interessenvertretungen besetzt werden, sondern direkt von den genannten Kirchen. Diese Möglichkeit, Einfluß zu nehmen, ist allerdings nicht groß, denn diese Sitze entfallen auf ein Gremium von dreißig bis vierzig Leuten. Immerhin bringt sie die gesicherte Plattform, die Meinung der Kirche den Stimmführern bekanntzumachen.

Über diese direkte Nennung der Religionsgesellschaften hinaus ist außerdem zu berichten, wie dieser Staatsrundfunk durch seine Struktur den Verpflichtungen nachkommt, die ihm gesetzt sind. Das Kuratorium soll auf mögliche Meinungsvielfalt achten; das ist ein Aspekt. Es ist pluralistisch besetzt, aber mit einer so starken Schlagseite zu Interessenvertretungen, die der Regierungspartei nahestehen, daß es bei allen Entscheidungen des Kuratoriums eine verläßliche Mehrheit gibt, auch wenn dies nicht offen zutage tritt. Dieses Kuratorium handelt zwar nicht in vielen Fällen mit konkreten Entscheidungskompetenzen, aber mit so schönen Grundsatzkompetenzen, daß es doch den Rundfunk sehr, sehr stark gestalten kann. Es bestellt etwa auch den Generalintendanten oder es hat eine — wenn man es genau liest — nicht belanglose Richtlinienkompetenz. Interessant ist weiter das Redakteurstatut, das im Gesetz ziemlich weitgehend vorprogrammiert ist. Dieses Redakteurstatut hat allerdings schon einen Fortschritt in der Frage der Meinungsäußerung des dort tätigen Journalisten gebracht. Es schützt nicht nur seine persönliche, sondern auch die journalistische Meinungsfreiheit. Das scheint mir also ein gewisser Fortschritt in der Begriffsumschreibung. Der Pferdefuß liegt darin, daß der einzelne dieses Recht nicht selbst wahrnehmen kann, sondern nur durch einen Redakteurausschuß, eine betriebsratsähnliche Organisation gegenüber dem Dienstgeber Rundfunk. Man ist auch hier wieder versucht, an nudum jus zu denken. Im Redakteursrat, der ein Standesorgan ist, konzentriert sich die Frage, wie man den einzelnen Redakteur leiten kann. Und da kam es vor kurzem wieder zu einer Auseinandersetzung, weil ein Redakteur nur eine Tageszeitung zitiert hat, die eher unabhängig, aber doch mehr im konservativen Bereich steht. Der Bundeskanzler hatte interveniert, der Redakteursrat hat noch nicht entschieden; aber es kommt eben doch zu einem disziplinären Verfahren. Ich lenke also noch einmal Ihre Aufmerksamkeit darauf, daß zwar die Garantie des Einzelnen in seinem Grundrecht als Journalist da ist, daß aber die Aktivlegitimation nicht ihm, sondern einem Kollektivorgan zusteht. Vielleicht ist noch bemerkenswert, daß das Gesetz relativ kodifikatorisch ist. Es enthält auch ein Entgegnungsrecht, und insofern einen begrüßenswerten Schutz des Individuums. Das ganze Gesetz ist deutlich beeinflußt von Gedanken eines räteähnlichen Mitbestimmungsmodells; und das sollte über den sonst eher neutralen, den Leser ansprechenden Gehalt doch nicht hinwegtäuschen. Wenn man also den Test darauf macht, welche Machtstrukturen jetzt zum Zuge kommen, so kann es keineswegs als Paradestück einer freiheitlichen Grundordnung angesehen werden. Daran kann auch die an sich begrüßenswerte Institution einer Hörer- und Sehervertretung nichts ändern.

Prof. Scheuner, Bonn:

Es ist für uns sehr wertvoll, solche Ergänzungen aus den Gesetzen anderer Länder zu haben, und wir bedanken uns sehr. Ich darf vielleicht einige Fragen anschneiden, die an den Beitrag von Herrn Schwarzkopf anknüpfen.

Wenn wir uns die Frage vorlegen, welche Richtung eigentlich den Kirchen bei der Ausgestaltung der neuen Form des Rundfunks erwünscht sein möchte, so tritt das Problem hervor, welche geistige Bedeutung der heutigen Organisation und Gestalt des Rundfunks vorzustellen sei. Bei der Presse gehen wir davon aus, daß den Kirchen kein Einfluß zusteht, sondern daß hier eine traditionelle Gestalt der Äußerung in der Presse vorliegt, in der die Kirche selbst — da sie auch über einzelne, wenn auch nicht täglich erscheinende Presseorgane verfügt — ihre Stimme zur Geltung bringen kann, mit der sie aber auch in der großen Presse angemessen im allgemeinen berücksichtigt wird.

Im Rundfunk ist dagegen durch die Zusammenfassung der Programmgestaltung eine Situation entstanden, in der der Einfluß des Rundfunks auf die Menschen, der sowieso relativ stark ist, noch stärker dadurch zum Ausdruck kommt, daß durch die Programmgestaltung eine Art von Meinungsbildung oder Meinungsdirektion oder — vielleicht könnte man sogar sagen — teilweise erzieherische Funktion eintritt. Wenn wir von Bildungsprogrammen im Rundfunk sprechen, so ist das ein Stück — wie wir es in der Bundesrepublik auszudrücken pflegen — Erwachsenenerziehung. Den Menschen werden Fragen, Probleme, Tatsachen und Informationen nahe gebracht, die sie vielleicht sonst gar nicht aufnehmen würden, vielleicht auch dadurch nicht aufnehmen, daß sie den Rundfunk abschalten und auf ein Konzert übergehen. Aber jedenfalls wird es ihnen nahegebracht. Die kirchlichen Sendungen fügen sich in diesen Bereich ein. Es werden hier Angebote für die Kirchen möglich, die Personenkreise erreichen, die normalerweise im Gottesdienst oder in anderen seelsorgerlichen Berührungen nicht erreichbar sind. Das ist zweifellos auch für die Kirchen ein gewisser Vorteil des heutigen Systems. Es ist sehr zweifelhaft, ob bei einer Vermehrung der Angebote vielleicht in das fast Unendliche diese kirchlichen Angebote besser oder schlechter dastehen. Es ist durchaus denkbar, daß der von der Fülle der Angebote verwöhnte Bürger nun eben noch stärker dem Vergnügen, der Unterhaltung und anderen Dingen sich zuwendet, ohne die ernsteren Sendungen noch aufzunehmen.

Und das führt zugleich noch auf ein anderes: Die Kirche würde, je stärker das Angebot von zahlreichen Sendegruppen ausgeht, sehr viel weniger Möglichkeiten haben, überhaupt noch auf eine Ausgewogenheit und auf eine Kritik der Sendungen einzugehen. Es ist jetzt schon schwer genug, über geschehene Sendungen, die kritisch aufzunehmen sind, sich zur Geltung zu bringen. Wie soll denn das passieren, wenn nun in mindestens zwanzig oder dreißig verschiedenen regionalen Kreisen in jedem Regionalkreis zwanzig verschiedene Gruppen zu Wort kommen? Hier ist dann schon die Beobachtung beinahe unmöglich oder jedenfalls nur lokal möglich und die nachträgliche Kontrolle oder Auseinandersetzung fast undenkbar geworden.

Es ist also eine Frage, ob nicht in der Tat unter dem Gesichtspunkt der begleitenden administrativen Stellung der Kirchen eine Verschlechterung eintritt. Dem könnte nur begegnet werden durch eine Regionalisierung der kirchlichen administrativen Mitwirkung, so daß also vielleicht das kirchliche Interesse stärker dahin ginge, daß doch, seien es die jetzigen Anstalten, die diese Dinge im Annex übernehmen oder neue örtliche entsprechende pluralistische Gebilde geformt werden.

Bei dem dritten vorgezeichneten Modell, das vielleicht vom Gesichtspunkt der Rundfunkfreiheit aus manche idealen Lösungen bietet, wäre ja eine Beaufsichtigung der einzelnen Sendungen höchstens noch im Wege der Verwaltungsgerichte oder im Falle nachträglicher grober Überschreitungen denkbar.

Und endlich ein drittes: Es wäre sehr viel schwieriger, wenn ein Allgemeinprogramm fehlt, noch die kirchlichen Anliegen außerhalb der kirchlichen Sendezeiten zum Ausdruck zu bringen. Welche Gruppen könnten denn sonst eigentlich die Gestaltung übernehmen? Man könnte annehmen, daß sich sicher Gewerkschaften, politische Parteien usw. der Sendungen annehmen. Die meisten dieser Sendungen — und hier würde wahrscheinlich überhaupt das eigentlich schwierige Problem liegen — würden versuchen, kommerzielle Interessen zum Ausdruck zu bringen, womit dann ein Kampf um die Werbung beginnen würde, der sowieso ohne gesetzliche und administrative Lösungen gar nicht geschlichtet werden könnte. Denn wenn zwanzig regionale Kanäle Werbung ausstrahlen, würden sie sich auch selbst das Wasser abgraben. Es würde dann der Reiz für die Werbeträger, namhafte Summen für Werbung zu bezahlen, wegen der Schwierigkeit der Einschaltquoten so sinken, so daß hier die Erträge nicht mehr nennenswert wären.

Ich stelle jetzt einmal die zweite Problemreihe, die ich bezeichnet habe, noch zurück, nämlich die Frage: Was könnten die Kirchen mit der ihnen vermutlich in diesem Rahmen reichlich zur Verfügung stehenden Sendezeit anfangen, die sie nicht nur gottesdienstlich füllen könnten, sondern in denen man dann auch erwartete, daß sie mit einer Fülle anderer Programme konkurrierten.

Intendant a. D. Dr. Mai, Saarbrücken:

Ich war erfreut darüber, daß Herr Schwarzkopf das Humanum einer erweiterten Kommunikationsbreite angesprochen hat. Ich möchte auf die Gefahr hinweisen, die für das seelische Eigenleben des Menschen durch eine zunehmende Informationsdichte entsteht. Hier können nicht die Teilnehmerratings für kirchliche Sendungen entscheidend sein, sondern das Humanum muß Priorität haben, sonst tritt die Kirche als reiner Interessenvertreter ihrer publizistischen Quantitätswünsche auf.

Ich glaube, sie sollte vorsichtig sein in Richtung einer möglichst großen quantitativen publizistischen Wirksamkeit der Kirche zu argumentieren und die seelische Gesundheit des Menschen dabei aufs Spiel zu setzen, weil sie sonst echte Interessengruppe im Wettbewerb um den Besitz der neuen Kommunikationsmittel wird und damit auch ihre schiedsrichterliche Unabhängigkeit über die humane Zweckmäßigkeit der drei Modelle verliert, die Professor Lerche aufgezeichnet hat. Ich glaube, die Kirche ist, wie es Herr Schwarzkopf gesagt hat, berechtigt und verpflichtet, vom Humanum her ihre Auffassung darzulegen.

Ich warne also davor, zu sehr mit erweiterten publizistischen Möglichkeiten zu argumentieren und das seelische Wohl des Menschen hintanzustellen. Ich wollte nur auf diese Situation, auf die Schiedsrichterrolle der Kirche gegenüber human relevanten Entwicklungen der Technik und die damit verbundenen Aspekte aufmerksam machen.

Dr. Schneider, Fernsehbeauftragter der EKD, Frankfurt:

Ich würde gern an das anknüpfen, was Herr Schwarzkopf eingangs sagte. Wir sind ja im Moment in der Situation, daß wir vermutlich mit vier solchen Modellen leben müssen, muß man wohl sagen. Denn ich kenne kaum jemanden, der sonderlich gerne damit leben möchte, es sei denn, Leute, die sich mit Arbeitsmarktproblemen oder eben mit ökonomischen Dingen zu beschäftigen haben. Publizistisch halte ich hier nicht sehr viel für sehr interessant.

Was nun die Position der Kirchen im Blick auf diese vier zu erwartenden Plätze betrifft, glaube ich, sollte man zunächst einmal unterscheiden zwischen der Beteiligung am Trägerteil des Unternehmens, und da war ich eigentlich sehr dankbar für das, was Herr Lerche im Blick auf die Gesamtverantwortungsfrage verfassungsrechtlich ausgeführt hat. Die Kirchen behaupten das gerne von sich, daß sie diese Gesamtverantwortung haben, aber es ist ganz gut, daß auch einmal rechtlich noch etwas präziser abgesichert zu hören. Nach meiner Vorstellung sollten die Kirchen sich zunächst überhaupt nur in diesem Trägerbereich bewegen, und zwar aus publizistischen und auch aus ökonomischen Gründen; aus publizistischen deshalb, weil sie dann das Problem, das Herr Mai eben angedeutet hat, am ehesten werden vermeiden können und eben nicht ihre Sendezeitengelüste mit irgendwelchen übergeordneten Gesichtspunkten im Dunkeln vermischen müssen; aus ökonomischen, weil ich überhaupt keine Möglichkeit — jedenfalls im Bereich der evangelischen Kirche — sehe, eine größere finanzielle Summe auszuwerfen, um das, was da auf uns zukäme, zu bezahlen. Nach den Berechnungen, die es gibt, sind das doch Millionenbeträge. Ich würde also dafür plädieren, sich zunächst auf den Teil Träger zu beschränken und mit einer sehr vorsichtigen, in den Quanten sehr zurückhaltenden Option vielleicht vorläufig — man weiß ja auch nicht so ganz genau, was die anderen machen — im Blick auf das Anbieten von Programmen zu verfahren. Wir werden das nicht bezahlen können, und ich glaube, wir werden's auch nicht brauchen.

Dr. Kiefer, Essen:

Darf ich vielleicht einen Gedanken von Herrn Lerche weiterzuführen suchen, nämlich die aufgeworfene, aber offengelassene Frage, ob diese Entwicklungen zu einem neuen Medium führen? Ich glaube, hier liegt einer der entscheidenden Ansätze neben den vielen bemerkenswert originellen weiterführenden Gedanken, die Herr Lerche geäußert hat. Wenn wir die drei Modelle ansehen, die Sie entwickelt haben, liegt in jedem auch der Ansatz zu einem Kommunikationsmodell. Meine Frage wäre: Führen nicht diese neuen Entwicklungen überhaupt zu der Notwendigkeit, neu über Kommunikation nachzudenken? Darf ich an diesem Punkt, Herr Forster, noch einmal Ihre Zitate aus „Communio et progressio" aufnehmen und vielleicht noch einmal verstärkt darauf hinweisen, daß hier schon die Überschrift dieses Pastoralrundschreibens „Über die *Instrumente* der sozialen Kommunikation" einen inhaltlichen Begriff gebraucht, der sehr viel stärker, sehr viel weiter als der der *Medien* ist? Und ist nicht hier — anstatt von einem neuen Medium zu sprechen — die Frage zu stellen: Werden nicht bisherige Medienstrukturen aufgelöst zu Kommunikationsstrukturen im Sinne — in Beziehung zu — sozialer Kommunikation als Oberbegriff?

So verstehe ich auch Ihre ständig eingewobenen Fragen mit der Herausforderung an die Kirche, die vielleicht zu einer gewissen Sprachlosigkeit angesichts der Übererwartung geführt hat, was alles gleichzeitig von der Kirche erwartet wird. Ich sehe hier weniger eine Schiedsrichterrolle für diese Institution, sondern bevorzuge mehr die Richtung, die Herr Schwarzkopf durch den Hinweis zur Verpflichtung im Sinne einer Gefahrenabgrenzung bestimmt hat — also positiv formuliert, besonders die Humanität in der sozialen Kommunikation zu sichern und auch die positive Aufgabe, sehr viel stärker und kontinuierlicher das Kommunikationsproblem überhaupt gemeinsam mit den pluralen Gruppen der Gesellschaft zu durchdenken. Das ist dann, wenn wir in dem Sprachgebrauch und den Definitionen der letzten zwei Tage bleiben wollen, die Verpflichtung für das Gesamtprogramm — aber jetzt umfassender kommunikativ definiert und gleichzeitig offensiv in der sehr wichtigen Frage, die Herr Schwarzkopf durch die Verpflichtung aus dem Selbstverständnis der Kirche für die Medienproblematik aufgeworfen hat.

Vielleicht kann man in diese Richtung weiterdenken. Denn letztlich geht es ja um einen strategischen Ansatz: Was soll die Kirche in dieser neuen Entwicklungssituation tun, und zwar rechtzeitig?

Prof. Kewenig, Kiel:

Ich möchte etwas sagen zu der vom Referenten aufgeworfenen und dann auch vom Herrn Vorsitzenden aufgenommenen Problematik der Organisationsform des Rundfunks der Zukunft. Der Referent hat drei Organisationstypen unterschieden. Ich möchte ein Plädoyer für den 3. Organisationstyp halten. Die ersten beiden Organisationstypen gehen ja von der gegenwärtigen pluralistischen Organisationsstruktur der Rundfunkanstalten aus. Sicher ist der Pluralismus ein gutes Organisationsprinzip. Nur, wenn wir ehrlich sind, kann man ja zumindest im Rundfunkbereich heute nicht mehr vom Pluralismus, sondern höchstens vom Elend des Pluralismus sprechen.

Der Zustand der pluralistisch organisierten Rundfunkanstalten ist einer der Gründe, daß mir doch gewisse Zweifel kommen, wenn man nun versucht, auch den Rundfunk der Zukunft in eine Organisationsform einzufangen, die sich bisher als ziemlich zweifelhaft und unhandlich erwiesen und die im Grunde die zu bewältigenden Probleme verschärft statt gelöst hat. Es drängt sich deshalb doch geradezu auf, nach Alternativen zum Pluralismus zu suchen. Das gilt um so mehr, wenn man sich vor Augen hält, daß die Gründe für die „Flucht in den Pluralismus" im Rundfunkbereich schon heute entfallen sind und jedenfalls angesichts der neuen Entwicklungen keine Rolle mehr spielen. Das gilt sowohl für das technische — keine hinreichende Anzahl von Sendefrequenzen — wie für das finanzielle — zu hoher Kostenaufwand — Argument. Damit aber entfällt zumindest für den Kabelrundfunk der „Zwang" zur pluralistischen Grundstruktur, so wie ihn das Bundesverfassungsgericht begründet hat.

Deshalb sollten sich auch die Kirchen, so meine ich, doch ernsthaft die Frage stellen, ob im Hinblick auf die neuen Entwicklungen, wie sie der Referent dankenswerterweise aufgezeigt hat, der 3. Organisationstyp auch im Hinblick auf die eigenen Interessen nicht ernsthaft in Erwägung gezogen werden sollte.

Ich möchte aber außer der Fragwürdigkeit des Pluralismus als Organisationsprinzip im Rundfunkbereich vielleicht auch zwei positive Gründe für den dritten Organisationstyp anführen, und zwar positive Gründe, so glaube ich, aus der Sicht der Kirchen. Der erste Grund wäre der, daß man doch auch die Chance des eigenen Rundfunks sehen muß. Und das wäre ja etwas, das sich ohne Pluralismus ganz konkret anböte. Ich konstatiere immer wieder im kirchlichen Bereich einen gewissen Mangel an Mut, einen gewissen Mangel an Bereitschaft, das, was man für richtig hält — und ich würde hinzufügen, was man für richtig halten muß — auch mit dem dann eigentlich selbstverständlichen Engagement zu vertreten. Bietet es sich da nicht an, eine oder gar mehrere kircheneigene Rundfunkanstalten — die ja keineswegs jeweils Riesenunternehmen sein müssen so wie NDR oder WDR — zu nutzen, um mit Engagement, Phantasie und nach eigenem Konzept die Botschaft zu verkünden?

Und zum zweiten: Man muß ja auch sehen, daß kleinere Anstalten in eigener Regie ganz andere Möglichkeiten böten, auf die regionalen und lokalen Bedürfnisse und Wünsche der Mitglieder und der Nichtmitglieder einzugehen. Ist nicht eine der gewichtigsten Schwierigkeiten der religiösen Sendungen in den gegenwärtig existierenden Rundfunkanstalten die, daß sie völlig abstrahieren müssen von den unterschiedlichen Einstellungen, von den unterschiedlichen Einsichten, von den unterschiedlichen Wünschen etwa der Bayern auf der einen und der Schleswig-Holsteiner auf der anderen Seite? Und ist nicht der durch die gegenwärtige Organisationsstruktur erzwungene hohe Abstraktionsgrad einer der Gründe dafür, daß häufig an den Nichtmitgliedern, aber auch an den Mitgliedern der Kirche vorbeigesprochen wird?

Ich würde also, um abzuschließen, meinen: Nicht nur wegen der negativen Erfahrungen mit dem Pluralismus in den letzten zwanzig Jahren — und ich sehe nicht, daß sich diese negativen Erfahrungen entscheidend verbessern werden in der Zukunft —, sondern auch aus positiven Gründen würde ich den Kirchen raten, sehr ernsthaft über den Organisationstyp 3 nachzudenken, der zudem, wie der Herr Vorsitzende mit Recht gesagt hat, von verfassungswegen und von freiheitswegen sicherlich derjenige Typ ist, dem man instinktiv zuneigt.

Prof. Lerche, München:

Wenn Sie mir ein Wort gestatten; zunächst zum Stichwort „Mangel an Mut". Ich glaube, daß das bisherige Zögern der Kirche verständlich war. Es mußte wohl — auch rein zeitlich gesehen —, eine gewisse Abklärung abgewartet werden, sowohl was die stärkere Erfassung der technischen Möglichkeiten als auch der sonstigen faktischen Gegebenheiten betrifft. Gerade deshalb ist es aber richtig gewesen, daß zu diesem jetzigen Zeitpunkt eine Tagung wie die unsere angesetzt worden ist. Denn wenn die Kirchen noch sehr lange zögern in dieser Richtung, dann wird man tatsächlich vielleicht von einem Mangel an Mut sprechen müssen.

Im übrigen glaube ich nicht, daß ein direkter Gegensatz zwischen dem besteht, was Herr Schwarzkopf und in seiner Folge dann eine Reihe anderer Diskussionsredner hervorgehoben haben, und was ich gemeint habe, ohne es vielleicht klar genug ausgedrückt zu haben. Ich räume ein, daß das Wort von der Schiedsrichterfunktion — hier fühle ich mich zu Recht korrigiert durch den Beitrag von Herrn Kiefer — einen etwas falschen Zungenschlag hereingebracht hat. Ich meinte das allerdings auch nur bezogen auf die Bereiche der elektronischen Textkommunikation. In Wahrheit geht es hier gerade darum, daß der Verfassungsrechtler in erheblichem Gegensatz zu einer stark präsenten verfassungsrechtlich fixierten Meinung sagen muß, daß eben ein Gestaltungsspielraum da ist, ein Raum, der dem, was Herr Schwarzkopf und Herr Mai und andere unter dem Aspekt des Humanen angesprochen haben, eine Resonanz geben soll. Dieser Gestaltungsspielraum ist allerdings, wie ich meine, hier tatsächlich unerläßlich, den müssen wir hier behaupten und dann in entsprechenden rechtlichen Formen versuchen auszudrücken.

Wenn Herr Kewenig hier in freilich etwas vorsichtiger Weise ein „Plädoyer“ für den dritten Grundtyp hält, so gebe ich doch immerhin zu bedenken, daß damit zwar die Schattenseiten des Pluralismus deutlich vor Augen stehen, die ich ja — glaube ich — auch nicht verschwiegen habe, daß man aber die Kirchen doch in einem Punkt trifft, bei dem sie, wenn ich recht sehe, noch keine Gegenwehr und noch keine Möglichkeiten entwickelt haben, wie sie denn nun in einem solchen dritten Grundtyp überhaupt wirken wollen. Da haben es etwa die Verleger, die Gewerkschaften und die Arbeitgeberverbände doch erheblich leichter. Wie sollen unter diesem dritten Grundtyp, der nicht zuletzt auch — ein bißchen verhüllt — durch das letzte Medienpapier der CDU/CSU durchschimmert, die Kirchen nun wirklich leben? Das ist mir noch nicht so ganz klar; und deshalb möchte ich auch die Fragen des Herrn Vorsitzenden in dieser Richtung unterstreichen, ohne sie selbst beantworten zu können. Da, glaube ich, muß die Antwort doch von der Kirche selbst kommen.

Prof. Scheuner, Bonn:

Das dürfen wir hoffen! Die Wortmeldungen zeigen nun, daß die Fragen tatsächlich sehr auf Antwort dringen.

Prof. Forster, Augsburg:

Darf ich anstelle von Antworten selbst ein paar Fragestellungen bringen? Einmal vorweg: Es ist ja jetzt ein paar Mal die Rede gewesen von möglichen wirtschaftlichen Zwängen, die auf eine wesentliche Ausweitung der Zahl der Veranstaltungen hin drängen. Das ist durchaus richtig beschrieben; denn wenn man die laute Diskussion der Parteien und sonst in der Öffentlichkeit zum Bereich Kabelfernsehen und Rundfunk anhört, trifft man doch eigentlich selten die Behauptung an, es müsse um der Information, um der kulturellen Gestaltung oder um sonstiger Dinge willen ein wesentliches Mehr an Kommunikationsangeboten sein, sondern es wird einfach gesagt: die technische Möglichkeit ist in Sicht oder ist bereits da — warum eigentlich nicht? Und wenn man dann etwas weiter bohrt, dann kommt allenfalls das Argument der Arbeitsplätze und der Industrie, die es mit dem Rundfunk- und Fernsehbereich zu tun hat. Dann kommen handfeste Pressionen aus diesem Bereich auf politische Kräfte. Ich würde für eine kirchliche Betrachtungsweise fragen: Ist das eigentlich ein ausreichendes Argument, um nun ohne weiteres mit einer wesentlichen Erweiterung des bisherigen Kommunikationssystems zu rechnen? Ich hatte eigentlich gestern in meinem Referat am Ende eine etwas andere Frage gestellt, nämlich die, ob unter Umständen gewisse innere Entwicklungen, Hemmnisse, Schwierigkeiten im öffentlich-rechtlichen System, so wie es sich entwickelt hat, sagen könnten, dem eigentlichen Konzept, das dem Bundesverfassungsgericht offensichtlich vorgeschwebt ist, und das wohl als Grundkonzept richtig ist, stehen heute in der Praxis der Anstalten soviel gravierende Hindernisse entgegen, daß zum Ausgleich solcher Schwierigkeiten auch an die technischen Möglichkeiten, die sich neu eröffnen, gedacht werden muß. Das wäre für meinen Begriff unter kirchlichen Gesichtspunkten doch eher eine Begründungsbasis.

Das würde dann aber — meine ich — doch zweitens heißen, daß die Kirche nun nicht unbedingt ihre Vorsicht, überhaupt sich dazu zu äußern oder darauf zuzugehen, in der bisherigen Form beibehalten muß, daß sie aber doch — und insoweit hat mir das Stichwort von der „nonproliferation" von Herrn Schwartzkopf gut gefallen — dahin wirken sollte, auf jeden Fall nicht an zwanzig Kanäle oder Kabel oder sonstige Systeme angeschlossen zu werden, sondern vom Menschlichen her auf jeden Fall für eine vernünftige Eingrenzung dieser Zusatzentwicklung vor der Öffentlichkeit sich einzusetzen. Es steht sicher nicht allein in ihrer Macht. Der Gesetzgeber hat letzten Endes das alleinige Entscheidungsrecht. Aber die Kirchen können sich dazu artikulieren. Wenn ich's recht sehe, ist von einem Bedarf beim Zuhörer oder Zuschauer her in aller Regel zuerst an das Stichwort Regionalisierung und örtliche Systeme zu denken und nicht an die Konkurrenz des großen Programms. Und was Herr Kewenig sagte: gerade so in dieser Eingrenzung und in dieser Alternative zum bisherigen und gegenwärtigen System bietet sich natürlich das Modell 3 von Herrn Lerche sehr als echtes Alternativmodell an. Wenn man dazu einige ernste Fragen formuliert, dann erhebt sich nicht nur die Frage des programmäßigen, geistigen Potentials, die Herr Lerche zu Recht angeschnitten hat, sondern ich würde doch auch fragen: kommt bei diesem Modell 3 — wenn es auf lokale Ebene beschränkt ist sicher weniger als wenn es um größere Dimensionen geht — nicht ein Zugzwang für die Kirche zustande, dann eben doch um bestimmter Einschaltziffern willen, um einer Behauptung auf dem geistig-publizistischen Markt willen, in Ausdrucksformen und Darstellungsweisen hineinschlüpfen zu müssen, die mindestens die heutige innere Pluralität der Kirche vor sehr schwierige Situationen stellt. Ich erinnere im katholischen Bereich an die Erfahrung mit der Wochenzeitung „Publik", an das Verhältnis ihres Redaktionsprogramms zum inneren Zustand und der inneren Pluralität des deutschen Katholizismus und an die Auswirkungen dieses Spannungsverhältnisses auf den Marktanteil, den sich diese Wochenzeitung erwerben konnte. Nach meiner Meinung ist das ein Minimodell der Schwierigkeiten, die beim Organisationsmodell 3 über die Frage des Potentials hinaus unabweisbar auftreten würden. Ich weiß darauf wirklich kein Rezept. Aber ich bin der Meinung, man sollte es vorsichtig doch auch nach dieser Richtung hin bedenken.

Prof. Isensee, Bonn:

Wer fordert, daß neue Medien, welche die Technik heute anbietet, unterdrückt werden, muß eine Rechtfertigung vorweisen, die den Grundrechten standhält. Der Betrieb der Massenmedien gehört nicht zu den genuinen Staatsfunktionen; vielmehr fällt er in den Bereich möglicher Grundrechtsausübung. Die Sperre des Zugangs zu den neuen Medien ist daher ein Eingriff in Grundrechte.

Als Rechtfertigung einer „non-proliferation“ wird ein humaner Gesichtspunkt angeführt: die neuen Medien sollen nicht zum Surrogat für menschliche Kommunikation werden. Dieses Argument könnte allerdings schon dazu herhalten, das Fernsehen in seinem heutigen Stand zu verbieten. Ein einziges Fernsehprogramm ist Rauschgift genug, um die Flucht vor der eigenen Umwelt zu ermöglichen und Ersatz für menschliche Kontakte zu bieten. (Für mich jedenfalls genügt bereits die vorhandene Gefährdung des humanum, um auf das Fernsehgerät zu verzichten.) Immerhin böte jedoch eine Erweiterung des Medienangebotes auch dem passiven Fernsehkonsumenten eine gewisse humane Bereicherung: er gewänne eine größere Möglichkeit der Wahl zwischen unterschiedlichen Medienangeboten. Insofern wüchse der Grad an realisierbarer Freiheit für den Medienempfänger. Mir leuchtet nicht ein, wieso die Humanität es gebieten solle, den Einzelnen vor einer Ausweitung seiner Optionen im Medienbereich zu schützen.

Die Abwehrhaltung der Kirchen wird damit begründet: sie könnten aufgrund ihrer geringen Kommunikationspotenz sogar die verschiedenen Möglichkeiten des status quo nur recht und schlecht ausnutzen. Ein neues, ja ein kircheneigenes Medium geistig zu erfüllen und der Konkurrenz anderer Medien standzuhalten — das überfordere ihre Kräfte.

Das dritte Modell, das Herr Lerche entwickelt, scheint den Kirchen einen eleganten Weg aufzuweisen, sich aus der neuen Entwicklung herauszuhalten: nämlich darauf zu drängen, daß ihnen ein stärkerer Einfluß in den verbleibenden öffentlich-rechtlichen Anstalten zuwachse, um den neuartigen privaten Medien ein Gegengewicht bilden zu können. Auf die Dauer dürften die gesellschaftlichen Kräfte, die sich in die alten Anstalten zurückziehen, allerdings den Vorwurf ernten, daß sie die öffentlich-rechtliche Organisationsform mißbrauchen, wenn sie mit dem Zuwachs an öffentlich-rechtlicher Macht kompensieren wollen, was ihnen an Courage zu Wettbewerb und an ökonomischem Einsatz abgeht.

Die Angst vor Medienkonkurrenz ist kein moralisch eindrucksvolles Argument. Die Angst ist allerdings verständlich. Die katholische Kirche hat keine eigene Illustrierte und keine eigene Tageszeitung im profanen Wettbewerb halten können. Allerdings ist es den politischen Parteien und den Gewerkschaften hier auch nicht besser gegangen. Das Projekt einer katholischen Universität (gestern Salzburg, morgen vielleicht Fulda) zeigt gleichfalls das Dilemma, ob die Kirche eine nicht spezifisch kirchliche Organisation auszufüllen und zu gestalten fähig ist.

Trotzdem muß die Kirche nicht vor der Aufgabe resignieren, einmal ein eigenes Medium in einer gewandelten Medienlandschaft zu übernehmen. Es wäre dann sicher nicht realistisch, daß sie versuchte, ein eigenes Vollprogramm zu entwickeln, das sämtliche Informations- und Unterhaltungsbedürfnisse abdeckt. Es genügte, daß das kirchliche Medium ein überwiegend kirchliches, also einseitiges Kontrastprogramm zu den vielen konkurrierenden profanen Programmen böte.

Prof. Scheuner, Bonn:

Es ist noch eine Frage angeschnitten worden, die Herr Professor Lerche in seinem Vortrag nicht berührt hat, nämlich die Frage der Finanzierung solcher lokaler Programme. Wenn man ein gemischtes System ins Auge faßte, so würde zweifellos bei einem solchen gemischten System eine ausschließliche Finanzierung der öffentlich-rechtlichen Anstalten nicht mehr aufrecht zu erhalten sein. Dann müßte ein Teil der Finanzierung auch den lokalen Darbietern zur Verfügung gestellt werden.

Weihbischof Kampe, Limburg:

Es ist die Frage nach dem Zögern der Kirchen gestellt worden. Ich sehe eigentlich in diesem Gespräch eine Ermutigung wohl für beide Kirchen, für die wir dankbar sein müssen. Nun ist dieses Zögern ja auch leicht zu erklären. Die Publizistische Kommission der Deutschen Bischofskonferenz hat sich sehr wohl mit Kabelprojekten befaßt. Natürlich ist es für einen Mann der Kirche sehr schwierig, diese ganzen technischen Probleme zu überschauen. Es ist sehr dankenswert, Herr Professor Lerche, daß Sie uns das so klar gemacht haben, so daß auch ein Kirchenmann das einigermaßen begreifen kann. Aber wir waren der Meinung, wir sollten zunächst einmal auf die möglichen Pilotprojekte achten, und je nach dem Ausgang dieser Pilotprojekte dann sagen, dieses oder jenes scheint uns das bessere. Also nicht zu schnell und nicht zu frühzeitig sich festzulegen. Dabei haben wir natürlich die Gefahr des fait accompli gesehen, das ist schon erwähnt worden, und deswegen hat also auch Bischof Moser in dem Schreiben an den bayerischen Ministerpräsidenten sehr betont, daß diese Pilotprojekte nicht von vornherein festgelegt sein dürfen, sondern alle Möglichkeiten ausschöpfen müssen. Ob es dazu kommt, kann man natürlich nicht sagen.

Aber ich habe heute vielfach an ein Wort von Kardinal Volk gedacht bei einem liturgischen Kongreß nach dem Konzil, daß die Kirche in bezug auf die Liturgie bald viel mehr darf als sie kann. Wir werden im Rundfunkbereich viel mehr dürfen, als wir können. Und das hat sich ja auch im weiteren Verlauf der Liturgiereform gezeigt: Die Fehler liegen nicht an der Reform als solcher, sondern sie liegen daran, daß wir sie nicht richtig verwirklichen können, noch nicht, will ich mal sagen.

Dann sind hier schon die Grenzen genannt worden; ich erinnere an das, was Dr. Boelte gestern gesagt hat: Mangel an Personal schon in den Rundfunkanstalten; wie schwierig ist es, Menschen zu bekommen, die das überhaupt leisten können. Ich könnte mir vorstellen, daß die Laientheologen, die jetzt an den Universitäten heranwachsen und bei denen wir gar nicht wissen, was wir alles mit ihnen anfangen können — ich kann jetzt nur für die katholische Seite hier sprechen, auf der evangelischen ist das vielleicht etwas anders —, ein gewisses Reservoire sind.

Aber dann kommen wieder die Bedenken: Wie weit identifizieren sich diese Leute mit der Kirche, wie weit geht ihre Verbindung zur Kirche? Das sind offene Fragen. Dann die von Dr. Schneider erwähnten Grenzen finanzieller Art. Das gilt natürlich für die katholische Kirche auch, vielleicht noch mehr. Und dann auch geistige Grenzen, Professor Isensee hat das sicherlich gut gesagt; ein Vollprogramm käme da wohl gar nicht in Frage.

Aber wir sehen hier auch schon den Zwang. Wenn die Entwicklung weitergeht, kann die Kirche nicht stehenbleiben, sie muß einfach mit. Und da möchte ich sagen, für das Modell 3, was doch mehr und mehr jetzt auch ins Gespräch kommt, scheinen mir zwei Gründe hier maßgebend zu sein. Es ist eine sehr große Frage an die bestehenden Rundfunkanstalten, ob sie aus den einseitigen Entwicklungen herauskommen können, in die sie in den letzten Jahren geraten sind; wenigstens einige Anstalten. Ich glaube, das ist für sie fast eine Existenzfrage. Das hängt natürlich auch von den politischen Parteien, von den politischen Einflüssen ab. Und ich könnte mir vorstellen, daß hier einestags etwas geschieht, was auf dem Gebiet der Schule — hier in Nordrhein-Westfalen — geschehen ist, wo nämlich die Eltern nicht mehr mitziehen, und daß genau so hier die Hörer und die Fernseher sich das nicht mehr gefallen lassen, was ihnen geboten wird, und daß sie dann wenn nicht „Weg damit!“ so doch „Daneben eine Konkurrenz!“ sagen.

Und dann kommen wir natürlich auf ein ganz neues Gebiet. Und da haben beide Kirchen immer sehr gewarnt seit dem Zweiten Weltkrieg, weil sie das negative Beispiel des Films gesehen haben. Aber ich glaube, wir könnten überrollt werden, wenn die politischen Parteien nicht zu einer Einsicht kommen, daß sie hier andere Regelungen finden müssen. Ich denke vor allen Dingen an die unmögliche Lösung WDR — NDR, die angepackt werden muß, und auch an das, was sich in den Rundfunkanstalten — ich will das nicht zu sehr verallgemeinern — aber doch irgendwie heute abspielt.

Dann das ganz Neue, was nun in den Blick kommt: die örtliche Kommunikation. Da ist es natürlich sehr schwer, ein Urteil zu fällen, auch seitens der Kirchen, weil das ja noch gar nicht bisher praktiziert wird. Wir können uns eigentlich nur fragen: Besteht für diese örtliche Kommunikation ein wirklicher Bedarf? Und da scheint mir eine Entwicklung beachtlich zu sein, die heute auch im Gang ist, vielleicht etwas ähnlich wie auf dem Gebiet der Schule: Die Landesregierungen haben Großkommunen geschaffen, und haben in steigendem Maße in den letzten Jahren die Verwaltung in immer größere Einheiten zusammengefaßt. Und nun entsteht da auf einmal ein gewisser Regionalismus wie auf dem großpolitischen Gebiet so auch auf dem kleineren der Kommunen; nämlich ein — ich möchte fast sagen — Ortsteilpatriotismus in der Form, daß sich in den Siedlungen, in den einzelnen Dörfern, in den Stadtteilen nun auf einmal Menschen zusammentun und eine Kommunikation unter sich pflegen, die es bisher eigentlich so gar nicht gab. Hier scheint also ein wirklicher Bedarf zu sein.

Ich will mich kurz fassen. Meine Frage: Ist hier nicht eine Mischung von sozialer und individualer Kommunikation im Kommen? Ist nicht hier ein drittes dazwischen, wenn man etwa an einen Rückkanal und an solche Möglichkeiten denkt? Ich kann mir da kein Urteil erlauben. Aber hier — auch das Telefon spielt dabei eine Rolle — könnte auf kirchlichem Gebiet etwas in Sicht kommen, was vielleicht bedeutsam ist. Bisher haben sich die Kirchenzentralen mit dem Rundfunk befaßt; nun könnten sich auf einmal die Pfarrgemeinden damit befassen müssen.

Und wenn wir da auf kirchlichem Gebiet die Entwicklung sehen und dieses Wachsen an Lebendigkeit und Eigenständigkeit in Pfarrgemeinden, kann man natürlich die Bedenken von Herrn Professor Forster sehr gut verstehen, weil das Ganze nachher kaum mehr überschaubar ist. Aber hier könnten vielleicht auch noch Kräfte, Potenzen geweckt werden, die bisher schlummerten.

Dr. Schneider, Fernsehbeauftragter der EKD, Frankfurt:

Wenn man in der Kirche mutig gesprochen wird von draußen, dann muß man sich natürlich wohl überlegen, ob man das nicht sofort auch sein will. Aber die Differenz zwischen Mut und Tollkühnheit an dieser Stelle halte ich für sehr gering. Es ist eben noch einmal von Herrn Weihbischof Kampe auf die auch äußeren Dinge hingewiesen worden. Was haben wir eigentlich für Probleme — um nur ein einziges kleines Beispiel zu nennen —, wenn irgendwo heute eine Kirchenfunkredaktion zu besetzen ist. Also ich bin sehr skeptisch, ob man tatsächlich nur mit einem Appell zum Mut an dieser Stelle weiterkommt.

Der zweite Punkt: Ich bin etwas verwundert darüber, daß die in diesem dritten Modell anzustrebende Situation mit dem Stichwort „Wettbewerb" verbunden worden ist. Ich frage mich, ob die Kirchen in dem, was sie, wenn sie tatsächlich etwas zu sagen haben, was öffentlich und vermittelbar ist, sich in einer Wettbewerbssituation vorfinden. Wenn es ein Wettbewerb wäre, wie wir ihn aus der Medienlandschaft kennen, dann wird sicher die Frage sein, wie unterhaltsam Kirche sich machen kann. Und das kann ja kaum der Wettbewerb sein, in den sie sich begeben sollte. Ist es eine Alternative zu allem Vorhandenen, was den Wettbewerb ausmacht? Da hätte ich gern etwas nähere Auskunft, bevor ich mich in dieses Geschäft im präzisen Sinn des Wortes reinbegeben möchte.

Und ein letztes Wort noch zu dem, was Weihbischof Kampe sagte. Ich bin sehr skeptisch, ob das Plebiszit, auf das Sie am Ende Ihrer Ausführungen ein wenig rechnen — in Analogie zu den Schulproblemen —, sich tatsächlich so ereignen wird. Nach meinen Beobachtungen und auch nach den empirisch sicheren Daten, die wir haben, ist die Unzufriedenheit des konkreten Zuschauers und Zuhörers, des Einzelnen, mit den vorhandenen Programmen längst nicht so groß wie die Unzufriedenheit des Apparates, der Institutionen, der Funktionäre, in die ich mich mit einschließe. Ich glaube, daß man da sehr vorsichtig sein muß, was die

Übertragung von Eigenerfahrungen auf die tatsächlichen Verhältnisse betrifft.

Dr. Boelte, Journalist, ZDF, Mainz:

Herr Isensee, Ihre Bemerkung, Sie seien zwar selbst kein Fernseher, aber könnten sich vorstellen, daß etwa zwanzig Programme eine größere Vielfalt im Angebot darstellen, fordert meinen Widerspruch geradezu heraus.

Was heißt denn Vielfalt, welche Vielfalt wollen Sie? Ich gebe Ihnen recht, daß wir im Grunde in der Bundesrepublik nur *ein* Programm haben, trotz ARD und ZDF, trotz einem ersten, zweiten, dritten. Denn tatsächlich gibt es für diese Programme eine bestimmte Struktur, eine grundlegende Auffassung und Richtlinie: aus Information, Bildung, Unterhaltung, Kultur ein Programm zu machen.

Ändern wir dieses Grundkonzept im Kern, wird natürlich etwas freigesetzt, was zwei, drei oder zwanzig Programme im Gefolge haben könnte.

Sie, Herr Isensee, und auch Sie, Herr Kewenig, müssen sich an dieser Stelle fragen lassen, ob sich die Kirche nicht erst nach mindestens dreifachem Überlegen von diesen überkommenen Prinzipien trennen sollte. Was setzt sie aufs Spiel, wenn etwa amerikanische Regeln unser Programm bestimmen würden?

Und noch eine Frage: Ist das, was etwa in Amerika in zwanzig und noch viel mehr Programmen angeboten wird, tatsächlich mehr Vielfalt, tatsächlich ein größeres Angebot? Ist nicht auch dort alles nach gleichem Zuschnitt, nach derselben Methode?

Ich bezweifle, daß Sie wirkliche Konkurrenz durch eine Veränderung der Grundprinzipien herstellen. Falls Sie Wettbewerb durch Zuschauergunst herstellen wollen, wird — wie ich befürchte — am Ende ein uniformes Programm auf vielen Kanälen stehen. Ob die Kirche das will?

Zum zweiten, Herr Kewenig, es ist nicht richtig, wenn Sie behaupten, daß jetzt bei uns ein Scheitern des Pluralismus und der Organisationsform öffentlich-rechtlicher Anstalten zu verzeichnen sei. Unbestritten gibt es zwar Schwierigkeiten bei einigen Anstalten. Aber es gibt doch auch funktionierende Anstalten, wie etwa das ZDF, die durchaus im Sinne des Gesetzgebers, im Sinne ihres Zuschauerauftrages arbeiten.

Prof. Kewenig, Kiel:

Ich habe nur vom Elend, nicht vom Scheitern des Pluralismus gesprochen.

Dr. Boelte, Journalist, ZDF, Mainz:

Ja, gut, aber Ihr Begriff „Elend“ macht es nicht besser, denn was im Elend ist, ist doch wohl gescheitert. Und was mich persönlich betrifft, ich fühle mich nicht „im Elend“.

Herr Forster, ich war einer jener Redakteure, die mit der Wochenzeitung „Publik" im doppelten Wortsinn „eingestellt" worden sind. Ich teile Ihre Meinung, daß seinerzeit die Kirche mit diesem Experiment einer eigenen Wochenzeitung, einer liberalen Zeitung, überfordert war. Ich teile nicht Ihre Meinung, daß dies endgültig so ist, sondern daß wir den Mut aufbringen sollten, immer wieder zu prüfen, ob die Kirche nicht vielleicht inzwischen weiter ist. Warum nicht am Experiment lokalen Fernsehens, regionaler Programme teilnehmen, wie es Weihbischof Kampe beschrieben hat? Daß dies Gefährdungen bringt, ist richtig, aber die Kirche hat im Grunde nie so sehr an Gefährdungen gelitten wie an jener Überängstlichkeit, alles Neue erst gar nicht versuchen zu wollen.

Vielleicht behalten Sie, Herr Forster, im Nachhinein recht. Aber ich kann mir nicht wünschen, daß Sie im Vorhinein recht behalten, so daß die Kirche sich gar nicht oder nur zögernd an der Weiterentwicklung der neuen Medien beteiligt. Die Kirche sollte durch Beteiligung Einfluß nehmen, vor allem auf Entwicklungen im lokalen Bereich. Und sie sollte, wünsche ich mir, dies in größter Zurückhaltung tun bei den Experimenten, die neue Konstruktionen und Organisationsformen zum Inhalt haben. Ich kann mir nicht helfen, aber ich halte auch die drei Lösungen, die Herr Lerche anbietet, nicht für besser als das, was wir haben. Und die Kirche sollte beachten, was sie hat, damit sie nicht durch falsche Entscheidungen auch dies noch verliert.

Prof. Isensee, Bonn:

Die Abwehrhaltung gegen neue Medien entspricht der Abwehrhaltung gegen die Einführung des Webstuhls im 19. Jahrhundert. Wer seine Einführung zu verhindern und die neuen Maschinen zu zerstören suchte, wollte auch humane Werte verteidigen, die vom technischen Fortschritt bedroht wurden. Aus der historischen Rückschau muß er sich allerdings belehren lassen, daß der technische Fortschritt auch humane Werte freigesetzt hat. Im Grunde steht hinter der Abwehr der neuen Medien das Interesse der Etablierten des Medienbereichs, sich Konkurrenz fernzuhalten. Zum Fernseh-Establishment gehören auch die Kirchen. Der Gedanke des Konkurrenzschutzes durch planwirtschaftliche Maßnahmen hält den Grundrechten nicht stand. Denn diejenigen, die sich der neuen Medien bedienen wollen, können sich auf Grundrechte berufen.

Die Kirchen stehen ohnehin längst im Wettbewerb: im Wettbewerb mit allen Mächten, die Einfluß auf den Menschen suchen. Die kirchliche Botschaft konkurriert mit den profanen Doktrinen und Ideologien. Auch das kirchliche Angebot auf dem Markt des Zeitgeistes bedarf der Werbung. Deren bisherige Form kann sich freilich als unbrauchbar erweisen, wenn der Markt der Massenmedien offener und vielförmiger wird. Es mag sein, daß steifleinene Noblesse und gehobene Langeweile der kirchlichen Selbstdarstellung nicht mehr sonderlich gefragt sein werden. Aber die Selbstdarstellung muß sich eben den jeweiligen Zeitgegebenheiten anpassen. „Vox temporis, vox dei" — das war einmal der Wahlspruch eines Münchener Erzbischofs.

Die Kirchen haben weniger Grund, die neuen Medien zu fürchten als die meisten anderen Nutznießer des geltenden Systems. Die Kirchen wären gut beraten, sich den Entwicklungen im Medienbereich offenzuhalten und auf sie vorzubereiten, wenn sie nicht einen Kairos versäumen wollen.

Prof. Scheuner, Bonn:

Ich darf vielleicht nur bemerken, daß so viel Pessimismus nicht notwendig ist, wenn wir etwa auf die Breite der kirchlichen Erwachsenenbildung und der kirchlichen Programme nach dieser Richtung blicken.

Prof. Forster, Augsburg:

Ich bin gründlich mißverstanden worden. Erstens: Ich habe ganz deutlich gesagt, daß ich echten Bedarf beim Regionalen und Lokalen sehe. Und meine Bedenken, die ich in bezug auf die Wettbewerbssituation bei Modell 3 von Herrn Lerche vorgetragen habe, bezogen sich nicht auf den lokalen oder regionalen Teil, sondern auf die Kewenigsche Idee, als zwanzigster Kanal insgesamt zu konkurrieren. Wenn Sie das wollen und nicht im lokalen Bereich, dann müssen Sie an die Einschaltziffern denken. Und dann macht sich der Pluralismus nicht in der Form der Ängstlichkeit eines zu wenig wagemutigen Theologen bemerkbar, sondern schlicht in den nicht vorhandenen Einschaltziffern.

Prof. Lerche, München:

Schlußwort: Wenn ich mit einer einzigen Kurzformel auf die Formulierungen in einigen Diskussionsbeiträgen antworten darf, würde ich sagen: Es kann — jedenfalls im überregionalen Bereich, und das ist eben gerade auch der Bereich des künftigen Satelliten-Fernsehens, mit dem wir als Faktum rechnen werden müssen —, eine Situation eintreten, wo sich der Mangel an Mut vielleicht wandeln sollte zu einem Mut zum Mangel; wenn ich das so sagen darf. Damit will ich allerdings keine überspitzte Position beziehen.

Prof. Scheuner, Bonn:

Darf ich den heutigen Vormittag in seinem Programmteil abschließen, indem ich noch einmal den Dank an Professor Lerche für sein so überaus informierendes und auch anregendes Referat ausspreche; zugleich aber auch allen Teilnehmern an der Diskussion danke für die Disziplin, in der sie geführt wurde, und für den freundlichen Geist, in dem wir in diesem Hause hier immer miteinander umgehen können. Ich darf damit die Tagung schließen.

ANHANG

Rechtsgrundlagen der öffentlich-rechtlichen Rundfunkanstalten, die sich auf die Religionsgemeinschaften beziehen *

Fundstelle	Rechtsquelle	Text
	BAYERISCHER RUNDFUNK	
GVBl. 1959 S. 314 GVBl. 1972 S. 59 GVBl. 1973 S. 426	Gesetz ü. d. Errichtung und die Aufgaben einer Anstalt des öffentlichen Rechts „Der Bayerische Rundfunk" in der Fassung vom 22. 12. 1959, geändert durch Gesetz vom 1. 3. 1972 und durch Gesetz vom 27. 7. 1973	Art. 4 Abs. 2 Ziff. 3 Den Vertretern der anerkannten Religionsgemeinschaften sind auf ihren Wunsch angemessene Sendezeiten einzuräumen. Das gleiche gilt für Körperschaften des öffentlichen Rechts gemäß Art. 143 Abs. 2 Satz 2 der Bayerischen Verfassung. Art. 6 Abs. 3 Ziff. 4 Der Rundfunkrat setzt sich zusammen aus: ... 4. je einem Vertreter der katholischen und evangelischen Kirche sowie der israelitischen Kultusgemeinden;
GVBl. 1960 S. 2, 27 (2. VO); 1962 S. 11 (3. VO); 1967 S. 481 (4. VO); 1970 S. 1 (5. VO)	Erste Verordnung z. Durchführung d. Gesetzes ü. d. Errichtung und die Aufgaben einer Anstalt des öffentlichen Rechts „Der Bayerische Rundfunk" v. 20. 1. 1960, geändert durch die 2., 3., 4., und 5. ÄnderungsVO vom 8. 3. 1960, 30. 1. 1962, 7. 12. 1967 und vom 15. 1. 1970	
	§ 1 (zu Art. 6 Abs. 2 Ziff. 4 des Gesetzes)	Der Vertreter der katholischen Kirche wird durch die katholischen Bischöfe der bayerischen Diözesen, der Vertreter der

* Diese Zusammenstellung besorgte Intendant a. D. Prof. Dr. Karl Holzamer.

Fundstelle	Rechtsquelle	Text
		Evangelischen Kirche durch den Evangelisch-Lutherischen Landeskirchenrat, der Vertreter der Israelitischen Kultusgemeinden durch den Landesverband der Israelitischen Kultusgemeinden in Bayern ernannt.
	HESSISCHER RUNDFUNK	
GVBl. 1948 S. 123 1962 S. 21, 116	Gesetz über den Hessischen Rundfunk vom 2. 10. 48, geändert durch Gesetz vom 6. 2. 62	
	§ 3 Ziff. 7	Wenn Vertretern der politischen Parteien und der verschiedenen religiösen, weltanschaulichen und wirtschaftlichen Richtungen, insbesondere auch Vertretern von Organisationen der Arbeitnehmer oder Arbeitgeber, Gelegenheit zur Aussprache gegeben wird, so ist ihnen die Möglichkeit der Rede und Gegenrede unter jeweils gleichen Bedingungen zu gewähren. Einen Anspruch auf Teilnahme an solcher Aussprache haben nur die in Ziff. 6 bezeichneten politischen Parteien, die über das ganze Land verbreiteten Arbeitnehmer- und Arbeitgeberorganisationen, sowie die Kirchen-, Religions- und Weltanschauungsgemeinschaften des Landes.
	§ 5 Abs. 2 Ziff. 1.—5.	Zum Rundfunkrat entsenden je einen Vertreter: 1. die Landesregierung 2. die Universitäten des Landes 3. die evangelischen Kirchen des Landes 4. die für das Land zuständigen katholischen Bischöfe 5. die Vorstände der jüdischen Kultusgemeinden des Landes.

Fundstelle	Rechtsquelle	Text
	NORDDEUTSCHER RUNDFUNK	
GVBl. Hbg. 1955 I S. 197 GVBl. Nds. 1955 S. 167 GVBl. Schl.-H. 1955 S. 92	Staatsvertrag ü. d. Norddeutschen Rundfunk v. 16. 2. 55	
	§ 4 Abs. 1	Der NDR hat seine Sendungen im Rahmen der verfassungsmäßigen Ordnung zu halten. Er hat die weltanschaulichen, wissenschaftlichen und künstlerischen Richtungen zu berücksichtigen. Die sittlichen und religiösen Überzeugungen der Bevölkerung sind zu achten. Der landsmannschaftl. Gliederung des Sendegebietes ist Rechnung zu tragen. Die Nachrichtengebung muß allgemein, unabhängig und objektiv sein.
	RADIO BREMEN	
GBl. 1948 S. 225 GBl. 1975 S. 97	Gesetz ü. d. Errichtung und die Aufgaben einer Anstalt des öffentlichen Rechts „Radio Bremen“ v. 22. 11. 48, geändert durch Gesetz v. 18. 2. 75	
	§ 2 Abs. 5	Den anerkannten Religionsgemeinschaften und zugelassenen politischen Parteien, Vertretungen der Arbeitnehmer und Arbeitgeber ist bei strittigen Fragen von öffentlicher Bedeutung auf Wunsch ebenfalls eine angemessene Sendezeit zuzuerkennen. Die Vertreter entgegengesetzter Interessengruppen haben Anspruch auf die gleiche Sendezeit.
	§ 4 Abs. 2	. . . Die Mitglieder des Rundfunkrates sind: . . . 1 Vertreter der Evangelischen Kirche 1 Vertreter der Katholischen Kirche 1 Vertreter der Israelitischen Gemeinde

Fundstelle	Rechtsquelle	Text
	SAARLÄNDISCHER RUNDFUNK	
ABl. 1968 S. 558 ABl. 1970 S. 267, 271 ABl. 1974 S. 1011, 1015 ABl. 1975 S. 522 ABl. 1975 S. 890	Gesetz Nr. 806 ü. d. Veranstaltung von Rundfunksendungen i. Saarland (GVRS) in der Fassung vom 1. 8. 1968, geändert durch Gesetz Nr. 907 vom 11. 3. 1970, d. Gesetz Nr. 1012 vom 13. 11. 1974, durch Gesetz Nr. 1027 vom 24. 3. 1975 und durch Gesetz Nr. 1034 vom 16. 7. 1975	
	§ 10 Abs. 1 S. 2	... Die Sendungen sollen eine unabhängige Meinungsbildung ermöglichen und dürfen nicht einseitig einer Partei, einem Bekenntnis, einer Weltanschauung, einem Berufsstand, einer Interessengemeinschaft oder sonstigen Gruppe dienen. Sie haben den religiösen, sittlichen und kulturellen Belangen der Bevölkerung des Saarlandes Rechnung zu tragen.
	§ 16 Abs. 2	Dem Rundfunkrat gehören je ein unmittelbar von der Landesregierung sowie von der katholischen und evangelischen Kirche unmittelbar zu entsendendes Mitglied an. In Fragen, die die konfessionellen Minderheiten berühren, werden deren Vertreter beratend hinzugezogen.

Fundstelle	Rechtsquelle	Text
	SENDER FREIES BERLIN	
GVBl. 1975 S. 146	Anlage zum Gesetz über die Errichtung einer Rundfunkanstalt „Sender Freies Berlin“ in der Fassung vom 5. 12. 1974 (Satzung der Rundfunkanstalt „Sender Freies Berlin“)	§ 6 Abs. 3 Ziff. 2 Dem Rundfunkrat gehören an: . . . 3 Vertreter der Religionsgemeinschaften, und zwar je ein Vertreter der Evangelischen Kirche in Berlin-Brandenburg (Berlin-West), des Bistums Berlin der Katholischen Kirche und der Jüdischen Gemeinde zu Berlin;
	SÜDDEUTSCHER RUNDFUNK	
RegBl. Württ.-B. 1951 S. 1 RegBl. Württ.-B. 1951 S. 63	Anlage z. Rundfunkgesetz vom 21. 11. 1950 (Satzung f. d. „Süddeutschen Rundfunk“ in Stuttgart), geändert durch Gesetz Nr. 1113 vom 2. 8. 1951	§ 2 Abs. 4 Ziff. 1 Der „Süddeutsche Rundfunk“ hat deshalb bei der Veranstaltung seiner Rundfunkdarbietungen folgende Richtlinien zu beachten: 1. den Vertretern der hauptsächlichsten religiösen Bekenntnisse, die den Wunsch äußern, gehört zu werden, eine angemessene Sendezeit einzuräumen. § 4 Abs. 2 Ziff. 1—4 Dem Rundfunkrat gehören an: 1. ein Vertreter der evangelischen Kirche, 2. ein Vertreter der katholischen Kirche, 3. ein Vertreter der israelitischen Religionsgemeinschaft, 4. ein Vertreter der Freikirchen und der sonstigen anerkannten Religions- und Weltanschauungs-Gemeinschaften, sofern sie Körperschaften des öffentlichen Rechts sind.

Fundstelle	Rechtsquelle	Text

SÜDWESTFUNK

Fundstelle:
BadGVBl. 1952 S. 40
GVBl. Rhld.-Pf. 1952 S. 71
RegBl. Württ.-Hohenz. 1952 S. 27
GVBl. Baden-Württ. 1959 S. 56
GVBl. Rhld.-Pf. 1959 S. 109

Rechtsquelle:
Staatsvertrag über den Südwestfunk vom 27. 8. 1951, geändert durch den Staatsvertrag zur Änderung des Staatsvertrages vom 29. 2. 1952 und durch den Staatsvertrag zwischen dem Land Baden-Württemberg als Rechtsnachfolger der ehemaligen Länder Baden und Württemberg-Hohenzollern und dem Land Rheinland-Pfalz über den Südwestfunk vom 27. 2. / 16. 3. 1959

Text:

§ 6 Abs. 1

Den Landesregierungen, den politischen Parteien, soweit sie in einem der Parlamente der vertragschließenden Länder Fraktionsstärke besitzen, den Kirchen und den staatlich anerkannten Religions- und Weltanschauungsgemeinschaften sowie den Organen der Arbeitnehmer und Arbeitgeber ist Gelegenheit zu geben, ihre Auffassungen in zweckentsprechenden Sendezeiten des Südwestfunks angemessen zu vertreten.

§ 10 Abs. 2

Die Mitglieder des Rundfunkrates verteilen sich wie folgt:

	Rhld.-Pf.	*Baden*	*Württ.-Hohenz.*
Regierungen	1	1	1
Volksvertretungen	4	2	2
Kirchen	4	1	1
Universitäten	1	1	1

. . .

§ 11 Abs. 1 Ziff. 3

Die gemäß § 10 in den Rundfunkrat zu entsendenden Mitglieder werden wie folgt gewählt bzw. bestimmt

. . .

Kirchen:
2 Vertreter der katholischen und 2 Vertreter der evangelischen Kirche von den zuständigen Kirchenbehörden des Landes Rhld.-Pf., 1 Vertreter der katholischen Kirche und 1 Vertreter der evangelischen Kirche von den zuständigen Kirchenbehörden in den Ländern Baden und Württemberg-Hohenzollern nach vorheriger Vereinbarung.

Fundstelle	Rechtsquelle	Text
	SÜDWESTFUNK	
BAnz Nr. 24 v. 5. 2. 75 S. 7; StAnz Baden-Württ. Nr. 12 v. 12. 2. 75 S. 9; StAnz Rhld.-Pf. Nr. 5 v. 10. 5. 75 S. 124	Satzung d. „Südwestfunks" v. 20. 6. 52 i. d. Fassung v. 7. 6. 74	
	Art. 5 Abs. 2—4 a	(2) Die Sendungen dürfen gegen die Gesetze nicht verstoßen, das sittliche oder religiöse Gefühl nicht verletzen und keine Vorurteile gegen Einzelne oder Gruppen wegen ihrer Rasse, ihres Volkstums, ihrer Religion oder Weltanschauung zum Ausdruck bringen.
		(3) Der Südwestfunk hat das Recht zu angemessener und sachlicher Kritik am öffentlichen Leben; Hörfunk- und Fernsehsendungen müssen in Wort und Bild über den Gegenstand in seinem objektiven Zusammenhang und die darüber bestehenden wesentlichen Meinungen hinreichend unterrichten. Dabei darf der Südwestfunk nicht einseitig in den Dienst einer Regierung, politischen Partei, Kirche, religiösen Gemeinschaft, weltanschaulichen Richtung, eines Berufsstandes oder Interessenverbandes treten. Die eigenen Sprecher, Kommentatoren oder Mitarbeiter des Südwestfunks haben in Sendungen, in denen sie mitwirken, einen überparteilichen Standpunkt zu wahren. Sie dürfen hierbei keine persönlichen Interessen vertreten oder verfolgen.
		(4) a) Den Kirchen und staatlich anerkannten Religions- und Weltanschauungsgemeinschaften sind auf ihren Wunsch angemessene und zweckentsprechende Sendezeiten einzuräumen.

Fundstelle	Rechtsquelle	Text
	WESTDEUTSCHER RUNDFUNK	
GS.NW. 1945—1956 S. 446 GVBl. 1970 S. 22, 26 GVBl. 1974 S. 251	Gesetz über den „Westdeutschen Rundfunk Köln" vom 25. 5. 1954, geändert durch Gesetz vom 16. 12. 1969 und durch Gesetz vom 9. 7. 1974	
	§ 4	Der Westdeutsche Rundfunk Köln hat seine Sendungen im Rahmen der verfassungsmäßigen Ordnung zu halten. Er hat die weltanschaulichen, wissenschaftlichen und künstlerischen Richtungen zu berücksichtigen. Die sittlichen und religiösen Überzeugungen der Bevölkerung sind zu achten. ...
GVBl. 1956 S. 107 GVBl. 1973 S. 462	Satzung des Westdeutschen Rundfunks Köln vom 27. 1. 1956, geändert durch Beschluß vom 26. 9. 1973	
	§ 19	Folgende Institutionen, Organisationen und Interessengemeinschaften im Sendebereich des WDR sind berechtigt, Mitglieder des Programmbeirats vorzuschlagen: I. Kirchen und Religionsgemeinschaften: 1. Evangelische Kirchen 2. Katholische Kirche 3. Jüdische Kultusgemeinden. ...

Fundstelle	Rechtsquelle	Text
	ZWEITES DEUTSCHES FERNSEHEN	
Baden-Württemberg: GBl. 1961, S. 215; Bayern: GVBl. 1962, S. 111; Berlin: GVBl. 1961, S. 1641; Bremen: GVBl. 1962, S. 49; Hamburg: GVBl. 1962, S. 5; Hessen: GVBl. 1961, S. 199; Niedersachsen: GVBl. 1962, S. 9; Nordrhein-Westfalen: GVBl. 1961, S. 269; Rheinland-Pfalz: GVBl. 1961, S. 179; Saarland: GVBl. 1962, ABl. S. 67; Schleswig-Holstein: GVBl. 1961, S. 169	Staatsvertrag ü. d. Errichtung der Anstalt des öffentlichen Rechts „Zweites Deutsches Fernsehen" vom 6. 6. 61	
	§ 6 Abs. 3	Den Kirchen und den anderen über das ganze Bundesgebiet verbreiteten Religionsgesellschaften des öffentlichen Rechts sind auf Wunsch angemessene Sendezeiten für die Übertragung gottesdienstlicher Handlungen und Feierlichkeiten sowie sonstiger religiöser Sendungen, auch solcher über Fragen ihrer öffentlichen Verantwortung, zu gewähren. Mit den israelitischen Kultusgemeinden sind entsprechende Vereinbarungen zu treffen.
	§ 8	Für Inhalt und Gestaltung der Sendungen nach §§ 5 und 6 dieses Staatsvertrages ist derjenige verantwortlich, dem die Sendezeit zugebilligt worden ist. § 7 Abs. 4 gilt entsprechend.
	§ 14 Abs. 1	Zusammensetzung des Fernsehrates 1) Der Fernsehrat besteht aus sechsundsechzig Mitgliedern, nämlich: a) ... d) zwei von der Evangelischen Kirche in Deutschland entsandten Vertretern, e) zwei von der Katholischen Kirche in Deutschland entsandten Vertretern, f) einem vom Zentralrat der Juden in Deutschland entsandten Vertreter ...

Fundstelle	Rechtsquelle	Text
	ZWEITES DEUTSCHES FERNSEHEN	
	Richtlinien für die Sendungen d. „Zweiten Deutschen Fernsehens“ vom 11. 7. 63	
	V Ziff. 1	Das Programm hat das gegenseitige Verstehen zwischen den Kirchen und Religionsgemeinschaften zu fördern. Gemeinsames in ihrer gesellschaftlichen, kulturellen und sozialen Wirksamkeit ist im allgemeinen Programm besonders zu berücksichtigen.
	Ziff. 2	Es ist darauf zu achten, daß Sendungen den religiösen Glauben nicht verächtlich machen oder herabwürdigen.
	Ziff. 3	Religiöse Themen und kultische Handlungen müssen mit der ihnen gebührenden Ehrfurcht und Sorgfalt dargestellt werden.
	Bundesrundfunkanstalten DEUTSCHE WELLE und DEUTSCHLANDFUNK	
BGBl. 1960 I S. 862	Gesetz über die Errichtung von Rundfunkanstalten des Bundesrechts v. 29. 11. 60	
	§ 7 Abs. 1	Der Rundfunkrat besteht aus 22 Mitgliedern. Sechs Mitglieder werden v. Deutschen Bundestag, sechs Mitglieder v. Bundesrat, darunter ein vom Land Berlin benanntes Mitglied, für vier Jahre gewählt. Fünf Mitglieder werden von der Bundesregierung und je ein Mitglied von der evangelischen Kirche, der katholischen Kirche, dem Zentralrat der Juden in Deutschland, der Bundesvereinigung der Deutschen Arbeitgeberverbände und den Gewerkschaften für vier Jahre benannt.

Fundstelle	Rechtsquelle	Text
	§ 27 Abs. 3	Den Kirchen und den anderen über das ganze Bundesgebiet verbreiteten Religionsgesellschaften des öffentlichen Rechts sind auf Wunsch angemessene Sendezeiten für die Übertragung gottesdienstlicher Handlungen und Feierlichkeiten sowie sonstiger religiöser Sendungen, auch solcher über Fragen ihrer öffentlichen Verantwortung, zu gewähren. Mit den israelitischen Kultusgemeinden sind entsprechende Vereinbarungen zu treffen.

Weitere Veröffentlichungen der Referenten des 13. „Essener Gesprächs" zum Themenbereich „Staat, Gesellschaft und Kirche":

I. *Prof. Dr. Karl Forster, Augsburg*

1. Befragte Katholiken. Zur Zukunft von Glaube und Kirche. Auswertungen und Kommentare zu den Umfragen für die Gemeinsame Synode der Bistümer in der Bundesrepublik Deutschland (Hrsg.), Freiburg—Basel—Wien 1973, 276 S.

2. Volkskirche oder Entscheidungskirche? Theologische und soziologische Aspekte zu einer Grundfrage des pastoralen Dienstes, in: Ortskirche — Weltkirche. Festgabe für Julius Kardinal Döpfner, Würzburg 1973, S. 488—506.

3. Bevorzugt die Kirche eine politische Partei?, in: Kirche und Gesellschaft (herausgegeben von der Katholischen Sozialwissenschaftlichen Zentralstelle Mönchengladbach), Nr. 8, 1974, S. 3—16.

4. Erneuerte Kirche im neuen Staat, in: Fünfundzwanzig Jahre Bundesrepublik Deutschland, Wien 1974, S. 169—174.

5. Kirche und Politik. Zur Frage der Äquidistanz zwischen Kirche und Parteien, in: A. Rauscher (Hrsg.), Kirche, Politik, Parteien, Köln 1974, S. 155—182.

6. Kirchliches Wirken in der Gesellschaft zwischen Entideologisierung und Reideologisierung des Politischen, in: Christliche Existenz und kirchliche Praxis heute, Freiburg 1975, S. 98—115.

7. Deutscher Katholizismus in der Adenauer-Ära, in: Dieter Blumenwitz u. a. (Hrsg.), Konrad Adenauer und seine Zeit. Politik und Persönlichkeit des ersten Bundeskanzlers, Band 2: Beiträge der Wissenschaft, Stuttgart 1976, S. 488—520.

8. Idee und Realität der Bundesrepublik Deutschland — Eine kritische Bilanz, in: Internationale katholische Zeitschrift 5 (1976), S. 557—575.

9. Neuansätze der gesellschaftlichen Präsenz von Kirche und Katholizismus nach 1945, in: A. Rauscher (Hrsg.), Kirche und Katholizismus 1945—1949, München—Paderborn—Wien 1977, S. 109—133.

10. Religiös ohne Kirche? Eine Herausforderung für Glaube und Kirche (Hrsg.), Topos-Taschenbuch, Band 66, Mainz 1977, 109 S.

11. Gründe und Entwicklungsalternativen für eine kirchendistanzierte Religiosität, in: Internationale katholische Zeitschrift 6 (1977), S. 540—555.

II. *Prof. Dr. phil. Karl Holzamer, Intendant des Zweiten Deutschen Fernsehens a. D., Mainz*

1. Einführung in die Philosophie, Mainz 1946, 2. Aufl. Mainz 1948.
2. Grundfragen des neuzeitlichen Humanismus, Mainz 1947.
3. Einführung in die Pädagogik, Mainz 1949.
4. Grundriß einer praktischen Philosophie, — Freiheit, Toleranz, Sittlichkeit, Ressentiment —, Frankfurt/Main 1951.
5. Kind und Radio, München—Basel 1954; 2. Auflage unter dem Titel: „Kind vor Radio und Fernsehen", München—Basel 1966; spanische Ausgabe: „EL NINO ANTE LA RADIO Y LA TELEVISION" — Ediciones Paulinas, Madrid 1970.
6. Kultur in weitestem Sinne, in: Deutsche Bürgerkunde von Kuhn/Ibach, Abschnitt III Kultur, Recklinghausen 1960, S. 79—97.
7. Philosophie — Einführung in die Welt des Denkens, in: Das Wissen der Zeit, Gütersloh 1961/62; 8. Auflage Gütersloh 1970.
8. Sesam Filosofie 1+2, Übersetzung ins Holländische, Bosch & Keuning, Baarn 1963.
9. Würde und Wagnis der menschlichen Person, in: Personale Erziehung — Beiträge zur Pädagogik der Gegenwart, Darmstadt 1965, S. 140—161.
10. Die Verantwortung des Menschen für sich und seinesgleichen — Reden und Aufsätze —, herausgegeben und eingeleitet von R. Wisser, Gütersloh 1966.
11. Die Stellung der Regierung in der modernen Demokratie, in: Strukturwandel der modernen Regierung, Darmstadt 1967, S. 313—336.
12. Wesen und Geschichte des Deutschen Rundfunks, in: Handbuch der Publizistik, herausgegeben von E. Dovifat, Bd. 2, Berlin 1969, S. 266—278.
13. Vom Auftrag des Fernsehens, in: Versicherungswirtschaft 30. Jahrgang (1975), S. 282—288.
14. Das Menschenbild unserer Zeit, in: Der Rotarier, 1976, S. 782—788.

III. *Prof. Dr. Peter Lerche, München*

1. Christentum und Staatsrecht, in: Der Einfluß des katholischen Denkens auf das positive Recht (Hrsg. Theodor Tomandl), Wien 1970, S. 85—104.

2. Zum Kompetenzbereich des Deutschlandfunks, Berlin 1963.

3. Rechtsprobleme des Werbefernsehens, Frankfurt am Main — Berlin 1965.

4. Rundfunkmonopol, Frankfurt am Main — Berlin 1970.

5. Verfassungsrechtliche Fragen zur Pressekonzentration, Berlin 1971.

6. Rundfunkneuordnung und bundesstaatliche Struktur, in: Rundfunkneuordnung und bundesstaatliche Struktur (Hrsg. H. Brack u. a.), München 1972, S. 45—54.

7. Fernsehabgabe und Bundeskompetenz, Frankfurt am Main — Berlin 1974.

8. Verfassungsrechtliche Aspekte der „inneren Pressefreiheit", Berlin 1974.

9. Pressefreiheit, in: Deutsch-Amerikanisches Verfassungsrechtssymposium 1976 (Hrsg. Wilhelm A. Kewenig), Berlin 1978, S. 67—97.

10. Kabelkommunikation und Informationsvielfalt (zusammen mit W. Kaiser, B.-P. Lange, W.-R. Langenbucher, E. Witte), München—Wien 1978.

VERZEICHNIS DER REDNER

Band 6: 168 Seiten, Paperback 15,80 DM, ISBN 3-402-03256-2

Prof. Dr. Wilhelm Kewenig, Kiel
Das Grundgesetz und die staatliche Förderung der Religionsgemeinschaften
Bundesminister für Justiz a. D. Prof. Dr. Hans R. Klecatsky, Innsbruck
Lage und Problematik des österreichischen Kirchenbeitragssystems
Prof. Dr. René Metz, Straßburg
Staat und Kirche in Frankreich. Auswirkungen des Trennungssystems – neuere Entwicklungstendenzen
Diskussionsbeiträge. Leitung der Diskussion: Prof. Dr. Ulrich Scheuner, Bonn

Band 7: 137 Seiten, Paperback 12,80 DM, ISBN 3-402-03257-0

Prof. Dr. Wolfgang Rüfner, Kiel
Die Geltung von Grundrechten im kirchlichen Bereich
Vizepräsident des Landeskirchenamts i. R. Dr. Erich Ruppel, Hannover
Die Verwaltungsgerichtsbarkeit in der evangelischen Kirche
Prof. Dr. Matthäus Kaiser, Regensburg
Einführung einer Verwaltungsgerichtsbarkeit in der katholischen Kirche?
Diskussionsbeiträge. Leitung der Diskussion: Prof. Dr. Ulrich Scheuner, Bonn

Band 8: 138 Seiten, Paperback 12,80 DM, ISBN 3-402-03258-9

Prof. Dr. Richard Völkl, Freiburg
Caritative Diakonie als Auftrag der Kirche
Prof. Dr. Ulrich Scheuner, Bonn
Die karitative Tätigkeit der Kirchen im heutigen Sozialstaat. Verfassungsrechtliche und staatskirchenrechtliche Fragen
Dr. Heinrich Geissler, Sozialminister des Landes Rheinland-Pfalz, Mainz
Die Praxis des Zusammenwirkens von Staat und Kirchen auf dem Gebiete des Bundessozialhilfe- und Jugendwohlfahrtsgesetzes
Diskussionsbeiträge. Leitung: Staatsminister a. D. Prof. Dr. Paul Mikat MdB, Bochum

Band 9: 169 Seiten, Paperback 19,80 DM, ISBN 3-402-03259-7

Prof. Dr. Christian Starck, Göttingen
Freiheitlicher Staat und staatliche Schulhoheit
Staatsminister a. D. Prof. Dr. Theodor Maunz, München
Die staatliche Subventionierung freier Schulen
Staatssekretär a. D. Dr. jur. C. E. Schelfhout, Den Haag
Staatliche Privatschulfinanzierung in den Niederlanden
Richter Dr. Manfred Baldus, Neuss
Kirchliche Fachhochschulen und staatliches Hochschulrecht
Diskussionsbeiträge. Leitung der Diskussion: Prof. Dr. Ulrich Scheuner, Bonn

Band 10: 184 Seiten, Paperback 19,80 DM, ISBN 3-402-03860-9

Präsident Dr. Johann Frank, Hannover
Grundsätze des Dienst- und Arbeitsrechts der evangelischen Kirche
Dr. Josef Jurina, Freiburg: Dienst- und Arbeitsrecht in der katholischen Kirche
Prof. Dr. Theo Mayer-Maly, Salzburg: Das staatliche Arbeitsrecht und die Kirchen
Diskussionsbeiträge. Leitung der Diskussion: Prof. Dr. Ulrich Scheuner, Bonn

Band 11: 146 Seiten, Paperback 18,– DM, ISBN 3-402-03861-7.

Prof. Dr. Dr. Karl Lehmann, Freiburg
Die Funktion von Glaube und Kirche angesichts der Sinnproblematik in Gesellschaft und Staat heute
Prof. Dr. Dr. Wolfgang Kluxen, Bonn: Die Moralität staatlicher Normsetzung
Prof. Dr. Josef Isensee, Bonn: Demokratischer Rechtsstaat und staatsfreie Ethik
Diskussionsbeiträge. Leitung der Diskussion: Prof. Dr. Ulrich Scheuner, Bonn

Band 12: 162 Seiten, Paperback 20,– DM, ISBN 3-402-03862-5

Staatsminister Professor Dr. Hans Maier, München:
Zur inhaltlichen Gestaltung der Schule aus der Sicht von Politik und Verwaltung
Prof. Dr. Gerhard Priesemann, Kiel: Schule als Institution der Erziehung
Professor Dr. Hans-Ulrich Evers, Salzburg:
Verfassungsrechtliche Determinanten der inhaltlichen Gestaltung der Schule
Diskussionsbeiträge. Leitung der Diskussion: Prof. Dr. Ulrich Scheuner, Bonn

Verlag Aschendorff Münster. Bezug durch jede Buchhhandlung